U0927220

欧亚历史文化文库

总策划 张余胜

兰州大学出版社

元朝与高丽关系研究

丛书主编 余太山

乌云高娃 著

图书在版编目(CIP)数据

元朝与高丽关系研究/乌云高娃著. —兰州:兰州大学出版社,2011.12

(欧亚历史文化文库/余太山主编)

ISBN 978-7-311-03737-6

Ⅰ.①元… Ⅱ.①乌… Ⅲ.①中朝关系—国际关系史—研究—元代 Ⅳ.①D829.312

中国版本图书馆CIP数据核字(2011)第229162号

总 策 划　张余胜

书　　名　元朝与高丽关系研究
丛书主编　余太山
作　　者　乌云高娃　著
出版发行　兰州大学出版社　(地址:兰州市天水南路222号　730000)
电　　话　0931-8912613(总编办公室)　0931-8617156(营销中心)
　　　　　0931-8914298(读者服务部)
网　　址　http://www.onbook.com.cn
电子信箱　press@lzu.edu.cn
印　　刷　兰州人民印刷厂
开　　本　710mm×1020mm　1/16
印　　张　14.5　(插页3)
字　　数　208千
版　　次　2012年1月第1版
印　　次　2012年1月第1次印刷
书　　号　ISBN 978-7-311-03737-6
定　　价　67.00元

(图书若有破损、缺页、掉页可随时与本社联系)

一山一宁修行过的南禅寺方丈殿（2006年5月26日乌云高娃拍摄于日本京都南禅寺）

忠烈王诏谕日本文书（日本金泽文库所藏）

成宗诏谕日本文书（日本金泽文库所藏）

八思巴玉像（《中国少数民族文化史图典叁北方卷下》）

九州大宰府行政厅遗址（2006年4月16日乌云高娃拍摄于日本九州大宰府）

大宰府正殿遗址（2006年4月16日乌云高娃拍摄于日本九州大宰府）

九州志贺岛上的蒙古塚（地震受损，2006年4月17日乌云高娃拍摄于九州志贺岛）

九州箱崎宫敌国降伏匾（2006年4月17日乌云高娃拍摄于九州福冈市）

出版说明

随着20世纪以来联系地、整体地看待世界和事物的系统科学理念的深入人心，人文社会学科也出现了整合的趋势，熔东北亚、北亚、中亚和中、东欧历史文化研究于一炉的内陆欧亚学于是应运而生。时至今日，内陆欧亚学研究取得的成果已成为人类不可多得的宝贵财富。

当下，日益高涨的全球化和区域化呼声，既要求世界范围内的广泛合作，也强调区域内的协调发展。我国作为内陆欧亚的大国之一，加之20世纪末欧亚大陆桥再度开通，深入开展内陆欧亚历史文化的研究已是责无旁贷；而为改革开放的深入和中国特色社会主义建设创造有利周边环境的需要，亦使得内陆欧亚历史文化研究的现实意义更为突出和迫切。因此，将针对古代活动于内陆欧亚这一广泛区域的诸民族的历史文化研究成果呈现给广大的读者，不仅是实现当今该地区各国共赢的历史基础，也是这一地区各族人民共同进步与发展的需求。

甘肃作为古代西北丝绸之路的必经之地与重要组

成部分，历史上曾经是草原文明与农耕文明交汇的锋面，是多民族历史文化交融的历史舞台，世界几大文明（希腊—罗马文明、阿拉伯—波斯文明、印度文明和中华文明）在此交汇、碰撞，域内多民族文化在此融合。同时，甘肃也是现代欧亚大陆桥的必经之地与重要组成部分，是现代内陆欧亚商贸流通、文化交流的主要通道。

基于上述考虑，甘肃省新闻出版局将这套《欧亚历史文化文库》确定为2009—2012年重点出版项目，依此展开甘版图书的品牌建设，确实是既有眼光，亦有气魄的。

丛书主编余太山先生出于对自己耕耘了大半辈子的学科的热爱与执著，联络、组织这个领域国内外的知名专家和学者，把他们的研究成果呈现给了各位读者，其兢兢业业、如临如履的工作态度，令人感动。谨在此表示我们的谢意。

出版《欧亚历史文化文库》这样一套书，对于我们这样一个立足学术与教育出版的出版社来说，既是机遇，也是挑战。我们本着重点图书重点做的原则，严格于每一个环节和过程，力争不负作者、对得起读者。

我们更希望通过这套丛书的出版，使我们的学术出版在这个领域里与学界的发展相偕相伴，这是我们的理想，是我们的不懈追求。当然，我们最根本的目的，是向读者提交一份出色的答卷。

我们期待着读者的回声。

总序

本文库所称“欧亚”(Eurasia)是指内陆欧亚，这是一个地理概念。其范围大致东起黑龙江、松花江流域，西抵多瑙河、伏尔加河流域，具体而言除中欧和东欧外，主要包括我国东三省、内蒙古自治区、新疆维吾尔自治区，以及蒙古高原、西伯利亚、哈萨克斯坦、乌兹别克斯坦、吉尔吉斯斯坦、土库曼斯坦、塔吉克斯坦、阿富汗斯坦、巴基斯坦和西北印度。其核心地带即所谓欧亚草原(Eurasian Steppes)。

内陆欧亚历史文化研究的对象主要是历史上活动于欧亚草原及其周邻地区(我国甘肃、宁夏、青海、西藏，以及小亚、伊朗、阿拉伯、印度、日本、朝鲜乃至西欧、北非等地)的诸民族本身，及其与世界其他地区在经济、政治、文化各方面的交流和交涉。由于内陆欧亚自然地理环境的特殊性，其历史文化呈现出鲜明的特色。

内陆欧亚历史文化研究是世界历史文化研究中不可或缺的组成部分，东亚、西亚、南亚以及欧洲、美洲历史文化上的许多疑难问题，都必须通过加强内陆欧亚历史文化的研究，特别是将内陆欧亚历史文化视做一个整体加以研究，才能获得确解。

中国作为内陆欧亚的大国，其历史进程从一开始就和内陆欧亚有千丝万缕的联系。我们只要注意到历代王朝的创建者中有一半以上有内陆欧亚渊源就不难理解这一点了。可以说，今后中国史研究要有大的突破，在很大程度上有待于内陆欧亚史研究的进展。

古代内陆欧亚对于古代中外关系史的发展具有不同寻常的意义。古代中国与位于它东北、西北和北方，乃至西北次大陆的国家和地区的关系，无疑是古代中外关系史最主要的篇章，而只有通过研究内陆欧亚史，才能真正把握之。

内陆欧亚历史文化研究既饶有学术趣味，也是加深睦邻关系，为改革开放和建设有中国特色的社会主义创造有利周边环境的需要，因而亦具有重要的现实政治意义。由此可见，我国深入开展内陆欧亚历史文化的研究责无旁贷。

为了联合全国内陆欧亚学的研究力量，更好地建设和发展内陆欧亚学这一新学科，繁荣社会主义文化，适应打造学术精品的战略要求，在深思熟虑和广泛征求意见后，我们决定编辑出版这套《欧亚历史文化文库》。

本文库所收大别为三类：一，研究专著；二，译著；三，知识性丛书。其中，研究专著旨在收辑有关诸课题的各种研究成果；译著旨在介绍国外学术界高质量的研究专著；知识性丛书收辑有关的通俗读物。不言而喻，这三类著作对于一个学科的发展都是不可或缺的。

构建和发展中国的内陆欧亚学，任重道远。衷心希望全国各族学者共同努力，一起推进内陆欧亚研究的发展。愿本文库有蓬勃的生命力，拥有越来越多的作者和读者。

最后，甘肃省新闻出版局支持这一文库编辑出版，确实需要眼光和魄力，特此致敬、致谢。

余太山

2010年6月30日

目录

1 绪论

13世纪初蒙古兴起于北方，成吉思汗统一蒙古各部之后，于1206年建立了强大的蒙古汗国。1234年蒙古灭金朝、1279年灭南宋，建立了横跨欧亚的统一大帝国。918年（高丽天授元年，后梁贞明四年）泰封国大将王建以开城为中心建立了高丽王朝，高丽先后合并新罗、灭百济，于936年统一了朝鲜半岛。高丽与中国五代、辽、宋、金、元、明朝都有过外交关系。自1218年成吉思汗派兵侵入高丽讨灭契丹叛部而高丽与蒙古最早交涉至1368年元朝灭亡为止，蒙元与高丽的关系历时一百多年。

1.1 本研究的目的及切入点

元朝是由游牧民族在中原建立的统一中央王朝，是中国历史上具有特殊性的封建王朝。这种华夷世界的变貌使东亚的国际关系变得极为复杂多事。[1] 元丽关系与其他朝代的中朝封贡关系不同，元朝公主下嫁给高丽王室是中朝关系史上的特殊现象，元朝与高丽的关系在中朝关系史研究中也具有一定的特殊性。

元世祖忽必烈封高丽国王为驸马国王，并赐金印、纽带，从此之后，高丽作为驸马国的地位正式确立，在元朝的地位也开始提高。随着元朝与高丽政治联姻关系的确立，元朝与高丽之间的人员往来、朝贡贸易、文化交流也得到了进一步的发展。

元朝与高丽关系史这一课题长期以来被学术界所忽略，可以说有很多的空白点。中国学者对元朝与高丽关系史重视不够，研究论著较少。日本和韩国学者较早开始对这一问题进行了研究。日本学者的早

〔1〕〔日〕中村荣孝：《日鲜关系史的研究》上册，日本吉川弘文馆，1969年版，第6页。

期研究，多以探讨蒙古对高丽的经略、蒙古东征高丽等问题为主，或探讨元寇问题时涉及元代在高丽设立的征东行省、高丽对待元朝征日本的态度等问题。

韩国早期学者对元朝与高丽关系方面的研究重视不够，这可能也与韩国学者中从事元史研究者的人数并不多有关。韩国学者从研究高丽史的角度，只在其著作的某些章节中提及元朝与高丽的关系问题，对元朝与高丽关系史并未进行客观、全面、系统的研究。

本书研究的开展，不仅有助于正确认识元朝公主与高丽王室通婚的目的、原因以及这种政治联姻在元丽关系中所起到的作用等问题，对不同历史时期中朝封贡关系的实质和不同特征等问题的研究也有所裨益。

本书的主要创新之处在于：首先，对蒙古与高丽来往文书，尤其对高丽写给耶律楚材的两份文书进行了年代考证。其次，着重考察了元丽关系的特殊性，深入探讨游牧民族建立的封建帝国与农耕民族建立的其他封建王朝，在处理中朝封贡关系中的不同态度和不同文化理念下所产生的不同结果。再次，考察了元世祖忽必烈时期所创制的八思巴文，在高丽忠烈王时期对高丽的影响等问题。

1.2 前人研究概况

蒙古与高丽早期关系的研究，有郝时远的《蒙古东征高丽概述》[1]一文，论述了自1218年成吉思汗派兵到高丽境内讨伐契丹叛部开始到1259年高丽派世子倎出降蒙古为止，40余年间蒙古与高丽征战的情况。池内宏的《蒙古的高丽征伐》[2]一文，详细论述了窝阔台派撒礼塔、唐古，贵由派阿母侃、蒙哥派也古和札剌儿带出征高丽以及忽必烈罢兵的情况。箭内亘《蒙古的高丽经略》[3]一文，论述了蒙古多次征高丽的经纬，并对以往学者所提出的1231年窝阔台派撒礼塔第一次出征

〔1〕郝时远：《蒙古东征高丽概述》，载《蒙古史研究》第2辑，内蒙古人民出版社，1986年。

〔2〕〔日〕池内宏：《蒙古的高丽征伐》，载《满鲜地理历史研究报告》第10卷，1924年版。

〔3〕〔日〕箭内亘：《蒙古的高丽经略》，《满鲜地理历史研究报告》第4卷，1918年版。

时，高丽“九月请和说”进行了批判，认为屠寄和那珂通世所持的“九月请和说”是错误的，很难成立，高丽请和的正确时间应该是在1231年12月。在附录中根据蒙古和高丽方面的记录，详细分析了蒙古使臣着古与被害的经过，并对札剌亦儿台和撒尔台进行考证，认为屠寄所提出的《蒙兀儿史记》中的札剌亦儿台为撒礼塔的观点不足为信。山口修的《蒙古和高丽（1231）——蒙古的第一次高丽入侵》[1]一文，详细论述了窝阔台派撒礼塔征日本的情况。他的《蒙古军的高丽侵入》[2]一文，简单论述了蒙古军侵入高丽及战斗的经过。李益柱的《蒙古帝国的侵略和高丽的抵抗》[3]一文，对蒙古与高丽从征战到讲和，以及两国形成事大关系进行了探讨。文章指出蒙古侵入高丽之时，正值高丽形成武人政权。面对蒙古的入侵，高丽权臣采取了将陆地民众迁到山城和海岛的清野战术，并在各地展开了在地方官和防护别监指挥下的守城战和游击战。高丽迁都江华岛意味着高丽中央军放弃了对蒙古的积极对抗，迁都这一举措只是对中央政府起到了保护的作用，而对普通民众来讲则饱受了战乱的侵害。

元朝征日本及高丽的关系问题，日本学者多从蒙古袭来、元寇的角度进行过研究。池内宏的《元寇的新研究》[4]一书，对蒙古征服高丽、忽必烈对高丽的怀柔政策、蒙古在高丽屯田、高丽元宗被废及三别抄叛乱、忽必烈诏谕日本及两次征日本等问题进行了系统的研究。他认为高丽世子倎入朝蒙古意义重大，忽必烈与倎的会见成为蒙古与高丽关系好转的契机。忽必烈罢兵并对高丽采取了怀柔政策，结束了蒙古与高丽40余年的征战关系，使两国关系向好的方向发展。蒙古在高丽设置屯田经略司与征讨珍岛的三别抄叛军无关，而是专门为征日本做准备。川添昭二的《蒙古袭来研究史论》[5]一书，对蒙古袭来的经

---

〔1〕〔日〕山口修：《蒙古和高丽（1231）——蒙古的一次高丽入侵》，载《圣心女大论丛》40，1972年。

〔2〕〔日〕山口修：《蒙古军的高丽侵入》，载《熊本大学法政论文》9，1957年。

〔3〕〔韩〕李益柱著，〔日〕森平雅彦译：《蒙古帝国的侵略和高丽的抵抗》，载《历史评论》619，2001年11月。

〔4〕〔日〕池内宏：《元寇的新研究》，日本：东洋文库，1931年版。

〔5〕〔日〕川添昭二：《蒙古袭来研究史论》，日本：雄山阁，1977年版。

过、原因以及研究状况等进行了系统的研究。认为忽必烈对高丽采取了一系列的怀柔政策,在忽必烈的高丽政策中也掺杂着日本远征和伐宋问题。元朝想通过对高丽的怀柔政策为媒介,将诏谕日本作为攻略南宋的一环。

中村荣孝的《日鲜关系史的研究》[1]一书,认为高丽对元朝第一次征日本和第二次征日本所采取的态度有所不同,高丽助兵元朝攻打日本一方面是受元朝的支配,另一方面也是高丽借蒙古的力量打击倭寇。青山公亮的《日元间的高丽》(1、2)[2]一文,对忽必烈遣使诏谕日本及高丽的态度等问题进行了探讨。认为高丽对忽必烈诏谕日本采取了并不积极支持的态度。高丽从开始就不愿意介入到蒙古与日本的关系中,其理由是高丽担心蒙古的要求本身激怒日本朝廷,随即给高丽带来灾祸。王启宗的《元世祖诏谕日本始末》[3]一文,对忽必烈诏谕日本及高丽的态度问题进行了分析。认为高丽对忽必烈诏谕日本采取不积极的态度主要有财政、国防两个方面的原因。就财政方面来讲,高丽料到万一蒙古诏谕日本,而日本不遵从蒙古的意愿而以武力解决的话,高丽必定奉蒙古之命出军及提供军需,高丽的国情实不堪再遭兵祸。从国防方面来讲,对于高丽的威胁系来自日本和蒙古两个方面。一旦日本与蒙古通好,日本的使臣必将假道高丽往来于燕京。这样一来,高丽的虚实将尽为日本所了解,这也是高丽方面最为担忧的事情。

韩国学者张东翼的《1269 年"大蒙古国"中书省的牒及日本方面的对应》[4]一文,重点介绍了日本京都大学文学部图书馆所藏《异国出契》所收 1269 年"大蒙古国"中书省给日本国王的牒和高丽庆尚道按察使给日本大宰府守护所的牒,以及日本国太政官想给大蒙古国中书省的牒、大宰府守护所准备给高丽庆尚道按察使的牒文等。张文指出,

---

〔1〕〔日〕中村荣孝:《日鲜关系史的研究》,日本:吉川弘文馆,1969 年版。

〔2〕〔日〕青山公亮:《日元间的高丽》(1、2),第 32 编第 8、9 号,载《史学杂志》,1921 年。

〔3〕王启宗:《元世祖诏谕日本始末》,载《大陆杂志》,第 32 卷第 5 期,1966 年。

〔4〕〔韩〕张东翼:《1269 年"大蒙古国"中书省的牒及日本方面的对应》,2005 年,第 114 编第 8 号,载《史学杂志》。

《异国出契》所记载的大蒙古国中书省牒和高丽庆尚晋安东道按察使牒不是伪文书,充分肯定了其较高的史料价值;认为高丽庆尚晋安东道按察使牒中,高丽人称蒙古为北朝或北朝皇帝是不认同臣服于蒙古的表现。

在《异国出契》中,与忽必烈诏谕日本有关的文书有7个。其中,1266年8月的蒙古国牒状和高丽元宗的牒文,很早以来就被研究日本史的学者所使用。而1269年"大蒙古国"中书省给日本国王的牒和高丽庆尚晋安东道按察使给日本大宰府守护所的牒等两则文书,前人研究中未曾使用过。池内宏和青山公亮也认为在日本没有留下中书省的牒文资料,因此,对其内容也只是推测而已。《异国出契》的发现,对元朝、高丽、日本关系史的研究提供了极其宝贵的新史料。

日本的研究者早从蒙古袭来、元寇的角度对这些文书进行过研究,在日本史研究范围内有利用这些文书的倾向。但是,研究蒙古史、元朝史的学者,利用这些文书进行研究的极少,中国学者也未关注这些文书。对元朝诏谕日本的文书有必要进行全面的调查、整理。在传抄这些文书时多大程度上保持了原文书的格式、元朝使臣向高丽提出副本时,如何保持原文书的格式等问题,有待于进行进一步的研究。

池内宏的《在高丽的元代行省》[1]一文,对元代的征东行省的设置、变革等问题进行了探讨。认为1280年忽必烈在高丽设立的征日本行省是为征日本而设立的,而1287年元朝在高丽设立的征东行省是元朝在高丽设置的独立行省,是为统治和管理高丽而设立的机构。北村秀人的《在高丽的征东行省》[2]一文,对征东行中书省的设置、特征、性质、职能等问题进行了探讨。认为1280年元朝在高丽设立的征日本行省与征东行中书省名称相同,都称征东行省,但两者有着不同的性质。征日本行省主要以江淮行省为中心,以高丽和开元宣慰司协助构成,是为征服日本而设立的临时的军事机构。征东行中书省是在1287年设立的,是元朝借乃颜之乱为契机,为了让高丽完全趋于元朝的统治

〔1〕〔日〕池内宏:《在高丽的元代行省》,载《东洋学报》,第20卷第3号,1933年。

〔2〕〔日〕北村秀人:《在高丽的征东行省》,载《朝鲜学报》,第32辑,1964年。

而设立的监督高丽内政的机构。

元朝将降服的高丽人多安置在辽阳、沈阳一带,并任安抚高丽军民总管管理这些人。在元朝与高丽关系中居住辽阳、沈阳的高丽人是不可忽视的力量。王崇时的《元代入居中国的高丽人》[1]一文,对大蒙古国时期至元朝期间,高丽人大批进入中国的诸种原因、移民构成、在中国的分布状况以及数量估计、对两国所产生的影响等问题进行了探讨。

1308年高丽忠宣王首先被元朝封为沈王,自此高丽国王或王族开始继承沈王之位。冈田英弘的《元沈王和辽阳行省》[2]一文,认为沈阳王是具有实际内容的称号,成为沈阳王的高丽国王实现了高丽本土和沈阳地方的统合。北村秀人的《关于高丽时代的沈王的考察》[3]一文,对沈王的继承关系、沈王与沈阳的关系等问题进行了探讨。认为沈王是元朝作为对高丽国王或高丽王族的优待政策而给予的称号,只不过是名义上的称号,与统治沈阳等特定地域没有关系。

关于元朝与高丽的政治联姻问题,我国台湾学者萧启庆、韩国学者金成俊、法国学者韩百诗对此都有所研究。萧启庆的《元丽关系中的王室婚姻与强权政治》[4]一文,对元朝与高丽联姻关系的确立、联姻的实行、元朝公主在高丽宫廷中的地位、高丽国王在元朝的地位、高丽王室的蒙古化等问题进行了探讨。认为元朝公主与高丽王室的通婚是中朝关系史上的特殊现象。元朝公主与高丽王室通婚是由高丽提出请婚之后,得到元朝的许可而成立的。两国皆以政治目的为出发点,元朝以公主下嫁作为控制高丽的手段,而高丽王室以联姻帝室作为在蒙元世界秩序中提高自身地位的工具。元朝公主参与高丽朝会,接见使臣,并在官吏任免、重大决策方面拥有很大权力。

---

〔1〕王崇时:《元代入居中国的高丽人》,载《东北师大学报》,1991年,第6期。

〔2〕〔日〕冈田英弘:《元沈王和辽阳行省》,载《朝鲜学报》,第14辑,1959年。

〔3〕〔日〕北村秀人:《关于高丽时代的沈王的考察》,载《人文研究》,第24卷第10分册,1972年。

〔4〕萧启庆:《元丽关系中的王室婚姻与强权政治》,载《元代史新探》,台湾:新文丰出版公司,1983年。

森平雅彦的《驸马高丽国王的成立——在元朝高丽王的地位的预备考察》[1]一文,对高丽请婚、元朝公主下嫁高丽的情况、高丽国王地位的提高等问题进行了探讨。认为驸马高丽国在元朝的地位很高,元朝与高丽的联姻对高丽国王来讲,是以元朝的权威为后盾来击退高丽武臣政权,恢复国王权力的象征。他的《元朝怯薛制度和高丽王家——高丽与元关系中秃鲁花的意义》[2]一文,从新的角度考察了元丽关系中的高丽质子问题。他认为对高丽质子不能单纯地停留在表面的理解,如仅仅理解成是高丽为了向元朝保证臣服的态度而让高丽王子作为"秃鲁花"入质元朝的。事实上,蒙古语的"秃鲁花"与汉语的"质子"有区别,高丽王室的"秃鲁花"在元朝充当"宿卫"的角色,是保护元朝皇帝的亲卫队的成员,因此在元朝的地位很高。他的《〈宾王录〉所见至元十年的遣元高丽使》[3]一文,根据李承休的《动安居士文集》(即《宾王录》)的记载,对1273年高丽遣使元朝的经过、使节团的构成、使臣往来的路程、元朝在大都迎接使臣的礼仪等问题进行了探讨。此外,他还有《高丽王位下基础的考察——作为大元兀鲁思的分权势力之一的高丽王家》、[4]《在高丽的元朝站赤》、[5]《围绕高丽后期赐给田的政策论议——见于十四世纪初叶的政局情势显露背景》[6]等论文。

喜蕾的《元代高丽贡女制度研究》[7]一书,对高丽贡女制度的形成与发展、本质及政治影响等问题进行了探讨。认为元代高丽贡女制度

---

〔1〕〔日〕森平雅彦:《驸马高丽国王的成立——在元朝高丽王的地位的预备考察》,载《东洋学报》,第79卷第4号,1998年。

〔2〕〔日〕森平雅彦:《元朝怯薛制度和高丽王家——高丽与元关系中秃鲁花的意义》,载《史学杂志》,第110编第2号,2001年。

〔3〕〔日〕森平雅彦:《〈宾王录〉所见至元十年的遣元高丽使》,载《东洋史研究》,2004年,第63卷第2号。

〔4〕〔日〕森平雅彦:《高丽王位下基础的考察——作为大元兀鲁思的分权势力之一的高丽王家》,载《朝鲜史研究论文集》,第36集,1998年。

〔5〕〔日〕森平雅彦:《在高丽的元朝站赤》,载《史渊》,第141辑,2004年。

〔6〕〔日〕森平雅彦:《围绕高丽后期赐给田的政策论议——见于十四世纪初叶的政局情势显露背景》,载《朝鲜学报》,第160辑,1996年。

〔7〕喜蕾:《元代高丽贡女制度研究》,民族出版社,2003年。

是元朝与高丽王国宗属关系体系中的重要组成部分，是以高丽王国向元朝献纳本国女子为标志的一种国家间权力、义务关系。

内藤隽辅的《朝鲜史研究》[1]一书，对高丽风俗中受蒙古的影响、高丽末期兵制中的蒙古风俗、高丽的鹰坊、元代与高丽的交通等问题进行了探讨。

陈高华的《元朝与高丽的海上贸易》[2]一文，对元朝与高丽海上交通路线、商品交换、商人的活动情况等进行了探讨。认为元朝与高丽的海上交通是频繁的，首先表现在海运粮食上，而且海运的规模非常大。此外，元朝与高丽之间通过海道进行的贸易活动相当频繁，在高丽与中国的北方港口之间航线上来往的既有中国商人，也有高丽商人。元代的北方没有正式的对外贸易港，大多数商人由海道到高丽，他们以直沽为出海港的可能性最大。

《老乞大》、《朴通事》等高丽方面的资料，为研究元朝与高丽的贸易往来等问题提供了重要线索。陈高华的《从〈老乞大〉、〈朴通事〉看元与高丽的经济文化交流》[3]一文，根据《老乞大》、《朴通事》所记载的高丽商人到元大都的沿途所见、贸易活动等情况，探讨了高丽与元代的经济文化交流。1998年韩国大邱发现了原刊本《老乞大》，引起了国内外学者的极大重视。陈高华的《旧本〈老乞大〉书后》[4]一文，断定此书的成书年代为中国的元代末年。金文京等的《老乞大——朝鲜中世的中国语会话读本》[5]一书，将《老乞大》翻译成日语，并做了详细的注解。在此书解说中对旧本《老乞大》的成立年代，汉儿言语、蒙文直译体等问题进行了详细的研究。船田善之的《成为元代史料的旧

[1]〔日〕内藤隽辅：《朝鲜史研究》，东洋史研究会，1961年。

[2]陈高华：《元朝与高丽的海上贸易》，载《陈高华文集》，上海辞书出版社，2005年。

[3]陈高华：《从〈老乞大〉〈朴通事〉看元与高丽的经济文化交流》，载《历史研究》，1995年，第3期。

[4]陈高华：《旧本〈老乞大〉书后》，载《中国史研究》，2002年，第1期。

[5]〔日〕金文京：《老乞大——朝鲜中世的中国语会话读本》，日本东京东洋文库平凡社，2002年。

本〈老乞大〉——以钞和物价的记载为中心》[1]一文，从旧本《老乞大》所记载的元代钞和物价的角度，探讨了此书所反映的元代经济、社会生活情况。

1.3　基本史料

本书主要利用的史料是蒙元时代和同一时期高丽的资料。有关元朝与高丽关系的记载，元朝方面的资料主要有《元史》、《元典章》等正史资料以及元人文集等；高丽方面的资料主要有《高丽史》、《高丽史节要》、高丽墓志铭、高丽金石文、高丽文集等。

《元史》是明初官方所修的比较系统地记载元代兴亡过程的史书。1368 年元朝灭亡，元顺帝北迁之后，明太祖朱元璋下令编修元史。第二年以李善长为监修，宋濂等为总裁，开局编写，仅用 188 天的时间即编完元顺帝以外的 159 卷。接着又让欧阳佑等人搜集元顺帝一朝的史料，1370 年重开史局，仍以宋濂等为总裁，用 143 天完成 53 卷，然后合前后二书，共成 210 卷 。《元史》常用的是 1979 年中华书局的点校本。《元史》本纪和高丽传中有元朝与高丽关系的记载。

《元典章》全名为《大元圣政国朝典章》，是元代各种典章制度和各种法令文书。全书共分为诏令、圣政、朝纲、台纲、吏部、户部、礼部、兵部、刑部、工部等 10 类，常用的是台湾故宫博物院所藏元刊本及 1972 年影印本。此书户部、礼部、刑部有元朝与高丽关系的记载。

《高丽史》是朝鲜世宗朝史臣郑麟趾等 32 人，奉命所撰。以纪传体书写，至朝鲜文宗元年（明景泰二年，1451）完成，共 137 卷。其中，世家 46 卷，志 30 卷，表 2 卷，列传 50 卷，目录 2 卷。

此书是探讨元代与高丽关系研究这一课题不可或缺的史料。国内辽宁、上海、北京大学、南京等四家图书馆藏有此书朝鲜刻本或抄本。辽宁图书馆藏本是明景泰二年（1451）朝鲜刻本，共 137 卷，目录 2 卷，

[1]〔日〕船田善之：《成为元代史料的旧本〈老乞大〉——以钞和物价的记载为中心》，载《东洋学报》，第 83 卷，2001 年。

高丽世系1卷;上海图书馆藏本是朝鲜端宗三年(1454)刻本,共137卷,高丽世系1卷;北京大学图书馆藏本是朝鲜刻本,凡137卷;南京图书馆藏本是清精抄本,凡137卷。复旦大学图书馆和北京图书馆存朝鲜旧抄本目录1卷。常用的有两种影印本,一是明治四十一年(1908)日本东京国书刊行会铅印本;二是1916年朝鲜京城大和商会铅印本。本书参考的是日本东京国书刊行会铅印本。

2　蒙古与高丽的早期交涉

1206 年，蒙古乞颜部首领铁木真统一蒙古各部之后，在斡难河源召开了大忽里勒台，被众人推举为蒙古合汗，建立大蒙古国（yeqe mungγul ulus）。铁木真尊号"成吉思汗"，入元之后被尊为太祖。在太祖成吉思汗建立大蒙古国之前，王建于 918 年（高丽天授元年，后梁贞明四年）建立了高丽王朝，统治朝鲜半岛已近三百年之久。蒙古与高丽建交之前，高丽亦与中国五代、辽、金、宋朝等有过密切的关系。

成吉思汗统一蒙古各部，建立强大的蒙古汗国之后，与他的继承者进行了征西域、攻打金朝、讨伐南宋等大规模的对外征服战争。1218 年（蒙古太祖十三年，高丽高宗五年）蒙古与高丽正式接触，成吉思汗以讨灭高丽境内的契丹叛部为理由派兵侵入高丽，讨平契丹叛众。1219 年（蒙古太祖十四年，高丽高宗六年）蒙古与高丽达成"兄弟"之盟约，高丽答应每年向蒙古纳贡，后因 1225 年蒙古使者着古与被杀，蒙古与高丽断交。

2.1　契丹叛众入侵高丽

1211 年（蒙古太祖六年，高丽熙宗七年），成吉思汗开始南下征伐金朝。者别率领的蒙古先锋军，皇子术赤、察合台、窝阔台指挥的蒙古西路军，成吉思汗和幼子拖雷统率的蒙古东路军先后攻下金朝的乌月营及云内、东胜、武州、朔州、德兴府等诸城，在野狐岭和宣平之会河川大败金兵。[1] 继而于 1213 年（蒙古太祖八年，高丽康宗二年）入居庸关，1214 年（蒙古太祖九年，高丽高宗元年）3 月金宣宗纳贡求和，将卫绍王允济之女岐国公主献给成吉思汗，蒙古兵撤出居庸关。同年 5 月

〔1〕《元史》卷 1《太祖本纪》，中华书局点校本，1976 年版，第 15 页。

金主从中都(今北京)南迁到汴京(今开封),成吉思汗知道宣宗南迁之事后,认为讲和之后又迁都,分明是对蒙古有戒心,遂派叛金降附蒙古的乣军和契丹人石抹明安合兵攻打中都,于1215年(蒙古太祖十年,高丽高宗二年)攻下中都。

同时,1214年成吉思汗又派木华黎率领另一路蒙古军东征辽东。辽东地区属于金朝东部领域,是女真的发源地,也是金王朝与高丽王国通好的门户。大批契丹降民亦世居于此。当蒙古南下征金并东袭辽东之际,金朝加强了对辽东地区的控制。金朝在极力阻止蒙古军队东进的同时,特别提防契丹部众的反叛。[1] 但是金朝并未能防止契丹部众的反叛,1212年(蒙古太祖七年,高丽康宗元年),金朝北边千户契丹人耶律留哥率众降附成吉思汗,耶律留哥"众至十余万,威震辽东",[2]1213年,耶律留哥被众人推举为王,国号辽。

《元史》记载:

众以辽东未定,癸酉三月,推留哥为王,立妻姚里氏为妃,以其属耶斯不为郡王,坡沙、僧家奴、耶的、李家奴等为丞相、元帅、尚书,统古与、着拨行元帅府事,国号辽。[3]

耶律留哥在辽东的势力很大,他的反叛对金朝来讲是个沉重的打击,很大程度上削弱了金朝在辽东的势力。金朝政府为了剿灭耶律留哥的契丹部众,多次派兵到辽东,但耶律留哥得到蒙古军的支持,因此,金兵每次都被耶律留哥所打败。1214年金朝命辽东宣抚蒲鲜万奴率重兵攻打耶律留哥。《元史》记载:

甲戌,金遣使青狗诱以重禄使降,不从。青狗度其势不可,反臣之。金主怒,复遣宣抚万奴领军四十余万攻之。留哥逆战于归仁县北河上,金兵大溃,万奴收散卒奔东京。安东同知阿怜惧,遣使求附。于是尽有辽东州郡,遂都咸平(今开原),号为中京。金左副元帅移剌都,以兵十万攻留哥,拒战,败之。[4]

---

[1]郝时远:《蒙古东征高丽概述》,第15页。

[2]《元史》卷149《耶律留哥传》。

[3]《元史》卷149《耶律留哥传》。

[4]《元史》卷149《耶律留哥传》。

蒲鲜万奴的大军又被耶律留哥所打败。蒲鲜万奴担心金朝政府怪罪他，亦率众反叛金朝，于 1215 年 10 月“居辽东，僭称天王，国号大真，改元天泰”。[1] 金朝此次派兵不但未能消灭耶律留哥的部众，反而使蒲鲜万奴自立为王、割据辽东。耶律留哥降附蒙古，继而蒲鲜万奴也举起独立大旗，这对金朝来讲更是雪上加霜，金朝在辽东的势力日渐衰弱。1216 年（蒙古太祖十一年，高丽高宗三年）木华黎攻略辽西地区诸城，攻入东京（今辽阳）之时，蒲鲜万奴“以其子帖哥入侍”[2] 降附蒙古。在木华黎撤出辽东半岛之时，蒲鲜万奴“既而复叛，僭称东夏”。[3]后来，于 1217 年（蒙古太祖十二年，高丽高宗四年）跑到豆满江下流建立了东夏国。

在蒲鲜万奴叛离蒙古的同时，耶律留哥的契丹部众也背叛了蒙古。东夏国和契丹部众的叛离证明了蒙古在辽东的统治并不稳定，这与蒙古在辽东地区并未采取积极的经营措施有关。木华黎征服辽东之后，没有对辽东地区进行直接控制，而是让叛金降附蒙古的契丹人耶律留哥留守辽东抵抗金兵。1215 年耶律留哥的部下耶厮不等劝他称帝，耶律留哥认为降附大蒙古国，不能分割疆域，在辽东称帝的话，是逆天行道，所以并未答应。他的部下耶厮不趁耶律留哥赴成吉思汗处纳贡之际，谎称耶律留哥已死，遂杀死了成吉思汗派来索取人质的 300 名蒙古兵，率部众反叛蒙古自立辽国。耶律留哥无奈只身投靠成吉思汗帐下，并以其子薛阇为质子。成吉思汗夸奖了耶律留哥对蒙古的忠心，并派兵帮助耶律留哥收复叛离的部众。

1216 年耶律留哥部众推耶厮不于澄州（今海城）称帝，国号辽。但耶厮不称帝仅 70 多日就被部下所杀，之后乞奴监国。

《元史》记载：

> 丙子，乞奴、金山、青狗、统古与等推耶厮不僭帝号于澄州，国号辽，改元天威，以留哥兄独剌为平章，置百官。方阅月，其元帅青

[1]《元史》卷 1，《太祖本纪》。

[2]《元史》卷 1《太祖本纪》。

[3]《元史》卷 1《太祖本纪》。

狗叛归于金，耶厮不为其下所杀，推其丞相乞奴监国，与其行元帅鸦儿，分兵民为左右翼，屯开、保州关。金盖州守将众家奴引兵攻败之。留哥引蒙古军数千适至，得兄独剌并妻姚里氏，户二千。鸦儿引败军东走，留哥追击之，还渡辽河，招抚懿州、广宁，徙居临潢府。乞奴走高丽，为金山所杀，金山又自称国王，改元天德。统古与复杀金山而自立，喊舍又杀之，亦自立。[1]

成吉思汗发兵辽东，支援耶律留哥剿灭契丹叛部。乞奴等遭到耶律留哥和蒙古兵的打击之后，率九万余众渡鸭绿江逃入高丽，在高丽进行大肆抄略。契丹叛众逃入高丽之后不久，内部引起权力之争，乞奴被金山所杀，后来金山又被统古与所杀，统古与又被喊舍所杀，最后领导权由喊舍所掌握。

高丽在遭受契丹叛众侵害的同时，也受到金朝的压制。1216年闰七月五日，高丽北界兵马使奏报金东京（今辽阳）总官府送来牒文，金朝希望高丽共同讨伐契丹叛众，并提供粮食和马匹。

《高丽史》记载：

闰月丙戌北界兵马使奏：金东京总管府奉圣旨移牒略曰："昔有鞑靼恃凶入京，已与大军年前讲好去讫。而后契丹啸聚蠹耗边方，杀戮我生灵，焚烧我仓廪。致皇天之厌秽敛，众怨以同归。胁从者倒戈而攻，同谋者倾军而服。既人心之戴旧全辽海以如初。唯叛贼万奴弃一方之重，委忘皇国之大恩。用心不臧，为天不佑，近被隆安府行省移剌全举大军征讨。旋不三月应有贼徒尽行杀灭，虽有残零余党逃在山林，亡无日矣，既此贼之失利，舍贵邦以何之？窃恐巧言诈谋，闲谍两国，旁生侵扰。若或过界，严设除虞，就便捉拿，牒送前来。近者，契丹余寇，西欲渡河，闻知鞑靼约会本朝，大军挟攻掩杀，自知无所归而奔波逃去，潜犯婆速境。自今已遣大军句当外，分头差有心力能干官会合诸道六军指日来到。一行军数浩大，窃恐阙误粮食并马，军亟战致，马匹瘦弱，以此。今移牒前去，借粮储马匹，贵国宜量力起送前来，患难相救，忧乐相同。

[1]《元史》卷149《耶律留哥传》。

设有安危，难分彼此，愿虑远以信从，使回牒以速到。”时金宣抚蒲鲜万奴据辽东僭称天王，国号大真。先是金再牒乞粜，国家令边官拒而不纳。自去年金人因兵乱，资竭争赍珍宝，款义、静州关外互市米谷，至以银一锭换米四、五石。故商贾争射厚利，国家虽严刑籍货，然犹贪渎无厌，潜隐互市不绝。金将率兵到关责云：“何弃旧好，不通告粜乎?”乃掳十余人而去，中道脱还。[1]

金朝在牒文中称，蒲鲜万奴负皇恩叛离金朝，契丹余寇越境到高丽，希望高丽协助金朝擒拿契丹余寇并遣送回来，还要求向高丽借军粮和马匹。当时，金朝因兵乱致粮食短缺、战马瘦弱，所以金朝政府不断向高丽要求提供粮食和马匹，商贾为了夺取暴利，使义、静州关外互市的米价上涨，以致以一锭银换四五石米，高丽政府严令禁止卖米给金朝，但仍不能杜绝私下交易。金朝政府责问高丽，为何舍弃旧好，不给金朝卖米，于是，抓走了高丽十几个人，但这些人在途中得以逃脱。

正当高丽受金朝压制之时，8 月 14 日契丹遗种金山等遣其将鹅儿、乞奴二人引兵数万渡鸭绿江，侵宁州、朔州、定戎(今义州)之境。高丽没有答应金朝助战的要求，但答复金朝各自为战，遂歼灭境内的契丹叛众。18 日，高丽方面以卢元纯为中军兵马使、吴英富为右军兵马使、大将军金就砺为后军兵马使抵御契丹军。20 日，契丹兵屠宁城、德城，进而围攻安州、义州、龟州。又有兵自麟州、龙州界来攻铁州、宣州(今宣川)。契丹叛众在高丽到处抢夺杀人，高丽方面有不少的将领因不能抵御契丹来犯，而被撤职或被流放到海岛。24 日，卢仁绥在朔州、车德威在昌州(今昌川)因不能抵御契丹兵而被撤职。高丽随后遣派中郎将李希柱、金公奭为将军。[2]

契丹兵在收复被女真所占领的诸城的同时，要求高丽投降，否则，将派大军进攻。

《高丽史》记载：

大辽开国二百余年，中被女真侵犯又将百年，其女真所陷诸

---

〔1〕《高丽史》卷 22，东京国书刊行会，1912 年版。

〔2〕《高丽史》卷 22。

邑尽行收复，唯婆速路一城不下，累次攻讨，方得乞降。官吏依旧任使，百姓亦依旧安业。尔若不降，即遣大军杀戮的无轻恕。[1]

契丹兵在给高丽的书信中要求高丽让地、助粮，否则不会轻恕。契丹部众先叛离女真、归附蒙古，随后，又复叛蒙古，志在恢复辽代疆土。

卢元纯、金就砺所率的高丽军士、将领齐心协力，英勇抗击契丹叛众，先后在朝阳镇（今价川）、宁城、德城、昌州、延州、云州、西京（今平壤）等地与契丹兵交战，杀死不少契丹兵。9月2日，契丹兵到朝阳镇甲仗别监东大悲院，录事刘性藏、副将李纯老等杀敌29人，旗开得胜。8日，金来远军在宁城、德城夹攻契丹兵。12日，金公奭与契丹兵在昌州交战，杀敌42人。郎将玄章等在延州与契丹兵屡战，斩杀70余人，获牛、马80匹。副使薛得儒在云州与契丹兵交战，杀敌50余人。19日西京兵与契丹战于朝阳丰端驿，斩160余人，还有不少契丹兵掉到江里溺死。10月6日，西京兵到成州的狗浅，与契丹兵两千余人交战，斩获115人。

12月契丹兵屠黄州。[2] 为了彻底剿灭契丹兵，高丽政府规定"出征契丹之犯境者，方迁八品"，[3]于是出现了儒士因不能升迁而率兵出征、丧命于战场的局面。如全履之本来是个文官，但为了顺利迁升而赴战场，最终死在战场上。李奎报为全履之写哀辞，悲叹因契丹犯界致使文人也要率兵奔赴疆场的局势。

同年，高丽以郑叔瞻为行营中军元帅、赵冲为副元帅，凡可从军的都纳入到部队，还以僧人为军。

《高丽史》记载：

时金山兵阑入北鄙，以参知政事郑叔瞻为行营中军元帅，冲副之，右承宣李延寿都知兵马事，五领军属焉。又括京都人不论职之有无，凡可从军者，皆属部伍，又发僧为军共数万。叔瞻等点兵于顺天馆，时骁勇者皆为崔忠献父子门客，官军皆老弱羸卒，元帅

〔1〕《高丽史》卷22。

〔2〕《高丽史》卷22。

〔3〕李奎报：《东国李相国集》卷37《全履之哀词》，载《韩国文集丛刊》(2)，韩国景仁文化社，1990年版，第85页。

心懈。王御崇文殿，群臣入谒，分立左右。叔瞻、冲以戎服率诸总管入庭行礼，王亲授钺。日官以拘忌谄忠献，出师不由大路，自保定门循城南宿狻猊驿，会大雪士卒冻缩不能前，及霁至兴义驿。适平州防御军还，前军望见枪旗误谓贼兵至，遂奔溃，唯冲勒兵整肃。叔瞻等闻贼兵至塩、白州，退屯兴义、金郊两驿，闲复退屯国清寺。[1]

当时，因骁勇者皆为崔忠献的门客，元帅等征到的都是老弱者。郑叔瞻和赵冲所率官军并未能打败契丹兵，诸军在阵前并未与契丹兵交战即闻风而逃，退屯国清寺。

1217 年郑叔瞻被免职，以郑邦辅为元帅，赵冲为副元帅。

《高丽史》记载：

明年叔瞻免，以知门下省事郑邦辅代之。邦辅、冲等耀兵塩州，贼兵遁去。五军元帅追贼于安州，行至太祖滩遇雨而止，置酒宴乐不设备，有一人乘白马突入阵中，举旗而麾，俄而贼兵大至，急围五军。前军先溃，遂薄中军，纵火烧垒，诸军士卒散走，唯左军拒战。邦辅、冲奔左军，左军亦败，五军皆溃。大将军李义儒、白守贞、将军李希柱等战死，士卒死者不可胜记，辎重、资粮、器仗皆为所夺。邦辅、冲奔还京，溃卒络绎于道。贼追至宣义门，焚黄桥而退，朝野大震。[2]

1217 年 3 月 9 日，郑邦辅和赵冲所率的高丽军将契丹兵逐出盐州，五军元帅追剿至安州，遇到下雨不能前行，在置酒庆贺并无防范之时，被契丹兵包围，高丽军中死伤者无数，郑邦辅和赵冲逃回京师，契丹兵追至宣义门，使高丽朝廷大为震惊。

当郑邦辅、赵冲所率官军在太祖滩置酒宴乐，遭受契丹突袭而大败之时，金就砺等逆击契丹兵，部下多伤亡，金就砺独自奋战，负伤而还。[3] 高丽御史台官员认为是郑邦辅和赵冲失职，以致高丽兵卒损失

〔1〕《高丽史》卷 103《赵冲传》。

〔2〕《高丽史》卷 103《赵冲传》。

〔3〕《高丽史》卷 103《金就砺传》。

惨重,遂罢免了二人的职务。并认为与契丹兵交战,五军逗留不战,徒费粮饷,所以,5 月 4 日以崔元世为中军兵马使,以金就砺为前军兵马使。

《益斋乱稿》记载:

> 丁丑三月,五军次于安州大枣滩战不利。贼气得驰突,公与文备、仁谦逆击之,仁谦中流矢死,公奋剑独拒,枪矢交贯于身,病疮如京。忠愤之气,犹形言色,闻者壮之。五月,以上将军崔元世将中军,以公将前军,大将军任甫将新定五领,号加发兵,遣诣忠州。公疮未合,力疾受命。七月,至黄骊县法泉寺之南川上,五军争舟,公退须诸军毕济,然后乘舟。忠州城坏于水,木石崩荡,公舟为巨石所輻,椸櫓俱脱,板漏水涌,同载者三百余人,面若死灰,公坚坐不移,神色自若。俄而有三人乘桄,截流相救,舟人连断绳掷之,三人者牵以登岸。问之,原州村居人奴也,与其尤壮者偕行,再宿会本军于法泉寺。移次秃岾,崔公曰:"明日之路有二岐,吾行如何则可。"公曰:"分军掎角,不亦可乎?"崔公从之,会于麦谷,与贼战,斩获三百余级。迫于堤州之川,流尸蔽川而下,搜山谷得老弱男女送于忠州。牛马与获者,至朴达岘。崔公曰:"岭上非大军所止",欲退屯山下。公曰:"用兵之术,虽先人和、地利尤不可轻。贼若先据此岭,我在其下,猿猱之捷,亦不得过。况于人乎,乃与加发兵登岭而宿。质明贼果进大军于岭之南,先使数万人分登左右峰,欲争要害。"公使将军申德威、李克仁当左,崔俊文、周公裔当右,公从中鼓之,士皆殊死鬬,三军望之,亦大呼争登,贼大奔,由是不果南下,皆东走。追至溟州,战于楹岭,于大岘,于丘山驿,于灯台壤,于恶坂,于登州之东壤,凡六战贼莫能枝梧,奔还女真地。九月,公承中军牒,移兵定州使觇贼。返曰:"贼在咸州,与我比境,犬鸡之声相闻。"公筑鹿角垣,三周其隍。留克仁、纯佑、德威、朴蕤等四将守之,移据兴元镇。十月。贼得女真兵复振,长驱而来,公回军遇于豫州之桂川,交绥而退。忽遘疾未瘳,将佐请归就医药。公曰:"宁为边城鬼,岂可攀疾求安于家乎。"疾甚,水浆不入

口，目视不辨人物，有敕归京理疾，兵马录事洪昌衍，将军李中立等肩举公至京，累月乃瘳，于是贼破数十城，如蹈无人之境。是月二十九日，所留兵与贼战于渭州，败，李阳升死之。[1]

这段史料详细记载了金就砺等抵御契丹兵的情况。7月5日，崔元世、金就砺追契丹兵于忠、原二州之间，在麦谷交战，追至朴达岘大败契丹兵，契丹兵越大关岭而逃。金就砺等追到溟州、登州等地，与契丹兵交战且六战六胜，把契丹兵赶到女真之地。9月，逃到女真地的契丹兵聚集队伍重又来犯。23日契丹兵侵入义州、静州、麟州及宁城、德城之界。10月金就砺在豫州击退契丹兵，但因金就砺的旧伤复发严重，不得不回京养伤，留守军不能抵御契丹兵，契丹兵如同入无人之境，高丽数十城皆被攻破。29日，高丽军在渭州被契丹兵打败。11月2日，契丹兵入侵高州、和州。高丽以上将军文汉卿为中军兵马使、大将军柳敦植为后军兵马使、大将军奇允伟为加发兵马使，抵御契丹兵。文汉卿率领的高丽军未能抵挡住契丹兵的侵入，契丹兵先后占领了和州，22日攻陷宁仁镇、25日攻陷长平镇、26日攻陷朔州、28日攻陷豫州。12月25日，契丹兵占领宣州。[2]

1218年7月22日(蒙古太祖十三年，高丽高宗五年)高丽方面因官军懦弱，不能抵御契丹兵来犯，而让赵冲复职为西北面兵马元帅、以金就砺为兵马使。《东国李相国集》记载："官军懦弱，不能制，朝廷复授公斧钺，敦促遣之。军令严明，秋毫不犯。虏褫气，入江东城自固。"[3]

《益斋乱稿》记载：

戊寅七月，以守司空赵冲为元帅，公为兵马使，借上将军郑通宝为前军，吴寿祺为左军，申宣胄为右军，李霖为后军，李迪儒为知兵马使。九月六日，元帅袍笏承命出，具戎服，再见大观殿受钺，道

[1]李齐贤：《益斋乱稿》卷6《门下侍郎平章事、判吏部事、赠谥威烈公金公行军记》，载《韩国文集丛刊》(2)，第549－550页。

[2]《高丽史》卷22。

[3]李奎报：《东国李相国集》卷36《金紫光禄大夫、守大尉门下侍郎、同中书门下平章事、上将军、修文殿大学士、修国史判礼部事赵公诔书》，载《韩国文集丛刊》(2)，第80页。

长湍指洞州，遇贼东谷，擒其毛克女真官名高延，千户阿老。次成州，以待诸道兵。庆尚道按察使李绩引兵来，遇贼不得前。遣将军李敦守，金季凤击之，以迎李绩之兵。继而贼从二道，俱指中军。我张左右翼鼓而前，贼二军望风而北，李敦守等与李绩来会，录事申仲谐分其兵输军食，贼又要之，将军朴义邻败之于秃山，贼散而复集，骑数万尽锐来攻，我又败之。亚将脱剌逃归，贼魁亦欲引还，虑我要其归路，入保江东城。[1]

8月25日契丹兵侵扬州，西海道防守军与契丹兵谷州交战，斩首契丹兵300余人。9月6日，赵冲、金就砺所率的高丽军在东谷、成州与契丹兵交战，打败契丹兵。随后，赵冲、金就砺所率的高丽军对契丹部众进行了多次的追剿，使契丹兵锐气大减，喊舍等率契丹兵逃到高丽江东城自保。

2.2 成吉思汗讨灭契丹叛众

1218年成吉思汗派哈真、札剌领兵侵入高丽，讨伐入居高丽江东城的契丹叛部。《元史》记载："太祖十三年，契丹六哥据高丽江东城，命哈真、札剌率师平之。"[2]

成吉思汗此次派兵侵入高丽，一方面与收复辽东地区耶律留哥的契丹部众和叛离蒙古的蒲鲜万奴的东夏国，巩固蒙古在辽东的统治势力有关；另一方面，希望借此机会让高丽"称臣纳贡"，以便切断金朝与高丽的关系，为彻底讨灭金朝打下基础。

此次，耶律留哥也随哈真、札剌出征高丽。哈真、札剌二将先讨伐了东夏国，使蒲鲜万奴归附蒙古，并让东夏国助兵一起讨灭契丹叛众。哈真、札剌等先遣40余人乘船持牒文到高丽定州，但蒙古与高丽历来并无交往，高丽以为是契丹人伪作蒙古文字来讲和。[3] 高丽朝议没有

〔1〕李齐贤：《益斋乱稿》卷6《门下侍郎平章事、判吏部事、赠谥威烈公金公行军记》，载《韩国文集丛刊》(2)，第550页。

〔2〕《元史》卷1《太祖本纪》。

〔3〕金龙善编：《高丽墓志铭集成》"赵冲墓志铭"条，韩国：翰林大学校，1997年，第335页。

按期汇报,以致延误犒军之礼,蒙古遂指责高丽延缓讲和之事。

在高丽朝廷怀疑是否真的蒙古兵到来之时,只有赵冲认为从其来势来看,毋庸置疑,确实是真的蒙古兵到来了。赵冲亦前去与蒙古讲和。[1] 蒙古和东夏的联合军从高丽咸镜道方面向高丽东北面进军,攻下和州、孟州、顺州、德州等城,12 月到达江东城,高丽洪大宣迎降,高丽王瞰奉牛酒,出迎王师。[2] 到达江东城之后,哈真等正赶上大雪封城,军粮成为问题。因此,哈真等派高丽任庆和与蒙古使者持文书来,其书曰:"皇帝以契丹兵逃在尔国,于今三年未能扫灭,故遣兵讨之。尔国惟资粮是助,无致欠阙。"[3]

《益斋乱稿》记载:

> 十二月,皇元哈真、扎剌两元帅,其兵一万,与东真完颜子渊兵二万,声言讨丹贼,指江东城。会天大雪,饷道不继,贼坚壁以疲之,哈真患之,使者十二人与我德州进士任庆和,来请兵与粮。且言帝命破贼之后,约为兄弟。我元帅以闻,王许之。遣金良镜,晋锡押卒一千以赴。[4]

哈真等要求高丽送军粮,出兵助战,并传达了成吉思汗"破贼之后,约为兄弟"之命。高丽元帅赵冲派部将金良镜率精兵一千人给蒙古军送米一千石。哈真多次要求高丽助兵,高丽诸将都不敢前往蒙古营帐,金就砺主动要求愿意前往蒙古军营。

《益斋乱稿》记载:

> 哈真屡责添兵,诸将皆惮于行。公曰:"国之利害,正在今日,若违彼意,后悔何及。"赵公曰:"是吾意也,然此大事,非其人,不可遣。"公曰:"事不辞难,臣子之分,吾虽不材,请为公一行。"赵公曰:"军中之事,徒倚公重,公去可乎。"卯二月,公与知兵马使韩光

〔1〕李奎报:《东国李相国集》卷 36《金紫光禄大夫、守大尉门下侍郎、同中书门下平章事、上将军、修文殿大学士、修国史判礼部事赵公诔书》,载《韩国文集丛刊》(2),第 80 页。

〔2〕《元高丽纪事》,广文书局印行,1972 年,第 3 页。

〔3〕《高丽史》卷 103《赵冲传》。

〔4〕李齐贤:《益斋乱稿》卷 6《门下侍郎平章事、判吏部事、赠谥威烈公金公行军记》,载《韩国文集丛刊》(2),第 550 页。

> 衍，领十将军兵及神骑大角，内厢精卒往焉。哈真使通事赵仲祥语公曰："果与我结好，当先遥礼蒙古皇帝，次则礼万奴皇帝。"万奴者，盖东真之主也。公曰："天无二日，民无二王，天下安有二帝耶。"于是，只拜圣武，不拜万奴。公身六尺五寸以长，而须过其腹，每盛服，必使两婢子分举其须而后束带。及是，哈真见状貌，又闻其言，大奇之，引与同坐。问年几何，公曰："近六十矣。"哈真曰："我未五十，既为一家，君其兄而我其弟乎？"使公东向坐。明日，又诣其营，哈真曰："吾尝征伐六国，所阅贵人多矣，见兄之貌，何其奇欤，吾重兄之故，视麾下士卒亦如一家。"临别，执手出门，扶腋上马。数日，赵公亦至，哈真问元帅年与兄孰长。公曰："长于我矣。"乃引赵公坐上座曰："吾欲一言，恐为非礼，然于亲情，不宜自外，吾其坐两兄之间如何？"公曰："是诚吾等所望，但未敢先言耳。"坐定，置酒作乐，蒙古之俗，好以铦刀刺肉，宾主相啖，往复不容瞥。我军士素号勇者，莫不有难色，公与赵公，跪起承迎甚熟，哈真等极欢，约诘朝会江东城下，去城三百步而止。[1]

1219年2月金就砺和韩光衍（蒙古太祖十四年，高丽高宗六年）来见哈真，哈真遣通事赵仲祥告诉金就砺，果真要与蒙古结为兄弟，先遥拜蒙古皇帝，然后拜万奴皇帝。金就砺只拜蒙古皇帝，未拜万奴。在酒席上哈真与金就砺结为兄弟，约定会师江东城下。

《益斋乱稿》记载：

> 哈真自城南门至东南门，凿地广深十尺。西门以北，委之完颜子渊。东门以北，委于公，皆令凿隍以防逃逸。是月十四日，贼势窘，开城门出降，王子自缢，其伪丞相以下皆斩之。[2]

蒙古、东夏、高丽联军，围江东城四周挖了深沟，防止契丹叛众逃跑。随后的大雪封城为蒙古、东夏、高丽联军攻下江东城提供了有利条件，契丹叛众被围困在江东城中，缺衣少食，陷入绝境，不得不开城门而

---

〔1〕李齐贤：《益斋乱稿》卷6《门下侍郎平章事、判吏部事、赠谥威烈公金公行军记》，载《韩国文集丛刊》（2），第550－551页。

〔2〕李齐贤：《益斋乱稿》卷6《门下侍郎平章事、判吏部事、赠谥威烈公金公行军记》，载《韩国文集丛刊》（2），第551页。

投降。2 月 14 日，契丹叛众“官人、军卒、妇女五万余人开城门出降”，[1]其头领喊舍自尽而死。哈真等杀死了喊舍的妻子及为首的官员等 100 多人，其余 5 万余契丹降民，一部分人迁到耶律留哥的领地，归耶律留哥管辖，[2]一部分人留在高丽，赵冲等分送各州、县“择闲旷地居之，量给田土，业农为民，俗呼契丹场”。[3]

之后，高丽送酒果到蒙古元帅府，以表犒师之礼。

《东国李相国集》记载：

> 某月日，右谨致书于某官幕下。早春，伏惟钧候动止何若，瞻企瞻企。我国久为契丹侵扰，病在腹心，不能自除，岂意元帅阁下将为小邦，扫清丑秽，举义远来。暴露草莽，其在小邦，职宜早致犒师之礼，少慰勤苦。然初不知大军入境之日，且系寇贼梗道，由是稽延。不以时修问于尤右，窃思无状，良用兢惭，惟大度宽之。始闻贼徒入江东城自保，小国乃以为此已圈牢中物耳，不足患也。方遣人致谢，兼问起居，其使人未及上道，续有急报，果闻其党出城自降。咸就枭俘，举国快心，异手同抃，此实大邦扶弱恤邻之义，而小国万世一遇之幸也。感荷大恩，罔知所报。今者伏承王旨，略备不腆酒果仪物等事，特差某某官等，赍押奉送，其数目具在别笺。幸勿以微薄却之，亦不以迟缓罪之也，惶恐惶恐。[4]

蒙古、东夏、高丽联军讨灭高丽江东城契丹叛众之后，哈真曰：“我等来自万里，与贵国合力破贼，千载之幸也，礼合往拜国王，吾军颇众，难于远行，但遣使陈谢。”[5]哈真派蒲里帒完等 4 人持诏书来讲和，高宗派朴时允迎接蒙古使臣。蒲里帒完等要求高宗亲自出迎，否则不入迎宾馆。高丽官员急忙解释说从来没有国王亲自出迎使臣的先例，于

[1]《高丽史》卷 103《金就砺传》。

[2]《元史》卷 149《耶律留哥传》。

[3]《高丽史》卷 103《金就砺传》。

[4]李奎报：《东国李相国集》卷 28《蒙古兵马元帅幕，送酒果书》，载《韩国文集丛刊》(2)，第 582 页。

[5]李齐贤：《益斋乱稿》卷 6《门下侍郎平章事、判吏部事、赠谥威烈公金公行军记》，载《韩国文集丛刊》(2)，第 551 页。

是蒲里岱完才入馆,"高丽王瞰遂降,请岁贡方物"。[1]

《益斋乱稿》记载:

> 二十日,哈真与扎剌,请赵元帅及公同盟曰:"两国永为兄弟,万世子孙,无忘今日。"我设犒师之宴,哈真以妇女童男七百口及吾民为贼掳掠者二百口归于我。以女子年十五左右者,遗元帅及公各九人,骏马各九匹。元帅送哈真至义州。公与扎剌至朝阳。会有西京斋祭使之命。吴寿祺代公送之。[2]

20日,哈真与赵冲等盟誓,蒙古与高丽达成兄弟之盟约,高宗(瞰)同意每年向蒙古纳贡。但因当时金朝在辽东屯营,考虑到高丽出使途中的安全问题,蒙古与高丽达成协议,每年蒙古使臣经由东夏国境内到高丽收取方物。哈真选15岁左右的女子,送给元帅赵冲和金就砺各9人,又各送9匹骏马。蒙古军撤出高丽,赵冲送哈真到义州,金就砺送扎剌到朝阳,因有西京斋祭之使命,吴寿祺代金就砺相送。

关于1218年成吉思汗派兵攻打契丹叛众的蒙古与东夏国的兵数问题,《元史》、《高丽史》和《益斋乱稿》的记载有出入。《元史》记载:"戊寅(1218),留哥引蒙古、契丹军及东夏国元帅胡土兵10万,围喊舍。高丽助兵四十万,克之。喊舍自经死。"[3]

以上史料中将高丽派出援军和蒙古、东夏、高丽联军攻克江东城,契丹投降等事均记载为1218年,这可能是《元史》耶律留哥传纪年有误。蒙古和东夏国军队围攻江东城是在1218年,并在这一年要求高丽派出援军。但高丽派赵冲、金就砺率兵支援蒙古,蒙古、东夏、高丽联军攻克江东城,喊舍自尽而死,契丹叛众投降是1219年之事。另外,《元史》耶律留哥传所记载的耶律留哥所引蒙古、契丹军及东夏元帅胡土兵10万,与《高丽史》、《益斋乱稿》所记载的蒙古、东夏兵数有出入。

《高丽史》记载:"高宗五年十二月己亥,朔蒙古元帅哈真及札剌率兵一万与东真万奴所遣完颜子渊兵二万声言讨丹贼,攻和、猛、顺、德四

---

[1]《元史》卷1《太祖本纪》。

[2]李齐贤:《益斋乱稿》卷6《门下侍郎平章事、判吏部事、赠谥威烈公金公行军记》,载《韩国文集丛刊》(2),第551页。

[3]《元史》卷149《耶律留哥传》。

城破之,直指江东城”。[1]《高丽史》中并未出现过耶律留哥和胡土二人的名字。日本学者箭内亘认为完颜子渊和胡土是同一个人,子渊是胡土的汉译名。[2]《元史》所记载的蒙古、契丹、东夏兵10万人和《高丽史》、《益斋乱稿》所记载的蒙古、东夏兵3万人,兵数出现相当大的出入。因此,《元史》所记载的蒙古、东夏、契丹军10万人有待于进一步考证。

笔者认为假设《元史》所记载的蒙古、契丹、东夏兵10万人数是可信的话,会有两种可能性:第一种可能是,《高丽史》所记载的蒙古元帅哈真、札剌率领的蒙古兵1万和东真万奴所遣完颜子渊所统率的东夏兵两万,可能是1218年攻打江东城的一路人马,他们先攻克高丽的和、猛、顺、德四城,然后向江东城进军。而其余的7万人可能是耶律留哥所统率的另一路人马。第二种可能性是,《高丽史》所记载的蒙古元帅哈真、札剌、东夏完颜子渊率领的蒙古、东真兵3万可能是1218年攻打江东城时蒙古、东夏联合兵数。后来,在1219年高丽派援军的同时,蒙古和东夏也有增兵。假设这种可能性成立的话《元史》耶律留哥传所记载的10万人就是1219年增兵之后的兵数,其中包括哈真、札剌、完颜子渊率领的蒙古、东夏兵3万。另外,《高丽史》中并未记载高丽援军的数字,《元史》耶律留哥传记载的高丽援军40万,可能有夸大的成分。箭内亘认为《元史》耶律留哥传记载的高丽援军为40万并不可信。假设高丽援军真的如《元史》耶律留哥传所记载的有40万人的话,攻下江东城的功劳也不会落到蒙古、东夏头上,头功应当归高丽才对。[3] 在李治亭主编的《东北通史》中,认为蒙古、东夏、高丽的联军人数为50万(蒙古、东夏兵10万,高丽助兵40万),[4]其根据应该是《元史》耶律留哥传的记载,关于这一问题有待于进一步考证。

---

〔1〕《高丽史》卷22,第333页。《高丽史节要》的记载与《高丽史》的记载相同。《高丽史节要》卷15,韩国:东国文化社,1960,第356页。

〔2〕〔日〕箭内亘:《东真国的疆域》,载《满洲历史地理》第2卷,日本:丸善株式会社,1913年版,第226页。

〔3〕〔日〕箭内亘:《蒙古的高丽经略》,载《满鲜地理历史研究报告》第4卷,第283页。

〔4〕李治亭主编:《东北通史》,中州古籍出版社,2002年版,第286页。

2.3 蒙古与高丽断交

1219 年因蒙古派往花剌子模的使臣及商队被讹答剌城长官亦难出所杀，成吉思汗开始西征，成吉思汗幼弟帖木哥斡赤斤留下监国。蒙古使臣奉帖木哥斡赤斤之命多次向高丽索取贡物，由于每次索要之物数量很多，给高丽人民带来了沉重的负担。1221 年(蒙古太祖十六年，高丽高宗八年)至 1224 年(蒙古太祖十九年，高丽高宗十一年)间，蒙古共派使臣 7 次到高丽索取贡物，索要之物主要有水獭皮、纸墨、药材等物。除帖木哥斡赤斤索要之物以外，蒙古大臣也捎来书信索要贡品。《东国李相国集》记载：

某月日，使臣某至。奉传钧旨。备认皇太弟大王殿下起居万福，欣慰良多。但来教以小国不曾发遣女孩儿及会汉儿文字言语人，亦不进奉诸般要底物等事。督责甚严，闻令惶悸，不知所图。上件人物皆下国所乏，前已再陈所不能应副之由。输写肝胆，无所隐蔽。庶蒙照悉，傥或矜恕。尚复征诘不已，意者区区微诚，不足动大王之鉴耶。岂或虑矫饰之词而不之信耶？言若有饰，惟皇天后土知之。且小国勤事大邦，犹恐不尽其诚。况于贽献之礼，虽不承严令，岂不欲务为繁伙浩侈，以猒大国之心乎。然物之有无丰瘠，系于风土。我国本介居山谷间，地甚硗确。虽有所产，例皆麤品，殊不合上国之用。从以献芹之意，岁备不腆般品，以修情礼而已。每枉钧旨，征索无既，小国其何以堪之哉。以有涯之用，供无既之求，决知不能。如以不能获罪于上国，亦乖依仰大邦伫蒙抚恤之意也。其若青丝绫走丝等物，本非我国所产。此亦前所具陈，想大国已详之矣。虽风土所生，随时之有无有进与未况地所不产哉。其诸般名手匠人亦如前书所陈，国无能者，故未能发遣。事辄违意，深恐深恐。伏惟大王殿下挟太弟之贵导天子之化，以绥靖四方为己任，其于远人。时有以宽容以示字小之义，实小邦之望也。所征物件虽不能依数准备，粗竭帑储具如别录，谨附回使俾所过州郡交领检献，以此为籍手之资。惟大王谅之，请勿以些小为罪也。

惶恐惶恐。[1]

高丽通过蒙古回还使给帖木哥斡赤斤捎书信，表示蒙古所征之物，高丽实难全部备齐，请蒙古不要怪罪高丽。

1223 年(蒙古太祖十八年，高丽高宗十年)3 月，木华黎在进攻金朝时去世，使蒙古在辽东的控制再次出现不稳定状况。蒲鲜万奴趁此之际摆脱了蒙古的控制，并遣使劝说高丽也与蒙古断交。1224 年(蒙古太祖十九年，高丽高宗十一年)正月，东夏遣使高丽，告知东夏已经与蒙古断绝旧好，并劝高丽也与蒙古断绝关系，表示愿意在青州和定州各置榷场与高丽进行贸易。

同年 12 月 24 日，蒙古使者着古与等 10 人到高丽收取方物，因蒲鲜万奴与蒙古断交，着古与等未走东夏境内，而从婆速路来，经过义州附近的咸新镇来到高丽，在高丽逗留几天之后，带着贡物返回蒙古。着古与等在 1225 年(蒙古太祖二十年，高丽高宗十二年)正月，于归途中经过东夏时被强盗所杀。蒙古以为杀害蒙方使臣是高丽人所为，遂与高丽断绝关系。[2]

杀害蒙古使臣着古与的其实不是高丽人，而是东夏蒲鲜万奴部下所为。后来东夏的王好非逃到高丽讲出了实情，蒙古派撒礼塔征高丽时，高宗派使臣向蒙古解释了此事。

《东国李相国集》记载：

> 越丙子岁，契丹大举兵，阑入我境，横行肆暴。至己卯，我大国遣帅河称(哈真)、扎腊(札剌)领兵来救。一扫其类，小国以蒙赐不赀。讲投拜之礼，遂向天盟告，以万世和好为约。因请岁进贡赋所使，元帅曰："涂路甚梗，你国必难于来往，每年我国遣使优不过十人，其来也可赍持以去。至则道必取万奴之地境，你以此为验。"其后优使之来，一如所约。每我国辄付以国信礼物，输进阙下。独于甲申年，使臣着古与不以万奴之境，而从婆速路来焉，然

[1]李奎报：《东国李相国集》卷 28《蒙古国使赍回上皇太弟书》，载《韩国文集丛刊》(1)，第 582－583 页。

[2]《高丽史》卷 222。

依旧接遇甚谨。又付以国信前去,其后使介之来者,稍至间阔。小国窃怪其故,久而闻之。则于加下遮出中路,杀了上件使臣所致也。如此以后,于加下伪作上国服样,入我北鄙,残败三城。万奴亦攻破东鄙二城,其服色亦如之,自是踵来侵伐不绝。又万奴与上国使优之向我国者,绐言高丽皆你国,慎勿前去。使优不听,且欲知真伪,遂便行李,则先遣其麾下人,伪为我国服着及弓箭,遂伏兵于两国山谷之间。潜候行李,出射趁歹,因令伴行人报云,高丽所作如此,背逆明矣,请停前去,固令还焉。然适有自万奴麾下逃来王好非者,细说其事,故我国得知之。[1]

从这段史料可知,蒙古始终遵循1219年蒙古与高丽达成的蒙古使臣经由蒲鲜万奴之地界来取贡物的约定。唯独1224年使臣着古与未经过蒲鲜万奴的东夏境入高丽,而是从婆速路来的。蒙古使臣着古与带着贡物回蒙古时,于加下、蒲鲜万奴为了使高丽彻底与蒙古断绝关系,杀死了蒙古使臣着古与,并嫁祸于高丽。东夏人对蒙古使者说高丽已背叛蒙古,你们不要到那里去,然后,伪装成高丽人在途中袭击蒙古使者。另一方面,又告知高丽蒙古将要派兵来入侵高丽,并穿上蒙古服饰伪装成蒙古兵来侵袭高丽。

蒙古使臣被杀事件,使高丽君臣担心蒙古出兵征讨,但成吉思汗西征归来之后,又征西夏,蒙古此时无暇顾及东方的高丽,而在1227年(蒙古太祖二十二年,高丽高宗十四年),成吉思汗在西征归途中去世。

[1]李奎报:《东国李相国集》卷28,载《韩国文集丛刊》(1),第589页。

3　蒙古与高丽的战争

继成吉思汗之后，太宗窝阔台、定宗贵由、宪宗蒙哥合汗先后派兵侵入高丽，自1231年（蒙古太宗三年，高丽高宗十八年）至1259年（蒙古宪宗九年，高丽高宗四十六年）间，蒙古对高丽发动了多达7次的征服战争。蒙古的征服战争及高丽单方面向蒙古纳贡，给高丽人民带来了深重的灾难与负担。

1232年高丽为了防御蒙古军来犯，迁到三面环海的江华岛，江华岛成为高丽江都。蒙古太宗窝阔台、定宗贵由、宪宗蒙哥汗先后多次派兵侵入高丽，力图让高宗出水就陆投降，但高宗在位40余年间，高丽始终未出陆投降，也未迁回旧都。

蒙古侵入高丽时，高丽是武人政权时代。1170年高丽国内发生武人之乱，1196年崔忠献掌权，开始了崔氏武人政权。其子崔瑀、孙崔沆、曾孙崔竩等几代权臣，一概主张对抗蒙古，高丽在崔氏武人政权的掌控之下经历了30多年的抵抗蒙元的战争。

3.1　窝阔台合汗派兵入侵高丽

成吉思汗在西征花剌子模之前，听取了也遂哈敦的建议，提前指定第三子窝阔台为大蒙古国汗位继承人。1227年成吉思汗病逝之后，1227年到1229年间，成吉思汗幼子拖雷监国。1229年（蒙古太宗元年，高丽高宗十六年）蒙古诸王、贵族在克鲁伦河畔举行大忽里勒台，遵照成吉思汗的遗嘱，推举窝阔台为大蒙古国合汗。窝阔台继汗位之后，继承成吉思汗的遗志继续进军金朝，1231年（蒙古太宗三年，高丽高宗十八年）窝阔台兵分三路，并亲自率领中路军向金朝发起进攻。同时，先后派撒礼塔和唐古征伐高丽。

1231年8月至1232年（蒙古太宗四年，高丽高宗十九年）正月间，撒礼塔第一次征伐高丽。蒙古此次出兵高丽,以先前使者着古与被杀事件为理由来向高丽问罪。本来撒礼塔打算先讨灭东夏,但最后还是决定先征讨高丽,好让高丽助兵与蒙古军合兵出征东夏。

此次太宗命撒礼塔出征高丽的时间问题,《元史·太宗本纪》和《元史·高丽传》均记载为秋8月,而《元史·洪福源传》和《元高丽纪事》均记载为9月。《元史·太宗本纪》记载:"太宗三年秋八月以高丽杀使者,命撒礼塔率师讨之,取四十余城。"[1]《元史·高丽传》记载:"太宗三年(1231)八月,命撒礼塔征其国,国人洪福源迎降于军。"[2]《元史·洪福源》传记载:"辛卯(1231)秋九月,太宗命将撒里答(塔)讨之,福源率先附州县之民,与撒礼塔拼力攻未附者。"[3]

《元高丽纪事》则记载:"太宗三年(1231)辛卯九月,上命将撒里塔火里赤领兵争讨,国人洪福源迎军投降。"[4]池内宏认为太宗下令撒礼塔出征应是在8月以前,《元史·太宗本纪》和《元史·高丽传》的记载也不足为信,《元高丽纪事》所记载为9月亦是错误的。[5]

《高丽史》记载:"高宗十八年(1231)秋八月壬午蒙古元帅撒礼塔围咸新镇屠铁州。"[6]据这段史料记载可见,在1231年秋8月撒礼塔已经到达高丽,并开始围攻咸新镇和铁州了。因此,可以肯定《元史·洪福源传》和《元高丽纪事》记载太宗命撒礼塔征高丽的时间为9月是错误的。撒礼塔到达高丽之后,高丽麟州守将洪福源(洪大宣之子)投降蒙古,并成为蒙古人的向导。[7]因此,《元史·洪福源传》和《元高丽纪事》所记载的9月应该是洪福源迎降蒙古军的时间。

8月撒礼塔所率蒙古军围攻高丽咸新镇,镇守赵叔昌(赵冲之子)归降蒙古。

《高丽史节要》记载:

[1]《元史》卷2《太宗本纪》。

[2]《元史》卷208《高丽传》。

[3]《元史》卷153《洪福源传》。

[4]《元高丽纪事》。

[5][日]池内宏:《蒙古的高丽征伐》,载《满鲜地理历史研究报告》第10卷,第123页。

[6]《高丽史》卷22。

[7]《高丽史》卷130《洪福源传》。

> 高宗十八年八月蒙古元帅撒礼塔将兵围咸新镇曰："我是蒙古兵也，汝可速降，否则屠城无遗。"副使全僩惧与防守将军赵叔昌谋曰："若出降，城中之人犹可免死。"叔昌然之，遂以城降。叔昌谓蒙古人曰："我赵元帅冲之子也，吾父曾与贵国元帅约为兄弟。"僩发仓饷，蒙军、叔昌为书谕朔州、宣德镇使迎降。蒙人令叔昌所至先呼曰："真蒙古也，宜速出降。"至铁州城下令所虏瑞昌郎将文大呼谕州人曰："真蒙古兵来矣，可速出降。"文大乃呼曰："假蒙古也，且勿降。"蒙人欲斩之，使更呼。复如前，遂斩之。蒙古攻之愈急，城中粮尽不克，守城将陷，判官李希绩聚城中妇女、小儿纳仓中火之，率丁壮自刎而死，蒙人遂屠其城。[1]

这段史料详细地记载了8月蒙古军围攻咸新镇时，守将赵叔昌与副将全僩担心蒙古军屠城，遂开城门迎降蒙古，咸新镇中百姓免遭蒙古军屠杀。而蒙古人围攻铁州时，由于判官李希绩的执意反抗，蒙古人攻下铁州城后进行了屠城。蒙古军到朔州、宣德镇后，在赵叔昌的协助下使其守将归降，而蒙古军到铁州城下让被俘虏的瑞昌郎将文大告诉铁州守将是真蒙古军来了，文大却大喊假蒙古军来了，不要归降。所以，蒙古军斩了文大。判官李希绩英勇抵抗，直到铁州城中弹尽粮绝，守城即将沦陷之际，李希绩将妇女、儿童关到仓库中烧死，自己率众自刎而死。牧使李元祯也偕妻子投仓火而死。蒙古军与高丽兵在铁州一战以及李希绩、李元祯的事迹，对高丽及后来的朝鲜王朝文人影响很深。

《止浦集》记载：

> 当年怒寇阑塞门，四十余城如燎原。依山孤堞当虏蹊，万军鼓吻期一吞。白面书生守此城，许国身比鸿毛轻。早推仁信结人心，壮士嚾呼天地倾。相持半月折骸炊，昼战夜守龙虎疲。势穷力屈犹示闲，楼上管弦声更悲。官仓一夕红焰发，甘与妻孥就火灭。忠魂壮魄向何之，千古州名空记铁。[2]

---

〔1〕《高丽史节要》卷16"高宗十八年八月"条。

〔2〕金邱：《止浦集》卷1《过铁州》，载《韩国文集丛刊》(2)，第329页。

金邱在这一诗文中赞颂了英勇抵抗蒙古军而死的判官李希绩、牧使李元祯的事迹，并在铁山为李希绩、李元祯建祠庙，祭忠魂。

后世朝鲜王朝时代的文人、正使路过铁州故城时，大都写诗缅怀或停留几天瞻仰祠庙。朝鲜王朝时期文人赵泰亿在诗文“铁山双忠祠”中歌颂高丽李希绩、李元祯的事迹时写道：“巡远曾双庙，东方又二忠，精灵知不沫，百代想英风。”[1]1574 年赵宪以朝贺正使回还时，于 6 月 8 日到铁山，停留 3 天，9 日瞻仰铁州故城及铁山双忠祠。

朝鲜王朝时期文人赵宪在《重峰集》中记载：

> 万历二年甲戌六月初九日壬子，雨。过铁州故城，式于官仓之墟，为牧使李元祯，判官李希绩死节也。高丽(缺字)蒙古兵大至围城，牧、判二官，极力防守，卒至势穷，楼上犹设管弦，以示虏闲，而相率妻子，自赴于官仓火中，如有救者，宁至是乎。金丘有诗，尹毅中为方伯，白于朝廷，作庙于铁山以祭。[2]

1666 年李东老升迁为铁山府使之后，重建高丽忠臣李元祯、李希绩祠，[3]纪念在铁州一战英勇抵抗蒙古军的高丽将领。

8 月撒礼塔所率领的蒙古军攻下高丽咸新镇、铁州之后，又攻陷静州、朔州。静州守将金庆孙和朔州守将金仲温弃城投奔龟州。

《高丽史》记载：

> 金庆孙高宗十八年为静州分道将军。蒙古兵渡鸭绿江屠铁州，侵及静州，庆孙率衙内敢死士十二人开门出力战，蒙古却走。俄而大军继至，州人度不能守皆奔窜。庆孙入城无一人在者，独与十二士登山、夜行不火食，七日到龟州。朔州戍将金仲温，亦弃城来奔。[4]

9 月 3 日蒙古军围攻龟州，龟州守将朴犀联合静州守将金庆孙和朔州守将金仲温，分别驻守龟州城东、西、南面。

《高丽史》记载：

---

〔1〕赵泰亿：《谦斋集》卷 17，《铁山双忠祠》，奎章阁所藏写本，年代不详。

〔2〕赵宪：《重峰集》卷 10《朝天日记》，1748 年刊本。

〔3〕南公辙：《金陵集》卷 18《宁边都护府使李公墓表》，1815 年刊本。

〔4〕《高丽史》卷 103《金庆孙传》。

朴犀竹州人，高宗十八年为西北面兵马使，蒙古元帅撒礼塔屠铁州至龟州，犀与朔州分道将军金仲温，静州分道将军金庆孙，静、朔、渭、泰州守令等各率兵会龟州。犀以仲温军守城东西，庆孙军守城南，都护别抄及渭、泰州别抄二百五十余人分守三面。蒙古兵围城数重，日夜攻西南北门，城中军突出击走之。蒙古兵擒渭州副使朴文昌令入城谕降，犀斩之。蒙古选精骑三百攻北门，犀击却之。蒙古创楼车及大床，裹以牛革中藏兵，薄城底以穿地道。犀穴城注铁液，以烧楼车，地且陷，蒙古兵压死者三十余人。又爇朽茨以焚木床，蒙古人错愕而散。蒙古又以大炮车十五攻，城南甚急，犀亦筑台城上发炮车、飞石却之。蒙古以人膏渍薪厚积纵火攻城。犀灌以水，火愈炽，令取泥土和水投之乃灭。蒙古又车载草爇之攻谯楼。犀预贮水楼上灌之，火焰寻熄。蒙古围城三旬百计攻之，犀辄乘机应变以固守，蒙古不克而退。复驱北界诸城兵来攻，列置炮车三十，攻破城郭五十。闲犀随毁随葺锁以铁絙，蒙古不敢复攻。犀出战大捷。[1]

这段史料证明，蒙古军在围攻龟州之前，蒙古军攻陷了高丽静州、朔州、渭州、泰州等地，因此，静州、朔州、渭州、泰州等州的守令均不能抵抗，而弃城率众到龟州。蒙古军与高丽军在龟州争战非常激烈，双方都动用了炮车、飞石等。朴犀命朔州分道将军金仲温守龟州城东西两面，命静州分道将军金庆孙守城南，并让都护别抄及渭州、泰州别抄250余人，分别守城三面。蒙古军重重包围了龟州城，日夜攻西南北门，但未能攻克。蒙古军挖城底想通过地道入城里，朴犀融铁浇灌地道，烧毁了蒙古军的战车。蒙古军又以人油烧城，朴犀以土扑灭其火，初战大捷。

蒙古军围攻龟州城3日，未克而退。蒙古军再次围攻龟州城，使用了百计攻城，但在朴犀、金庆孙的反击下，蒙古军仍未攻克龟州城。蒙古人觉得高丽以少敌大，这是天佑，而不是人力所为。在朴犀等高丽将领的顽强抵抗下，蒙古军未攻克龟州而败退。

〔1〕《高丽史》卷103《朴犀传》。

《重峰集》记载：

> 高丽高宗十八年八月，蒙古兵陷铁州。郎将文大、判官李希绩死之。九月，又攻龟州不克。时兵马使朴犀及朔州分道将军金仲温、静州分道将军金庆孙会龟州。蒙兵大至，庆孙率敢死士十二出城击战。手射先锋黑旗一骑，敢死士因奋击却之。秋复来围，车积草木辗而进攻。庆孙以炮车溶铁液以泻之烧其积草。蒙人更创栖车及木床裹以牛革中藏兵，薄城底以穿地道。犀穴城注铁液，以烧楼车蒸朽茨以焚木床，错愕而散。又以大炮车十五攻城南甚急，犀亦筑台城上发炮车飞石却之。庆孙据胡床督战，有炮过庆孙顶击在后，卫卒身首糜碎。左右请移床，庆孙曰："不可，我动则人心动。"神色自若竟不移。围城三日，百计攻之，犀与庆孙随机设备，应变如神。蒙人曰："此城以小敌大，天所佑非人力也。"[1]

10日蒙古军攻西京未攻克而退。14日蒙古军到黄州、凤州，二州守将率部众移到铁岛自保。20日蒙古军围攻龙州，城中请降，副使魏玿被掳。29日蒙古军陷宣州、郭州。[2]

10月1日撒礼塔派使臣阿土（阿儿秃）作为劝降使持牒到高丽西京，但在途中被平州的官吏囚禁。此时高丽朝廷还不知是真的蒙古兵来了，因为，在前常有东夏人假扮蒙古兵来偷袭，高丽朝廷仍以为是假蒙古人来骚扰。平州官吏不知如何处置阿土等人便向高丽朝廷请示，高丽朝廷内部有人认为应该杀死使臣，有人则认为应该问清他们来这里的理由。10月20日平州官吏派池义深将阿土送到西京，高丽朝廷看到牒文才弄清楚是真的蒙古军来了。

蒙古使臣在平州被囚禁之事，使撒礼塔非常恼怒，11月27日撒礼塔围攻平州，攻下平州之后对官吏、百姓进行了大肆屠杀。29日蒙古兵自平州来屯宣义门外。12月1日蒙古兵分屯京城四门外，且攻兴王寺。高丽派闵曦请求和解。2日闵曦又往蒙古屯所，偕蒙使二人、下节20人来，高丽命知阁门事崔珙为接伴使，备仪仗出迎宣义门外。入宣

---

〔1〕赵宪：《重峰集》卷7《论时弊疏》，1748年刊本。

〔2〕《高丽史》卷23。

恩馆时撒礼塔屯安北都护府，亦遣使者3人来谕讲和。3日高宗下大观殿庭北面以迎，被蒙古使臣阻止，高宗乃南面拜讫，蒙使毛衣冠佩弓箭入见，高丽赠紫罗衫束带，令更衣，蒙古使臣不从。高宗宴请蒙古使臣。蒙古使臣阿土等人带来的文牒曰：

天底气力，天道将来底，言语所得不秋底人，有眼瞎了，有手没了，有脚子瘸了。圣旨差撒里打火里赤军去者，问你每待投拜待厮杀。鼠儿年黑契丹你每高丽国里讨虏时节，你每选当不得了去也。阿每差得扎剌、何称(哈真)两介引得军来，把黑契丹都杀了，你每不杀了，阿每来。若阿每不将黑契丹了，你每不早了那是么？使臣禾利一女根底不拜来那是么？投了呵，差使臣瓜古与(着古与)你每根底，不行打来那什么？瓜古与(着古与)没了，使臣觅瓜古与(着古与)来，你每使弓箭将觅来底人射得回去了。那上头管是你每底将瓜古与(着古与)杀了也，阿每觅问当来也。皇帝圣旨道："若你每待厮交，阿每一处厮相杀住到老者。若还要投呵，依前一番投了者去。若你每民户根底的爱惜，依前一番投拜来下去底。使臣快快地交回来者，若要厮杀你识者。皇帝大国土里达达每将四向周围国土都收了，不投底国土都收了，你每不听得来投去了底人都一处行，打你每不听得来，阿每将劫你每底，寄不及都收抚了，听你每根底来。高丽国王你每底民户里投拜了的人，依旧住坐，不投拜底人户杀有。虎儿年投投拜了，咱每不啻一家来那什么，使去底使臣是阿土。"[1]

牒文中指责高丽：1216年(鼠儿年)契丹部众来犯境，高丽未能灭敌，蒙古派兵灭了契丹叛众。高丽投拜了蒙古，所以，派使臣着古与来，高丽杀了着古与。蒙古再派使臣找着古与，高丽又射杀使臣。所以，蒙古皇帝派元帅撒礼塔来问高丽是投拜，还是要争战？牒文中告诫高丽若归降，依旧生活；不归降的人户，要杀死。牒文中又强调虎儿年(1218)高丽归降，蒙古与高丽不是亲如一家了吗？5日高丽高宗派其弟淮安公侹请和，以土物献撒礼塔。关于高宗派淮安公侹请和之事有

〔1〕《高丽史》卷23。

以下记载。

《元史·太宗本纪》记载:"太宗三年(1231)秋八月高丽王瞮遣其弟怀安公请降。"[1]《元史·洪福源传》记载:"辛卯(1231)秋九月,福源又与阿儿秃(阿土)等进至王京。高丽王瞮乃遣其弟怀安公请降。"[2]《元高丽纪事》记载:"太宗三年(1231)辛卯九月,撒礼塔又差阿儿秃(阿土)与福源赴其王京,招其主王瞮。瞮请其弟怀安公请和。"[3]

屠寄和那珂通世根据《元史·太宗本纪》和《洪福源传》的记载,认为1231年9月蒙古使臣阿儿秃(阿土)和洪福源来宣谕之时,高丽高宗先派其弟淮安公侹请和,然后发生了撒礼塔屠平州,围攻王京之事。到12月蒙古方面才同意高丽降附的请求。[4] 箭内亘认为屠寄和那珂通世所持的"九月请和说"是错误的,并指出《元史·太宗本纪》所记载的8月应是撒礼塔率领蒙古军攻高丽咸新镇的时间,而《元史》洪福源传所记载的9月是月份的误写,这一时间可能是洪福源会见撒礼塔军的时间。箭内亘还列出否定"九月请和说"的4条理由:一是,到9月末止,蒙古军攻下高丽40余城是不可能的事。撒礼塔围咸新镇、屠铁州是8月29日的话,假设请和是在9月末,那么,这一期间只有一个月时间,蒙古军再怎么强大,高丽军如何弱,在这么短的时间内攻下40余城也是件难事。况且据《高丽史》记载,自8月到9月末,蒙古军只攻下义州(咸新镇)、铁州、龙州、宣州、郭州、黄州、凤州等7个城,攻龟州、西京时都被击退。二是,从战争的全局看,到9月末高丽还没有请和的必要性。高丽在9月2日通过朝议决定防御蒙古军,9月9日高丽大军从王京出发北进,而正当10月20日龟州被蒙古军围攻,第二天力战击退蒙古军之时,高丽大军到达安州,蒙古军来攻安州之后,高丽军才败退。高丽如果请和也应该是在安州被蒙古军打败之后的事情。三是,从平州事件来推测,9月请和说很难成立。10月1日蒙古使臣二人到

〔1〕《元史》卷2《太宗本纪》。此处怀安公即指《高丽史》中的淮安公。

〔2〕《元史》卷153《洪福源传》。

〔3〕《元高丽纪事》。

〔4〕屠寄:《蒙兀儿史记》卷38《札剌亦儿台传》中国书店,1984年,第323页。那珂通世:《成吉思汗实录》卷12,日本:筑摩书房,1943年版,第553页。

达平州，被平州官吏囚禁，高丽朝廷有人主张杀死蒙古使臣，有人主张问清楚来朝的理由，并于20日将蒙古使臣送到王京。撒礼塔知道后大怒，派兵围平州并屠城。撒礼塔屠平州是11月28日之事，如果高丽9月请和的话，又怎么可能于10月初囚禁蒙古使臣，朝廷内还有主张杀死使者之人，蒙古与高丽处于敌对状态。四是，高丽朝廷在10月份之前还不知道蒙古军入侵。据《高丽史》记载可知，高丽朝廷误以为侵入西北境的不是真的蒙古军来了，而认为是女真人假扮蒙古军侵略的行为。当10月20日见到从平州送来的蒙古使臣之后，才知道真蒙古军来了。所以9月高丽请和是不可能的事情，高丽请和最早也是在阿儿秃（阿土）和洪福源到达王京的10月20日之后。闵曦请求和解是高丽请和的开端，12月请和是正确的。[1] 作者赞同箭内亘的观点。

《重峰集》记载：

> 高丽高宗十八年冬，蒙兵败安北城，屠平州，遣御史闵曦犒师结和。蒙兵复以大炮车攻龟州，朴犀亦发炮车飞石，击杀无算，蒙兵退屯，树栅以守。蒙兵又造云梯将攻城，犀以大于浦（大刃大兵也）迎击之，无不破碎，梯不得近，有一蒙将至城下，环视城垒器械，叹曰："吾自结发从军，历视天下城池攻战，未尝见被攻如此而终不肯降者，城中诸将，他日必皆为将相矣。"[2]

可见，高丽派闵曦与蒙古讲和是在1231年冬天，而且，此次围攻龟州是蒙古军继9月未攻克龟州之后，重新来围攻龟州城。蒙古军以大炮车攻城，在守将朴犀的炮车飞石反击下，蒙古军并未攻下龟州城。当时，高丽朝廷派人告知龟州守将朴犀，朝廷已经派淮安公侹与蒙古军讲和，命朴犀等不要再抵抗蒙古军了。但是，朴犀不听，仍与蒙古军激战。蒙古军是在11月28日屠平州城，而再次围攻龟州久攻不破是到了12月之事。

《高丽史节要》记载：

> 高宗十八年十二月，蒙兵复以大炮车攻龟州，朴犀亦发炮车

---

〔1〕〔日〕箭内亘：《蒙古的高丽经略》，第239－243页。

〔2〕赵宪：《重峰集》卷7《论时弊疏》，1748年刊本。

飞石，击杀无算，蒙兵退屯树栅以守。撒礼塔遣我国通事池义深，学录姜遇昌，以淮安公侹牒谕降于龟州，朴犀不听。撒礼塔复遣人谕之，犀固守不降，蒙兵造云梯将攻城，犀以大于浦迎击之。无不破碎，梯不得近，大于浦者大刃大兵也。有一蒙将年几七十，至城下环视城垒、器械，叹曰："吾自结发从军，历视天下城池攻战，未尝见被攻如此而终不肯降者，城中诸将他日必皆为将相矣。"〔1〕

可见，蒙古与高丽和解是在再次围攻龟州城时的12月，这与箭内亘所主张的12月请和说是相符合的。

11日撒礼塔派赵叔昌与蒙使9人持牒来，索要国赆物。其牒文曰：

蒙古大朝国皇帝圣旨："专命撒里打火里赤统领大军前去高丽国，问当如何杀了着古与使臣乎？钦奉圣旨我使底稍马去，使臣到投拜了。使臣令公将进底物件应生交送。这些个与物将来底物去，我屐没一个中底物。布子与来子（怎）么？我要底好金银、好珠子、水獭皮、鹅岚（绒）好衣服与来你道足。但言者不违，你与金银、衣服多合二万匹马驮来者，小合一万匹马驮来者。我底大军离家多日，穿将来底衣服都坏了也。一百万军人衣服你斟酌与来者，除别进外，真紫罗一万匹你进呈将来底，你将来底水獭二百三十个，好么与紫个来。如今交上好水獭皮二万个与来者，你底官马里选拣一万个匹大马，一万匹小马与来者。王孙男孩儿一千底，公主、大王每等、郡主、进呈皇帝者外，大官人母（每），女孩儿亦与来者，你底太子、将领、大王、令子并大官人男孩儿要一千个，女孩儿亦是一千个，进呈皇帝做扎也者。你这公事疾忙句（勾）当了，合你已后早了，你底里地里稳便快和也，这事不了合，你长日睡合忧

〔1〕《高丽史节要》卷16"高宗十八年十二月"条。《高丽史》卷103《金庆孙传》记载："蒙古复以大炮车攻之，犀又发炮车飞石，击杀无算。蒙古退屯树栅以守。撒礼塔遣我国通事池义深、学录姜遇昌以淮安公侹牒至龟州谕降，犀不听。撒礼塔复遣人谕之，犀固守不降。蒙古又造云梯攻城，犀以大于浦迎击之，无不糜碎，梯不得近。大于浦者，大刃大兵也。"

者有，我使臣呼唤稍马军去，我要底物件疾忙交来，军也疾来，迟交来，持我军马。迟来为你高丽民户将打得莫多少物件，百端拜告郡里，足得你爱惜你也民户，我这里翻取要金银财物，你道骨肉出力这翻语异侯异侯休忘了者。据国王好好底投拜上头，使得使臣交道与我手军去，为你底百姓上休交相杀，如此道得去也，交他旧日自在行路通泰者，依上知之。"使云底使臣二人乌鲁土、只宾木入都护三军阵，主诣降权，皇帝所。[1]

撒礼塔命高丽送来金银、水獭皮、衣物等物，并索要童男、童女。17日蒙古使臣赍国赆物黄金七十斤，白金一千三百斤，襦衣一千领，马百七十四而还。高丽遣将军曹时着以黄金十二斤八两，多般金酒器重七斤，白银二十九斤，多般银酒食器重四百三十七斤，银瓶一百十六口，纱、罗、锦、绣衣十六，紫纱袄子二，银镀金腰带二，及绸布襦衣两千，獭皮七十五领，金饰鞍子具马一匹，散马一百五十四送给撒礼塔。又以金四十九斤五两，银三百四十一斤，银酒器重一千零八十斤，银瓶一百二十口，细纻布三百匹，獭皮一百六十四领，绫纱襦衣、鞍马等物分赠妻子及麾下将佐十四官人。并派赵叔昌持高丽上皇帝表，[2]解释使臣着古与被杀及平州囚蒙古使臣阿土等事由。

其表曰：

云云。自天降责，无地措躬，举国震惊，同音号吁。中谢。伏念臣猥将蕞品，僻在偏方，曾荷大邦之救危，完我社稷，切期永世以为好。至于子孙，宁有贰心，敢孤厚惠，忽承下诘，深疚中怀，事或可陈，情何有匿。其着古与杀了底事，实邻寇之攸作，想圣智之易明，彼所经由，亦堪证验。其再来人使着箭事，前此哥不爱伪作上国服样，屡犯边鄙，边民久乃觉其非，今春又值如此人等，方驱逐之，俄不见人物，唯拾所弃毛、衣、帛、冠、鞍马等事。以帛、冠之故，虽知其伪，尚疑之藏置县官，将俟大国来人，辨其真赝。今以此悉付上国大军，则无他之意，于此可知也。又阿土等缚纽事，初不意

[1]《高丽史》卷23。

[2]《高丽史》卷23。

结亲之大国，乃无故加暴于小邦，拟寇贼之来侵，出军师而方战。忽有二人突入我军，痴军士不甚考问，捕送平州。平州人恐其逋逸，略加锁杻，申覆朝廷。朝廷遣译察视，以其语颇类上国，然后解械慰讯，兼贶衣物，随译前去。则初虽不明所致，其实亦可恕之。又哥不爱人户于我国城子里入居事，此等人尝与我国边人，迭相侵伐，其为冤仇久矣。边民虽愚，岂容仇敌与之处耶，事渐明矣，言可饰乎。其投拜事，往前河称(哈真)、扎剌来时已曾投拜，今因华使之来，申讲旧年之好，伏望云云。乾坤覆露，日月照临，鞠实察情，苟廓包荒之度，竭诚尽力，益输享上之仪。云云。[1]

这段史料详细记载了高丽解释蒙古使臣着古与被杀及平州囚禁蒙古使臣之事。高丽称使臣着古与被杀，实际上是邻寇所为。蒙古再派使臣来问此事，向使臣射箭之事，是东夏哥不爱伪作蒙古的样子，屡犯边鄙所为。10月囚禁蒙古使臣阿土等事，实属不知是真的蒙古军来了，以为又是东夏人伪装来犯。朝廷派翻译人员视察，才知道是真的蒙古军来了。投拜之事，1218年哈真、扎剌来讨契丹叛众之时，曾已投拜，今蒙古使臣再来之际，请求重修旧好。

撒礼塔在高丽京、府、州、县置达鲁花赤72人，监督高丽行政。高丽高宗再次向蒙古“投拜”，并派使臣向蒙古纳贡。1232年正月撒礼塔从高丽撤军，高丽遣淮安公侹与撒礼塔一同到蒙古，并派首宰金就砺、大将军奇允肃慰送蒙古军。

3.2 高丽迁都江华岛及窝阔台合汗再次派兵入侵高丽

1232年2月6日淮安公侹与蒙古使都旦，上下使节24人回到高丽。3月3日蒙古使臣6人先还。高丽派池义深和洪巨源等赍国赆物，持给撒礼塔的文书到蒙古。

[1]李奎报:《东国李相国集》卷28《蒙古行李赍去上皇帝表》，载《韩国文集丛刊》(1)，第583－584页。

其文书曰：

右启，季春。缅惟元帅幕府节下起居万顺，驰恋之诚，靡须臾暂舍也。前所使陪送行李郎将池义深来，称贵国回驾次，喻你等此去，须于春三月时发遣人，使会得我国坐住处。今依所教，复差前使池义深及若干人等发遣前去，其每来文字内所及诸番事，图踵后回报，伏冀照悉。又阅淮安公所蒙手简，称你国选拣人户，赴开州馆及宣城山脚底住坐种田，窃思大国所以割与分地，将使吾民耕食，则其义在所欣感，然我国每处人民牛畜等物故损失者，大伙故遮一国区区之地，尚不胜耕垦，忍使鞠为茂草。况于千里邈远大国之境，将部遣甚处人物牛畜等，使之耕种耶，力所不堪，理难强勉，惟大度谅之。云云。[1]

这段史料证明，1232年正月撒礼塔从高丽撤军时，派池义深告诉高丽，春三月必须遣人到蒙古居住。在2月淮安公侹带来的手简中，蒙古要求高丽派人户到开州馆及宣城山脚下居住、进行耕种。所以，高丽在此次派池义深给蒙古的文书中，拒绝蒙古上述的移民、开垦等要求，解释说高丽的民户、牛畜损失严重，高丽人户在本国的小地方耕种都力所不堪，派部民到蒙古大国境内耕种实在是有困难，希望撒礼塔元帅理解并体谅其难处。撒礼塔并未体谅高丽拒绝派人到蒙古居住、移民开垦之事，在盛怒之下，撒礼塔将池义深送到窝阔台处，并其余人全部囚禁起来。[2]

4月高丽遣赵叔昌和薛慎到蒙古，向蒙古称臣纳贡。高丽在给撒礼塔的文书中表示蒙古每年索要的水獭皮等数目繁多，难以备齐。又因高丽只娶一妻，国家又小，人口不多，蒙古索要之童男、童女很难如数遣送。另外，遣送工匠一事，高丽工匠本来就少，加之蒙古兵马入境，被害者不少，实难从命。

5月高丽朝廷讨论如何对付蒙古，在这一问题上形成了两种不同的观点。高丽大臣中有一部分人主张守城防御蒙古，而另一部分人则

〔1〕李奎报：《东国李相国集》卷28《送蒙古国元帅书》，载《韩国文集丛刊》(1)，第585页。
〔2〕《高丽史节要》卷16“高宗十九年三月”条。

持迁都避乱的主张。《高丽史》记载:“辛丑宰枢会宣庆殿议御蒙古,癸卯四品以上又会议,皆曰城守拒敌,唯宰枢郑亩、太集成等曰,宜迁都避乱。”[1] 这段史料证明,1232 年 5 月 21 日高丽宰枢会讨论防御蒙古之事,23 日召集四品以上官员商议,都认为守城抵抗蒙古。唯独宰枢郑亩、太集成等认为迁都避乱为宜。

高丽权臣崔瑀主张将王京及百官迁到攻时难、易于守的江华岛。江华岛三面环水,物众地大,而控扼汉都咽喉,诚水陆之要冲。[2] 在崔瑀提出迁都避乱的说法之后,无人敢反对,唯独宰枢俞升旦提出反对意见。

《高丽史》记载:

> 蒙古大举侵及京畿,崔怡会宰枢议迁都江华,时升平既久,京都户至十万,金碧相望,人情安土重迁。然畏怡无敢发一言者。升旦独曰:“以小事大义也。事之以礼,交之以信,彼亦何名而困我哉。弃城郭,捐宗社,窜伏海岛,苟延岁月,使边氓丁壮尽于锋镝,老弱系为奴虏,非为国家长计也。”怡不听。[3]

俞升旦认为应与蒙古建立事大关系,以礼信通交,蒙古没有理由为难高丽。而不顾社稷宗庙,弃百姓于水火之中,躲入海岛不是国家长远之计。崔怡(崔瑀)并未听从俞升旦的劝说,主张迁都是想保护中央政府,普通平民百姓并未得到保护,因为海岛不可能容下全部百姓。躲入山城、海岛,意味着中央军完全放弃了积极全面抵抗的态度。在高宗一直犹豫不定时,同年 6 月,宋得昌从池义深处逃来说:“义深到撒礼塔所,撒礼塔怒曰:‘前送文牒内事何不办来’,执送义深于帝所,余皆拘囚。”[4] 宋得昌捎来的撒礼塔将池义深囚禁,蒙古要派大兵来征高丽的消息,使高丽万众非常惶恐。高宗以及大臣信以为真,在权臣崔瑀的主张下高宗被迫迁都江华岛。池内宏认为上文中出现的从池义深

---

〔1〕《高丽史》卷 23。

〔2〕李廷馣:《四留斋集》卷 6,《疏劄,十条劄》,1736 年刊本。

〔3〕《高丽史》卷 102《俞升旦传》。

〔4〕《高丽史》卷 23。

处逃来的宋得昌应该就是后文中出现的宋立章。[1] 作者赞同他的观点。

《东国李相国集》记载：

> 忽有宋立章者从池义深行李诣在上国逃来言："上国将举大兵来讨，已有约束。"百姓闻之，惊骇颠蹶，其逃闪者多矣。俄又闻北界一、二城逆民等，妄谕其城达花赤，杀戮平民。又杀臣所遣内臣，此人是候上国使优。值行李则迎到京师者也。而乃杀之，因以作乱，声言大国兵马来也。又闻上国使优到义州，令准备大船一千艘，待涉军马。于是举上下无不震悸，其逃之者又过半矣。逋户残庐，历历相望，鞠为茂草，见之不能无怅然矣。君臣窃自谋曰："若遗民尽散，则邦本空矣。邦本空则其将与谁岁办贡赋？以事上朝耶？不若趁此时收合残民余众，入处山海之间，粗以不腆土物，奉事上国，不失藩臣之名，上计也。"盖以心之所属，不关于地苟以一心事之，想上国何必以此为咎耶？于是遂定计焉，然则我国之迁徙于此，不过此意耳。[2]

从这条史料可以断定宋立章和宋得昌应该是同一个人。宋立章逃来说蒙古已有约束将举大兵来讨高丽，高丽民众听信，大半逃跑，所以，高丽迁都江华岛，入处山海之间，以避蒙古军来犯。宋立章从蒙古逃来成为高丽迁都江华岛的催化剂，促使崔瑀马上胁迫高宗迁都江华岛，并领兵在江华岛营建宫阙。而高丽迁都江华岛并不是一时冲动而决定的，早在一年多前高丽权臣崔瑀就有了"迁都避乱"的想法。1231年，尹繗、朴文檥将家属安置到江华岛，并对崔瑀说："江华可以避乱。"[3] 崔瑀相信他们的话，派人到江华岛审视，但所派之人在途中被蒙古兵所拘留。由此可见，崔瑀在一年前就想迁都江华岛了，只是当时时机还不成熟。

关于高丽迁都江华岛的时间问题，《元史》纪、传和《高丽史》等史

---

[1]〔日〕池内宏：《蒙古的高丽征伐》，第143页。

[2] 李奎报：《东国李相国集》卷28《同前状》，载《韩国文集丛刊》(1)，第589－590页。

[3]《高丽史》卷129。

料记载有出入。《元史·太宗本纪》记载:“太宗四年夏四月,高丽叛,杀所置官吏,徙居江华岛。”[1]《元史·高丽传》记载:“太宗四年六月,瞰尽杀朝廷所置达鲁花赤七十二人以叛,遂率王京及诸州县民窜海岛。”[2]《元史·洪福源传》记载:“壬辰夏六月,高丽复叛,杀所置达鲁花赤,悉驱国人入居江华岛。”[3]《高丽史》则记载:“高宗十九年六月崔瑀胁王迁都江华。”[4]《东国李相国集》记载:“壬辰(1232)公年六十五。六月,移都。公于此京未构屋,借河阴客舍西廊居之。”[5]

根据以上史料记载可见,只有《元史》本纪记载高丽迁都的时间为1232年4月,而《元史·高丽传》和《洪福源传》的记载与《高丽史》、《东国李相国集》的记载相同,均记载为1232年6月。《元史·高丽传》、《元史·洪福源传》及《高丽史》、《东国李相国集》所记载的6月应该是正确的。在4月高丽派上将军赵叔昌和御史薛慎到蒙古上表称臣,不可能又在当月迁都江华岛反叛蒙古。《元史·太宗本纪》所记载的4月应是月份的误写。

高丽迁都江华岛之后,命知门下省事金仲龟和知枢密院事金仁镜为王京留守。7月高丽内侍尹复昌往北界诸城夺蒙古达鲁花赤的弓矢,并到宣州射杀达鲁花赤。8月大将军闵曦和司录崔滋温等谋杀西京达鲁花赤,西京官吏怕与平州一样遭到屠城之灾,所以守城官吏均反叛,西京留守崔林寿及判官、分台、御史、六曹员等皆逃窜于楮岛。[6]

高丽迁都江华岛及高丽北界诸城官吏射杀达鲁花赤之事,使蒙古再次派兵出征高丽。1232年9月至12月窝阔台派撒礼塔第二次出征高丽,要求高宗出陆投降。窝阔台认为高丽背叛蒙古迁都江华岛与金宣宗向成吉思汗请和、并给成吉思汗献公主之后,从中都迁都到汴京之事是没有什么两样的。而窝阔台再次出征高丽与当时成吉思汗闻

[1]《元史》卷2《太宗本纪》。

[2]《元史》卷208《高丽传》。

[3]《元史》卷153《洪福源传》。

[4]《高丽史》卷23。

[5]李奎报:《东国李相国集·年谱》,载《韩国文集丛刊》(1),第290页。

[6]《高丽史》卷23,第347-348页。

知宣宗南迁之后认为金主请和而又迁都分明是对蒙古有疑心，因此出兵问罪也是一样的。[1] 另一方面，蒙古先征伐高丽的目的是想让高丽助兵一起讨伐东夏。

蒙古对高丽听信宋立章的谣言，不顾两国所达成的盟约而逃入海岛非常不满。

《东国李相国集》记载 1232 年 9 月高丽给蒙古元帅撒礼塔的文书云：

> 右启。今月某日。忽奉钧旨。伏蒙幕府远涉千里，辱临弊境。首贻诲音，欣感欣感。但所诘数段事，实非我国本意，深以此为恐。敢布腹心，惟冀大度矜之。其所称你者巧言语，说得我出去后，却行返变了入海里住去。不中的人宋立章、许公才那两个来的说谎走得来，你每信那人言语呵，返了也事。我国与上朝通好久矣，顷有宋立章者来言，上国将举大兵来征弊邑。其言有不可不信者，百姓闻之，惊骇褫气，过半逃闪。城邑为之几空，盖雷霆一震，天下同惊，以是予亦不能无惧。又虑些小遗民，若一旦扫地皆逋，则恐不得岁输贡赋，以永事大国。因与不多残口，入瘴毒卑湿之地，以求苟活耳，宁有他心耶？皇天后土，实鉴之矣。又称达鲁火赤[2]交死则死，留下来。如今你每拿缚者事，右达火赤[3]其在京邑者，接遇甚谨，略不忤意，大国岂不闻之耶。又于列城，委令厚对，其间容或有不如国教者，予亦不能一一知之，惟上国明考焉。其拿缚上朝使人，无有是理，后可凭勘知之。又称你本心投拜出来迎我者，本心不投拜，军马出来，与我厮杀者。今闻大军暴露原野，虽大国不谕之，其在小国，礼当亲自迎犒。然弊邑之移于窅深偏地，本非上国所令，而顾不能无咎啧。故且恐且恧，未以时展谒耳。其投拜之心一也，岂有二哉？且小国虽愚暗，既知畏服大国之义，其向仰有年矣。岂于今日乃生叛逆之心耶？仰冀明鉴赦过，字小抚存外蕃，

[1]〔日〕池内宏：《蒙古的高丽征伐》，第 147 页。

[2]即达鲁花赤。

[3]即达鲁花赤。

实予之望也。无任。云云。[1]

从这段史料可见，蒙古严厉指责高丽听信宋立章、许公才的谎言，逃入海岛之事。高丽解释迁都瘴毒卑湿之地江华岛，只是为了苟活，而并非叛逆之心。高丽表示蒙古大军到来，理应迎接犒军，但移都窅深偏地，实有困难。撒礼塔提出国王不能出迎，让崔瑀出来迎接。并认为宋立章动摇民心，罪不可赦。应该追究宋立章的罪行，命令高丽将宋立章逮捕送来。

《东国李相国集》记载1232年11月高丽给撒礼塔的文书云：

右启，忽奉钧旨，伏审台候万福，欣慰倍切。前者，大国以国王不出交，大官人出来为谕。小国如前书所载，虽畏惧大国入处于此。以勤仰之心有加无已，故不敢违忤严命。已遣大官人某诣幕下方候宠答，而复以国王不出交，崔令公出来事。及之所谕踵至如此，弊邑将若之何？伏望幕下谅穷迫之情，小示以宽，以副倾企之望，幸甚。其所输皇帝处国信，则虽竭力尽诚勤于准备。方小国之移徙也，唯与不多人民，仓促入于水内，所转财物亦为欠少，故以微薄土物，聊欲表诚耳。今蒙钧旨，谕及更罄所有，小添前数奉进。惭恐惭恐。赵兵马宋立章发遣事，叔璋（昌）自上国回来次，不幸值心腹之疾，至今犹未安，较故未即发遣。所谓宋上（立）章者，我国之迁移莫不因其言，而其后我国两番使优，自上国还来，言立章所言，本非上国之意不可谓的实。于是朝廷佥议以为此人，非特以浮说妄言动摇众心，亦使万人逃闪。至令一国大迁于此地，罪不可赦。遂捕送深窜海岛久矣。今依来命，已遣人即其所。将收拿发来者，伏惟照悉，无任祈恩，望惠激切之至。云云。[2]

从这段史料可以看出，高丽迁都江华岛之后，以各种理由拒绝蒙古的要求。高丽上述文书中表示因迁都海岛，所转物资缺乏，只能以微薄的土产，以表诚意。命派赵叔昌之事，高丽解释赵叔昌从蒙古回来生

---

〔1〕李奎报：《东国李相国集》卷28《答蒙古官人书（壬辰九月）》，载《韩国文集丛刊》（1），第586－587页。

〔2〕李奎报：《东国李相国集》卷28《答沙打官人书（壬辰十一月）》，载《韩国文集丛刊》（1），第587－588页。

病，至今未愈，不能派遣。命遣送宋立章之事，高丽表明宋立章之言动摇众心，令高丽迁都于江华岛，其罪不可赦，已发配海岛，今依蒙古之命，派人前去缉拿。

高丽高宗和崔瑀并未出迎蒙古军，而且也未按照蒙古之命派遣赵叔昌，也并未真的缉拿宋立章，而是送到蒙古撒礼塔元帅处。高丽强调宋立章已经逃跑，捕送宋立章确实有困难。

《东国李相国集》记载1232年12月高丽给蒙古的文书云：

> 右启，今月某日。我国使介至，伏闻帅府新统大军始开莲幕，未及旬朔先声大震。凡列国之人莫不拭目改观，庶几蒙被德荫者皆是。况若区区弊邑，其欣跃之心，倍万常伦也。兼蒙钧慈悯我国两番行李之久淹者，今悉放遣，此亦铭感罔极，言所不既也。所谕予及崔令公之出来事，如前上旧帅府书所陈，我等既畏惧大国，入此山海之间，则其于出觐，日益滋怯，所以难之耳。倾仰之心一也，宁有他哉？伏惟阁下谅情而宽之。兼所谕赵兵马发遣事，其寝疾至今犹未佳裕，故未即依教。不然叔璋（昌）之往来上国惯矣，岂今惮其行哉。宋立章者前已承旧帅府所及，其时即差人就所配海岛收拿发来待之久矣。然以此时风水甚恶，邈无消息，故未即捉遣，惶恐惶恐。前所遣诣大皇帝处我国使优之进退，专在阁下之指挥，伏望善为之辞，导达于皇帝阙下，幸甚，无任战汗之至，不宣。再拜谨启。[1]

从这段史料可见，蒙古始终要求高丽国王或权臣崔瑀出江华岛，但是，高丽表示自己是因为畏惧蒙古而入居江华岛的，实难从命。对蒙古所要求的派遣赵叔昌、捕送宋立章等事，高丽的回答是并非不派遣赵叔昌，而是赵叔昌自从蒙古回来之后疾病未愈，不能派遣；而缉拿宋立章之事，已经差人到所配海岛缉拿已久，但是始终没有音讯，难以遣送。

蒙古此次出兵高丽的目的，是想让高宗出江华岛迁回旧都开城。

---

〔1〕李奎报：《东国李相国集》卷28《送蒙古大官人书（壬辰十二月）》，载《韩国文集丛刊》（1），第591页。

但高宗和崔瑀始终未出海岛降附蒙古。撒礼塔此次出兵高丽未能完成其使命,而在攻打高丽处仁城时,撒礼塔被高丽僧人金允候射死。

《元史》记载:"太宗四年八月,撒礼塔复征高丽,中矢卒。"[1]《元史·洪福源传》记载:"秋八月,太宗复遣撒礼塔将兵来讨,福源尽率所部合攻之,至王京处仁城,撒礼塔中流矢卒,其副帖哥引兵还,唯福源留屯。"[2]《高丽史·高宗世家》记载:"十二月,撒礼塔攻处仁城,有一僧避兵在城中,射杀之。"[3]《高丽史·金允候传》记载:"金允候高宗时人,当为僧,住白岘院,蒙古兵至,允候避乱于处仁城,蒙古元帅撒礼塔来攻城,允候射杀之。"[4]

以上史料证明,撒礼塔是在12月攻打处仁城时被射死的,但《元史》及《高丽史》世家的记载简单,并未记载射死撒礼塔之人的姓名。而《高丽史·金允候传》则清楚地记载了高丽僧人金允候射死撒礼塔之事。后来,高宗因金允候射死蒙古元帅有功而提拔重用他。撒礼塔在处仁城被高丽僧人金允候射死之后,副元帅帖哥领兵返回蒙古。

3.3 窝阔台合汗第三次派兵入侵高丽

1233年(蒙古太宗五年,高丽高宗二十年)2月,窝阔台命其长子贵由及按赤带等率兵征讨东夏。9月蒙古军生擒蒲鲜万奴,灭了东夏国。当贵由等消灭了东夏班师之际,1234年(蒙古太宗六年,高丽高宗二十一年)蒙古亦消灭了金朝。正如金渭显教授所指出的那样,东夏的灭亡成为蒙古军长驱直入高丽东北边境的契机。[5] 而金朝的灭亡则巩固了蒙古在辽东的统治势力,进而解决了进攻高丽时的后顾之忧。

1235年(蒙古太宗七年,高丽高宗二十二年)窝阔台又派拔都、贵由、蒙哥等率大军征伐南宋。同年,窝阔台派唐古第三次征高丽。唐古

---

[1]《元史》卷2《太宗本纪》。

[2]《元史》卷153《洪福源传》。

[3]《高丽史》卷23。

[4]《高丽史》卷103《金允候传》。

[5]方东仁:《丽元关系再检讨——以双城总管府与东宁府为中心》,载金渭显编著、陈文寿校译《韩中关系史研究论丛》,香港社会科学出版有限公司,2004年版,第246页。

曾在撒礼塔第一次征高丽时作为三元帅之一出征过高丽。很明显当撒礼塔在处仁城战死之后，窝阔台将撒礼塔未完成的使命交给唐古，让高宗出陆投降。

《元史》记载："太宗七年乙未春，唐古征高丽。"[1]唐古是在1235年春季从蒙古出发，闰7月15日侵高丽安边都护府。高丽沿江设防，以确保江华岛的安全。8月23日唐古所率蒙古兵攻陷龙冈、咸从、三登等城。9月16日蒙古兵引东夏兵攻陷龙津镇，18日东夏兵攻陷镇溟城。10月12日蒙古兵攻破洞州城。

1236年6月5日蒙古兵渡鸭绿江，屯乌勿、只川，又屯宁朔镇。8日游兵来屯嘉州。10日屯安北府、云岩驿、嘉州、博州之间。又在宣州兄弟山之野分屯17处。11日大面积屯慈州、朔州、龟州、郭州之间。13日蒙古先锋军攻入黄州，15日攻克信州、安州。8月13日蒙古兵攻陷慈州。9月8日当蒙古兵临竹州城下谕降之时，宋文胄为竹州防护别监。宋文胄率士卒奋力抵抗蒙古军。1231年蒙古军攻打龟州时，宋文胄曾随朴犀军参战，熟知蒙古兵在龟州的攻城之术。他料到蒙古军除以炮车飞石攻城以外，必将用某种机械攻打竹州。所以，准备了对应之器。[2]

《与犹堂全书》记载：

> 高丽宋文胄为竹州防护别监。蒙古兵至城下谕降，城中士卒出击走之。蒙古复以炮攻城，四面城门辄摧落，城中亦以炮逆击之，蒙古不敢近。蒙古又备人油灌槁纵火攻之，城中士卒一时开门突击，蒙古死者不可胜数。蒙古多方攻之，竟不能拔。文胄在龟州熟知蒙古攻城之术，其计画(划)无不先料。辄告众曰："今日贼必设某机械，我当备某器应之。"贼至果如其言，城中皆谓之神明。一日，贼向城门焚之，火甚烈急。文胄从城上以水灌之，随灌炽莫可灭息。城中惶惧，莫之所为。有一老卒曰："吾闻蒙古取死人肉出其油以火之，则得水益炽。此必以人油洒城门也。"遂以器取土

[1]《元史》卷2《太宗本纪》。

[2]《高丽史》卷103《朴犀传》。

从上扑之，火遂息。[1]

这段史料清楚地记载了蒙古兵攻打竹州时，宋文胄英勇机智的表现。当蒙古兵以人油纵火攻城时，宋文胄以器取土扑灭大火，保全了竹州的安危。同时，从这段史料中也可以了解到蒙古人的“以炮车飞石，取人油焚火”等战略战术。

1238年（蒙古太宗十年，高丽高宗二十五年），蒙古兵到达高丽东京烧毁黄龙寺塔。同年，高丽派使臣请和，蒙古要求高宗出陆投降，并催促高宗亲自到蒙古觐见，但高宗始终并未出陆亲朝蒙古。

12月高丽派将军金宝鼎、御史宋彦琦请蒙古从高丽撤军。金宝鼎、宋彦琦持李奎报所作的“蒙古皇帝上起居表”、《送唐古官人书》及给耶律楚材的“送晋卿丞相书”等文书到蒙古。

1238年12月高丽给蒙古的表文曰：

> 伏念臣邈居荒服，叨据蔽藩。自惟僻陋之小邦，须必庇依于大国。矧我应期之圣，方以宽临，其于守土之臣，敢不诚服。申以两年之讲好，约为万世之通和。投拜已来，聊生有冀。盖昔己卯、辛卯两年讲和以后，自谓依倚愈固，举国欣喜。惟天地神明知之。岂谓事难取必信或见疑，反烦君父之谴诃。屡降军师而征诘，民无地着，农不时收。顾兹茂草之场有何所出，惟是苞茅之贡，无奈未供。进退俱难，憧惶罔极。因念与其因循一时而姑息，孰若冒昧万死而哀号。兹殚瘠土之宜，粗达微臣邈。伏望皇帝陛下，仁深柔远，德尚好生，但勿加兵革之威，俾全遗俗。虽不腆海山之赋，安有旷年，非上于今，期以为永。[2]

这段史料中提到高丽自1219年、1231年两次投拜蒙古以来，约为兄弟，万世通和。后因蒙古屡次派兵来攻，民不聊生，农不时收，无法进贡。恳请蒙古皇帝勿再用武力征服，早日从高丽撤军。希望两国像从前一样诚信讲和，永结同好。

---

〔1〕丁若镛：《与犹堂全书》卷24“兵典六”条，御寇。

〔2〕李奎报：《东国李相国集》卷28《蒙古皇帝上起居表（戊戌十二月日）》，载《韩国文集丛刊》（1），第594页。

1238年12月李奎报同时也给耶律楚材写了书信，希望耶律楚材在蒙古皇帝面前替高丽美言，保护高丽免遭战争涂炭。

其文书曰：

> 云云，季冬。伏惟钧体佳胜万福。予窃伏海滨，闻高谊之日久矣。今丞相阁下以公才公望，黼黻帝化，经济四海为己任。虽千里之外，想趋鼎席，倍万瞻企。小国曾于己卯、辛卯两年投拜讲和以来，举一国欣喜，方有聊生之望。惟天日照临，言可饰哉。其享上之心，尚尔无他。近因上国大军连年踵至，故人物凋残，田畴旷废。由是阻修岁贡，大失礼常，进退俱难，以俟万死之罪，孰为之哀哉？但丞相阁下，通诗书，阅礼乐文墨，位宰相，则其古人所谓修文来远之意，岂不蓄之于胸次耶？幸今以土地轻薄所产，遣使介奉进皇帝阙下。惟冀丞相阁下，少谅哀祈，以下国小臣可矜之状，善为敷奏，导流帝泽，更不遣军兴，保护小邦。俾孑遗残民得全余喘。则其向仰阁下，祝台寿万年，乌有穷已。谨以不腆风宜，餉于左右。庶或领纳，无任惶悚之至。云云。[1]

高丽给耶律楚材的文书中同样提到在"蒙古皇帝上起居表"中讲到的高丽自1219年、1231年两次投拜蒙古以来，两国通好。因蒙古连年派大军来攻，使民不聊生，农田荒废，不能进贡的情况。并恳请耶律楚材在窝阔台合汗面前替高丽求情，希望蒙古不再派兵来攻，保护高丽众民免遭战争之苦。

1238年12月李奎报写给唐古官人的文书曰：

> 云云，冬寒。伏惟台体起居何若，不胜瞻伫。小邦事件，一如前之再三所达。曾于己卯、辛卯两年投拜、讲和以后，谓可聊生，举国欣喜，亦天地神明所证知也噫。小国之今兹情状，皆帅府大官人所临亲见，予复何言。阁下其不为小怜耶，恐惧颠沛，犹未遑安。伏望钧慈特于皇帝旒冕之下，善陈实状。以一言之重，完护小邦。恩及万世，则其为欣感。曷可胜陈，谨以些小不腆土宜，轻黩尊严，

[1]李奎报:《东国李相国集》卷28《送晋卿丞相书》，载《韩国文集丛刊》(1)，第595页。

惟冀检纳。云云。[1]

同时高丽给蒙古元帅唐古送去“送唐古官人书”。高丽在给唐古元帅的文书中同样提到高丽自1219年、1231年两次投拜蒙古以来,两国通好之事。强调高丽的情况唐古是清楚的,陈请唐古向窝阔台合汗汇报高丽的实情,完护高丽小邦的利益。

1239年(蒙古太宗十一年,高丽高宗二十六年)4月,蒙古遣甫可、阿叱等20人持诏书到高丽,诏谕高丽国王亲朝到蒙古。唐古所率的蒙古军和东夏兵经过5年时间,攻克了高丽龙岗县、凤州、海州、洞州等诸多城市,4月唐古从高丽撤兵。但是,蒙古撤军之后,高丽高宗并未听从蒙古之命,亲朝到蒙古觐见。蒙古又多次派使臣督促高宗亲朝蒙古。但是高宗派使臣百般周旋,表示不能亲朝蒙古。1239年12月高丽派新安公佺、少卿宋彦琦持诏书到蒙古。新安公佺到蒙古是高丽王族到蒙古本土的开始。[2] 12月新安公佺、宋彦琦应该是持李奎报冬12月所作的“蒙古皇帝上表状”及“送晋卿丞相书”到蒙古的。关于李奎报1239年12月所写的“蒙古皇帝上表状”《东国李相国集》、《高丽史》均未记载,因此其内容并不清楚。

1239年李奎报写给耶律楚材的文书曰:

右启冬寒。伏想台候,清胜万福,瞻恋瞻恋。恭惟丞相阁下,以磊落奇伟命世之才,际风云之庆会,孕育周孔,吹嘘尧舜,擅文章道德之美,润色帝化,发挥庙谟,使清风爽韵横被四海者久矣。予以邈寄海外窅远之邦,故犹不得早闻紫凤红鸾之出瑞于上朝,昧昧焉真可笑也。近凭小国使介,略闻绪余,大恨知之之晚。然在此幽僻之中,尚能逖听风声者,岂以其白玉腾精而灵晖之所烛者远矣。青兰挺质而余芳之所播者多焉者欤。犹愈于聋者之使,不闻金玉之音也。瞻望琼树,倾渴不已。兼闻阁下乃眷小邦,遇我贱介也。温然如春,扶护甚力。遂使之遄还,不至淹久。铭感之心,言所不尽也。今者又遣使介诣皇帝阙下。伏望阁下益复护短。特于旒冕之

[1]李奎报:《东国李相国集》卷28,《送唐古官人书》,载《韩国文集丛刊》(1),第594页。
[2][日]池内宏:《蒙古的高丽征伐》,第11页。

下。乘间伺隙，善为之辞。使小国可矜之状，得入聪听，永保安弊邑。则予虽不敏，敢不报效万一耶。此言如铈，天日昭临。无任惶悚之至。云云。[1]

《东国李相国集》卷28收录的李奎报写给耶律楚材的上述两份"送晋卿丞相书"，文书均未记载编写年代。刘晓根据文书在李奎报文集中的先后顺序，认为李奎报写给耶律楚材的两份"送晋卿丞相书"分别是在壬辰年(1232)和戊戌年(1238)写成的。[2] 作者不赞同这一观点。理由是根据李奎报年谱的记载、两份文书的内容以及通过分析1232年蒙古与高丽的关系，可以断定李奎报写给耶律楚材的两份"送晋卿丞相书"，分别写于戊戌年(1238)和己亥年(1239)。

据《东国李相国集》年谱记载："戊戌(1238)，公年七十一，冬十二月，承勅作上蒙古皇帝表状，及送晋卿、唐古元帅书。"[3]

《东国李相国集》卷28收录的"蒙古皇帝上起居表"，明确记载其完成于戊戌年(1238)12月。这与《东国李相国集》年谱的记载相吻合。比较李奎报1238年所写的"蒙古皇帝上起居表"、"送唐古官人书"的内容，文书中均提到高丽自1219年、1231年两次投拜蒙古以来，两国通好之事。由此不难判断，李奎报于戊戌年(1238)12月写给耶律楚材的"送晋卿丞相书"，即是编在李奎报1238年所写的"蒙古皇帝上起居表"、"送唐古官人书"之后的一份文书。

李奎报写给耶律楚材的另一份"送晋卿丞相书"与《东国李相国集》卷28书状表中1232年李奎报所写的文书编在一起。刘晓认为这份"送晋卿丞相书"是1232年10月高丽派遣将军金宝鼎、郎中赵瑞章入朝蒙古上"陈情表"时，顺便写给耶律楚材的书信。文书中提到的高丽向蒙古派遣使臣之事，应该是指1232年4月高丽派使臣赵叔昌、薛慎奉表之事。作者不赞同他的观点。据《东国李相国集》年谱记载："己亥(1239)，公年七十二，承勅作蒙古皇帝上表状。冬十二月，又作

[1]李奎报:《东国李相国集》卷28，"送晋卿丞相书"载《韩国文集丛刊》(1)，第590页。

[2]刘晓:《耶律楚材评传》，南京大学出版社，2001年，第136页。

[3]李奎报:《东国李相国集》，《年谱》，载《韩国文集丛刊》(1)，第291页。

同前表状及送晋卿书。"[1]可见,李奎报写给耶律楚材的第二份"送晋卿丞相书"是在1239年12月完成的。而且,这份文书是为1239年12月高丽派新安公佺、少卿宋彦琦到蒙古而写的。这份文书中提到的高丽派使臣、耶律楚材接见高丽使臣之事,应该是指1238年12月高丽派将军金宝鼎、御史宋彦琦出使蒙古时的事情。1238年12月金宝鼎、宋彦琦出使蒙古请求蒙古从高丽撤军,1239年4月蒙古从高丽撤军。在这一问题上,也许耶律楚材起到了重要作用。因此,耶律楚材的名声在高丽广为人知。所以,1239年高丽再派使臣时,又给耶律楚材写信,希望他继续在窝阔台合汗面前替高丽美言,保护高丽的安宁。

作者认为此文书不是1232年写成的,而是写于1239年12月的原因是:首先,从"送晋卿丞相书"文书开头的"右启冬寒"的记载来看,这一文书不是10月写成的,应该是在冬季写成。这与《东国李相国集》年谱记载的李奎报己亥(1239)冬12月奉旨写"送晋卿丞相书"的记载相吻合。由此可见,刘晓认为的此文书是在1232年10月写给耶律楚材的观点不准确。其次,从这一文书的内容来看,文中表达了高丽感谢耶律楚材眷顾高丽,会见高丽使臣,极力保护高丽之事。并饱含了赞扬耶律楚材的德才,后悔知之甚晚之意。这应该是指1238年12月高丽派将军金宝鼎、御史宋彦琦出使蒙古时耶律楚材接见他们之事,并按照高丽的要求,替高丽在窝阔台面前说话,蒙古才从高丽撤军,高丽免遭战争蹂躏之事。因此再派使臣,又写书信感谢耶律楚材。从文书中"今者又遣使介,诣皇帝阙下。伏望阁下,益复护短"这一句分析,此次高丽给耶律楚材写信是希望耶律楚材继续在窝阔台面前替高丽求情,使高丽免遭战火之灾。再次,从1232年蒙古与高丽的关系来讲,3月高丽派池义深和洪巨源出使蒙古。当时蒙古要求高丽移民到蒙古开垦,因高丽未履行这一要求,使臣池义深被蒙古囚禁。4月高丽派赵叔昌和薛慎到蒙古,向窝阔台解释高丽因连年遭受战争,农事荒废,纳贡困难。而在6月高丽从旧都开城迁都到江华岛,蒙古与高丽的关系进入僵持阶段。8月高丽官吏杀死蒙古达鲁花赤,逃入海岛。1232年9

[1]李奎报:《东国李相国集》,《年谱》载《韩国文集丛刊》(1),第291页。

月至12月蒙古再派撒礼塔元帅出征高丽。从9月到12月蒙古与高丽的往来文书分析，双方主要围绕高丽迁都问题进行讨论。而“送晋卿丞相书”中只字未提高丽迁都江华岛之事，这与当时蒙古与高丽交涉文书的内容不符。而且，这一时期正值蒙古派撒礼塔征高丽，两国处于战争状态，高丽并未履行蒙古让赵叔昌出使蒙古的要求。1232年12月，高丽人又射杀了蒙古元帅撒礼塔，高丽还是未派使臣到蒙古，使蒙古与高丽的关系更加紧张。从“送晋卿丞相书”的内容和语气来看，不符合1232年12月蒙古与高丽关系紧张的事实。

基于以上原因可以断定，《东国李相国集》卷28书状表中将李奎报1239年(己亥)12月所写的“送晋卿丞相书”文书与1232年的文书编在一起，是排序方面的错误，不能以此断定此文书是1232年完成的。

3.4 贵由统治时期阿母侃的征伐

1241年(蒙古太宗十三年，高丽高宗二十八年)“秋，高丽国王王瞮以族子綧入质”，[1]高宗称永宁公綧为己子，以綧为质子派到蒙古表示高丽降附之意，永宁公綧到蒙古是高丽秃鲁花入蒙古的开始。同年，蒙古窝阔台合汗暴病去世。

窝阔台去世后，由于蒙古朝廷内部的汗位争夺，自1241年到1246年(蒙古定宗元年，高丽高宗三十三年)间，蒙古的朝政由窝阔台的皇后脱列哥那(乃马真氏)掌握。因推举大汗的大忽里勒台迟迟不能召开，脱列哥那皇后摄政长达5年之久。在乃马真氏摄政期间，由于蒙古处理内部纷乱而无心出兵高丽，因此，这一时期蒙古与高丽的关系也极为平稳。1246年(蒙古定宗元年，高丽高宗三十三年)蒙古汗位由窝阔台长子贵由继承。贵由继汗位之后，于1246年冬到1248年(蒙古定宗三年，高丽高宗三十五年)春，蒙古以高丽未迁出江华岛为借口，派阿母侃出征高丽。这是继窝阔台之后，蒙古第四次派兵征伐高丽。

1247年(蒙古定宗二年，高丽高宗三十四年)秋7月，“蒙古元帅阿

[1]《元史》卷2《太宗本纪》。

母侃领兵来屯盐州”。[1] 高丽方面派金守精犒劳阿母侃之军。阿母侃统领蒙古军攻打高丽北部诸城和西海道地区,一度使高丽君臣非常惶恐。但是1248年定宗贵由去世,贵由汗的短暂统治,不得不使阿母侃所率蒙古军未完成让高宗出陆投降的使命就从高丽撤回了。池内宏认为阿母侃此次出兵高丽仅是骚扰了高丽北界和西海地方,在使迁都江华岛的高丽君臣转变对蒙古的态度方面没有起到任何作用。[2] 高丽在1232年迁都之后,蒙古窝阔台合汗三次派兵出征高丽,到贵由合汗派遣阿母侃征服高丽,蒙古未达到让高宗及权臣崔瑀出陆投降的目的。

贵由病死之后,蒙古汗位空缺,蒙古朝廷再次引起汗位之争。1249年(蒙古斡兀立海迷失皇后摄政,高丽高宗三十六年)至1251年(蒙古宪宗元年,高丽高宗三十八年)贵由的皇后斡兀立海迷失摄政。在由谁来继承汗位这一问题上,成吉思汗四子术赤、察合台、窝阔台、拖雷系的后王形成了对立的两派。术赤长子拔都推举拖雷之子蒙哥继承汗位,斡兀立海迷失皇后表示反对。察合台系亲王也认为汗位应该由窝阔台后人继承。拔都、拖雷正妻唆鲁禾帖尼多次派使臣与斡兀立海迷失和察合台诸王商议,始终没有结果。直到1251年6月东西道诸王在阔帖兀阿阑之地召开大忽里勒台,推举蒙哥为合汗。

在蒙古朝廷内部引起汗位之争无暇顾及高丽之时,高丽为了有效防御蒙古攻打江华岛,于1250年(蒙古斡兀海迷失皇后摄政,高丽高宗三十七年)“筑江都中城”。[3] 在蒙古催促高宗出陆迁都的情况下,高丽在都城周围新建中城,很明显高宗及权臣崔沆(崔瑀之庶子)并不想出陆投降。蒙古指责高丽筑造中城之事,高丽方面的解释则是筑中城是为了防范宋朝贼船往来,并表示对蒙古绝没有二心。但蒙古并不相信高丽的解释,更加急切地要求高宗亲朝并出陆迁回旧都。

---

〔1〕《高丽史》卷23。

〔2〕〔日〕池内宏:《元寇的新研究》,第13页。

〔3〕《高丽史》卷23。

3.5 蒙哥统治时期也古和札剌儿带的出征

蒙哥继汗位之后，派使臣到高丽诏告新合汗继位之事，并催促高宗亲朝并出陆投降，要求高丽拆毁江华新都，迁回开城旧都。高丽方面商议应该给蒙古的回文中声明或让太子亲朝、或称高宗因病不能亲朝。当时，高丽权臣崔瑀已经于1249年去世，因崔瑀没有嫡子，这一时期，高丽的朝政由崔瑀的庶子崔沆掌权。崔沆与他的父亲崔瑀一样控制着高宗，不让高宗出陆投降，也不让高宗亲朝到蒙古。在高丽迟迟不出陆投降的情况下，蒙古蒙哥合汗在派兵攻打南宋的同时，1252年(蒙古宪宗二年，高丽高宗三十九年)至1259年间，派也古和札剌儿带出征高丽。

1252年10月至1254年(蒙古宪宗四年，高丽高宗四十一年)春正月，蒙古派也古第五次征伐高丽。《元史》记载："宪宗二年冬十月，命诸王也古征高丽。"[1]根据这段史料记载可知，也古奉蒙哥之命征高丽是在1252年10月。同书又记载"宪宗三年癸丑春正月，诸王也古以怨袭诸王塔剌儿营。帝遂会诸王于斡难河北，赐予甚厚。罢也古征高丽兵，以札剌儿带为征东元帅。"[2]根据这段史料记载，蒙哥似乎在1253年春正月罢免了也古征高丽的兵权，而以札剌儿带为征东元帅。但笔者认为这段史料所记载的"罢也古征高丽"在时间上有疑点，宪宗不可能因为也古袭塔剌儿营地的缘故罢免也古的兵权，而停止征服高丽之事。这里值得关注的事情有两点：一是，札剌儿带东征高丽是在1254年7月，而不是在1253年春；二是，据《高丽史》记载，蒙哥这次派兵担任元帅的是也古(也窟、耶虎)。因此可以肯定1253年春正月蒙哥罢免也古兵权是不可能的事，上述史料中所记载的"1253年春正月罢也古征高丽兵，以札剌儿带为征东元帅"的月份有误。也古从高丽撤回应该是在1253年11月。另外，《元史》所记载的"宪宗三年冬十二月，

[1]《元史》卷3《宪宗本纪》。

[2]《元史》卷3《宪宗本纪》。

大理平。帝驻跸汪吉地,命宗王耶虎与洪福源同领军征高丽,攻拔禾山、东州、春州、三角山、杨根、天龙等城”。[1]这段史料所记载的1253年12月宪宗所派耶虎(也古)、洪福源军攻克高丽之事,《元史》编纂者是转载了《元高丽纪事》的记载,因此,1253年12月派兵高丽是不可能的,这应该是时间上的误写。

在1252年也古接受蒙哥之命出征高丽到1253年蒙古兵渡鸭绿江,这期间蒙哥是否让也古撤回而另派他人征高丽,因史料记载不祥尚不清楚。《高丽史》记载,1253年4月被蒙古所虏的原州民还说阿母侃、洪福源向蒙哥汇报说高丽筑重城,无出陆归降之意,所以皇帝命皇弟松柱[2]率兵一万从东夏国境内入东界。阿母侃、洪福源领兵皆屯大伊州。那么,就像原州民所说,蒙哥是否真的派过其弟松柱领兵一万征服高丽,还是原州民所说只是谣传而已就不得而知了。但是,作者认为即使蒙哥真的派其弟从东夏境内入高丽东界,《元史》所记载的蒙哥在1253年初罢免也古兵权的事实也并不能成立。《高丽史》记载:“高宗四十年(1253)八月,蒙古元帅也窟遣人传诏于王,其诏责以六事曰:朕欲自白,日所出至于所没,凡有黎庶咸令逸乐,缘汝辈逆命,命皇叔也窟统率往伐,若迎命纳款罢兵以还,若有拒命朕比无赦。”[3]这里提到的也窟就是也古。从这里可以看出蒙哥此次派兵出征高丽的元帅是也古,蒙哥让也古从高丽撤回是在同年11月。

蒙哥对高丽的态度即:只有在高丽归附蒙古的情况下蒙哥才会从高丽撤军,否则蒙古是不会罢兵的。蒙古要求高丽国王出迎、太子入朝。高丽宰枢建议高宗派其次子安庆公淐到蒙古讲和而请求蒙古撤兵。而高宗并不同意派安庆公淐。于是参知正事崔璘劝说高宗曰:“爱子之情,无贵贱一也。然不幸有死别者,殿下何惜一子。今民之存

---

[1]《元史》卷3《宪宗本纪》。

[2]《元史》卷107,宗室世系表中所列拖雷11子中未见到松柱这一名字,其中第三子和第五子失其名。池内宏认为松柱可能是拖雷第三子或第五子其中的一位(见《蒙古的高丽征伐》),第189页。这一问题有待于进一步考证。

[3]《高丽史》卷24。

十二三。蒙古不还,则民失三,农皆投于彼,虽守一江华,何以为国。"[1]崔璘认为,如果高丽不与蒙古讲和,继续征战,陆地的民众都投靠蒙古的话,国家失去民众,国王和大臣们守住江华一岛,对国家没有好处。高宗不得已只好同意,于 12 月派其次子安庆公淐到蒙古,表示降服之意。1254 年正月洪福源军从高丽撤出。

1254 年(蒙古宪宗四年,高丽高宗四十一年)7 月到 1255 年(蒙古宪宗五年,高丽高宗四十二年)春,蒙哥合汗以札剌儿带为征东元帅出兵高丽,这是自窝阔台合汗派兵讨伐高丽之后,蒙古第六次出征高丽。《元史》记载:"宪宗四年夏,遣札剌亦儿部人火儿赤征高丽。"[2]这段史料所记载的札剌亦儿部人应是指札剌儿带,火儿赤是蒙古语"qurič"的音译,意思是带弓箭者,火儿赤是指职官,将火儿赤认为是人名是错误的。同书又记载:"宪宗五年,改命札剌觪与洪福源同征高丽。此后又连三岁,攻拔其光州、安城、忠州、玄风、珍原、甲向、玉果等城。"[3]这段史料所记载的宪宗五年是错误的。《元高丽纪事》记载:"宪宗四年甲寅,改命札剌觪与洪福源同征高丽。五年、六年、七年连岁,攻拔其光州、安城、忠州、玄风、珍原、甲向、玉果等城。"[4]札剌觪就是札剌儿带,池内宏认为《元史》编纂者将《元高丽纪事》中的"宪宗四年甲寅"误写为"五年",又将"五年、六年、七年连岁"改为"此后又连三岁"。[5]《高丽史》所记载的"高宗四十一年秋七月壬戌,西北面兵马使报车罗大(即札剌儿带)等率兵五千渡鸭绿江",[6]也证明蒙哥合汗派札剌儿带征高丽的时间在 1254 年 7 月是正确的。1254 年 8 月札剌儿带所率蒙古军入高丽西北边境,要求高丽君臣、百姓出陆,并随蒙古之风俗剃发,否则蒙古军不会撤兵返回。由于权臣崔沆擅政,高宗迟迟未出陆投降。到同年 12 月为止,"蒙兵所虏男女无虑二十万六千八百

[1]《高丽史》卷 99《崔惟清之崔璘传》。
[2]《元史》卷 3《宪宗本纪》。
[3]《元史》卷 3《宪宗本纪》。
[4]《元高丽纪事》。
[5][日]池内宏:《蒙古的高丽征伐》,第 157 页。
[6]《高丽史》卷 24。

余人，杀戮者不可胜计，所经州郡皆为煨烬，自有蒙兵之乱未有甚于此时也”。[1] 可见，此次蒙古兵的入侵比起以往蒙古侵入高丽时，给高丽人民带来的灾难更为严重。札剌儿带声称只有高丽权臣崔沆出陆，蒙古才肯罢兵。但是，未等高宗和崔沆出陆投降，1255 年春正月，札剌儿带接到蒙哥合汗的命令不得不从高丽撤兵。

1255 年秋到 1259(蒙古宪宗九年，高丽高宗四十六年)年春，札剌儿带再次出征高丽，这是蒙古第七次征伐高丽。1255 年 9 月札剌儿带领大军到高丽西京，正如上述《元高丽纪事》所记载的“宪宗五年、六年、七年连岁”札剌儿带攻破高丽光州、安城、忠州等诸多城市。但在这 3 年期间，蒙哥合汗于 1256 年(蒙古宪宗六年，高丽高宗四十三年)9 月派许趾命札剌儿带从高丽撤兵。1257 年(蒙古宪宗七年，高丽高宗四十四年)9 月在高丽金守刚的恳求下蒙哥合汗答应让蒙古军回师，札剌儿带退屯盐州。

《高丽史》记载：

> 金守刚性精通博物，耿介不群，高宗朝登第直史馆，累迁侍御史。时移都江华，蒙古遣将侵掠，督还旧京。王遣守刚如蒙古进方物，守刚从帝入和林城，乞罢兵。帝以不出陆为辞。守刚奏：“譬如猎人逐兽入窟穴，持弓矢当其前，困兽何从而出。又如冰雪惨烈，地脉闭塞，草木其能生乎。”帝然之曰：“汝诚使乎，当结两国之好。”遂遣徐趾来命罢兵。[2]

从这段史料可知，金守刚随蒙哥合汗到蒙古帝国首都哈剌和林请求蒙古罢兵。蒙哥合汗起初以高丽不迁出江华岛为由不同意罢兵，但在徐守刚的诚恳请求下，蒙哥才同意两国睦邻和好。并派遣许趾到高丽，命札剌儿带从高丽撤回。

1254 年至 1257 年蒙古催促高宗出陆迁都，但高宗和权臣崔沆并未出江华岛迁回旧都。1257 年闰 4 月崔沆暴病而死，7 月以崔沆之子崔竩为右副承，但是崔竩过于残暴，于 1258 年 3 月被高丽大司成柳璥、

[1]《高丽史》卷 24。

[2]《高丽史》卷 102《金守刚传》。

别将金仁俊等所杀，崔氏武人政权经过四代而消失，高丽政权又重新回到了高宗手中，高丽君臣如新王登基般庆贺，举国欢庆。同年12月蒙古在高丽东北边地和州（永兴）设置了双城总管府，以降附蒙古的龙津县人赵晖为总管，定州（定平）人卓青为千户。[1] 蒙古于“宪宗八年（1258年，高丽高宗四十五年）三月，命洪茶丘率师从札剌觧同征高丽”。[2] 这次札剌儿带应该是来督促高丽君臣百姓出陆迁都的。高丽权臣被诛，1259年4月高宗决定派世子倎到蒙古。而在同年5月札剌儿带被手下将令所杀害，高丽高宗又去世。同年7月蒙哥合汗也在征南宋时在四川合州钓鱼城病死。

〔1〕《高丽史》卷130《赵晖传》。

〔2〕《元史》卷3《宪宗本纪》。

4 蒙古撤军及高丽迁出江华岛还旧都

蒙古与高丽关系以忽必烈继位的前后为分界，大致可以划分为两个阶段：自1218年至1259年（元宪宗九年，高丽高宗四十六年）间，蒙古与高丽的关系是无秩序的，两国关系主要以战争和抵抗的关系为主，蒙古与高丽之间并未形成长期、稳定的朝贡关系体系。蒙古侵入高丽主要借助于诸军事集团的势力，而并未形成中央集权的统治。忽必烈继位之后，这一现象有了转变。忽必烈采纳了廉希宪等人的建议，有计划地对高丽采取了一系列的怀柔政策，使蒙古与高丽的关系有了新的变化。

自窝阔台、贵由到蒙哥合汗时期，蒙古一直围绕两个问题与高丽征战，即要求高丽迁出江华岛还旧都开城及让高丽国王亲朝到蒙古之事。忽必烈继位之后，他意识到再不能以武力征服世界，主张以文治为主。他改变对高丽的态度，对其采取了一系列的怀柔政策，这也是其文治政策的一个环节。[1] 与其说蒙古对高丽是政治上的侵略，还不如说是政策上的侵略。[2] 忽必烈与高丽世子倎的会见结束了蒙古与高丽多年以来的战争局势，蒙古与高丽的关系有了好转。忽必烈与元宗达成协议，即蒙古从高丽撤军，高丽将迁出江华岛还旧都开城。1269年权臣林衍等人反对元宗迁都，废元宗立其弟安庆公淐为王。而蒙古出面干涉此事，高丽方面不得不重新立元宗为王。废立事件，促使元宗进一步与蒙古改善关系，以便得到蒙古的保护。1270年元宗迁到旧都开城，江华岛被蒙古军烧毁。高丽迁都的事情，引起江华岛守军三别抄之乱。蒙古与高丽联军经过几年才平定了三别抄之乱。从此，蒙古与高

---

〔1〕中村荣孝：《日鲜关系史的研究》上册，第10页。

〔2〕〔日〕杉山正明、村井章介：《从世界史中看蒙古袭来》，载《历史评论》619号，2001年11月，第14页。

丽之间再未出现过争战、断绝来往的现象。

4.1 蒙古与高丽关系的好转

1259 年 4 月高丽高宗长子倎替其父亲入朝蒙古，当时蒙哥合汗正在攻打南宋合州，世子倎奉命赴四川朝见蒙哥合汗。但是，同年 7 月蒙哥合汗在征南宋时在四川合州（今重庆）钓鱼城病死。当高丽世子倎还未到达四川来到甘肃六盘山时，接到了蒙哥合汗去世的消息。当时，忽必烈统率蒙古另一路人马正在攻打南宋鄂州（今武汉），忽必烈在鄂州也接到了蒙哥合汗去世的消息，并得知其弟阿里不哥在漠北策划继承汗位之事，于是匆忙答应与宋议和，北上赶往开平。这时，世子倎并没有因得知蒙哥合汗的死讯而回国，而是转道朝见了北归途中的忽必烈。世子倎在汴梁迎谒忽必烈，这使忽必烈非常高兴，他认为"高丽万里之国，自唐太宗亲征而不能服，今其世子自来归我，此天意也"，[1]并大加褒奖世子倎，让他随驾一起到开平府。世子倎此次入朝蒙古意义重大，忽必烈与倎的会见并不意味着高丽从根本上屈服于蒙古，但此次双方会见成为蒙古与高丽关系好转的契机。忽必烈利用这次机会决定罢兵，对高丽采取怀柔政策，使蒙古与高丽的关系向好的方向发展。[2]

同年 6 月 30 日高宗去世，高丽派朴天植告哀于蒙古。高丽高宗去世的消息传到开平之后，江淮宣抚使赵良弼向忽必烈进言："高丽虽名小国，依阻山海，国家用兵二十余年尚未臣服，前岁太子倎来朝，适銮舆西征，留滞者二年矣。供张疏薄，无以怀辑其心，一旦得归，将不复来，宜厚其馆谷，待以藩王之礼。今闻其父已死，诚能立倎为王，遣送还国，必感恩戴德，愿修臣职，是不劳一卒而得一国也。"[3]

赵良弼认为高丽虽是个小国家，但蒙古用兵 20 多年，仍未能使其臣服是因为高丽靠山海的险阻；指出世子倎在蒙哥合汗征南宋时来到

[1]《高丽史》卷 25。
[2][日]池内宏：《元寇的新研究》，第 27 页。
[3]《高丽史》卷 25。

蒙古,其馆舍待遇并不优厚,这样很难笼络其心;建议应该提高世子倎的馆舍待遇,以藩王之礼对待,这样才能使世子倎对忽必烈感恩戴德,诚心臣服;不然世子倎一旦归国就不会再来蒙古;此次趁高宗去世之际,立世子倎为高丽王,并让他回国继位,这样可以不动干戈就能使高丽归附蒙古。陕西宣抚使廉希宪也这样认为:"高丽国王尝遣其世子倎入觐,会宪宗将兵攻宋,倎留三年不遣,今闻其父已死,若立倎,遣归国,彼必怀德于我,是不烦兵而得一国也。"[1]忽必烈长期以来统治汉地,赵良弼和廉希宪都是忽必烈的幕僚,他们的想法代表着中原王朝不动一兵一卒与周边国家、地区建立睦邻友好关系的观点。忽必烈采纳了赵良弼和廉希宪的建议,立即改善倎的馆舍待遇,并立倎为高丽新王,以束里大为高丽达鲁花赤,领兵护送倎归国。

1260年3月世子倎回到高丽后,与束里大先到开城巡视营建旧都情况。《高丽史》记载:

> 三月甲申王与束里大入开京行视营筑,出次升天府北郊,束里大欲试王意请先行,王信之先入升天阙。束里大恚怒出屯于野,王请入城,束里大辞以:"彼此意异,吾欲还归。"乙酉又退屯于乌山。太孙自江华来谒,翌日太孙率御史中丞金洪就、将军白永贞等至束里大屯所请之,赂鹦鹉、盏、白银三十斤,束里大乃许之。[2]

忽必烈闻世子倎至高丽西京逗留八九天,疑有变故派使臣到高丽督促让元宗继位之事,4月元宗在江华岛继位。高丽元宗即位之后,明显改变了高宗时期蒙古防御、抵制的态度,高丽与蒙古的往来亦非常频繁起来。而蒙古方面忽必烈又采取了不同于窝阔台、贵由、蒙哥合汗时期对高丽的政策。高宗在位期间,蒙古方面一直要求高丽出水就陆、国王亲朝、剃发随蒙古之俗等,两国之间也是围绕这些问题进行交涉,而忽必烈对剃发随蒙古之俗则采取自由,各随本俗的态度。

世子倎离开开平府不久,忽必烈被亲王合丹、阿只吉等西道诸王,塔察儿、也先哥、忽剌忽儿、爪都等东道诸王拥立为帝,在开平即位。忽

---

[1]《元史》卷4《世祖本纪》。

[2]《高丽史》卷25。

必烈之弟阿里不哥此时也在漠北称汗,蒙古出现了南北两个汗国对立的局面。

忽必烈即位之后,遣使高丽颁发新合汗继位的诏书。《元史》记载:"中统元年夏四月己亥,诏谕高丽国王王倎,仍归所俘民及其逃户,禁边将勿擅掠。"[1]蒙古归还了高丽所俘民众及其逃户,并禁止边将侵扰高丽边境。在给高丽的诏书中忽必烈的态度极为宽厚,没有任何威吓高丽君臣的意思,只是让元宗劝课农桑,以阜残民,认为高丽出水就陆是便民安居的好事。同年6月,元宗遣其子永安公僖等到蒙古祝贺忽必烈即位之事,忽必烈让永安公僖持三道诏书回高丽,一道诏书中讲到蒙古将"秋以为期"罢兵,"古京之迁迟速量力",高丽内附蒙古之后,高丽民众"衣冠从本国俗,皆不改易"。[2] 也就是说,高丽迁出江华岛的时间,可根据具体情况而定。蒙古将在秋天从高丽撤兵,对内附的高丽民众不要求剃发、穿胡服等。永安公僖所持的另一道诏书中则告知高丽,将所赐国王印、虎符及衣服、刀、弓等一起送去。这是忽必烈赐给元宗国王封册、王印及虎符的诏书。[3] 另一道诏书中告知高丽,蒙古立号已改为"中统元年"。高丽受到蒙古的册封之后,除定期向蒙古进贡方物之外,朝中事务也受到蒙古的干涉,大小事务要向蒙古汇报。1260年6月元宗改名为禃,《元史》记载:"中统二年六月庚申高丽国王倎更名禃,遣其世子愖奉表来朝。"[4]1261年4月18日元宗派遣其子愖[5]到蒙古,蒙古汇报改名为禃的事情。世子愖9月4日从蒙古回高丽。

当时,高丽派使臣到蒙古常常受到女真的侵扰。1262年4月高丽派朴伦等到蒙古进方物,并向蒙古汇报女真常侵扰边境,使臣失踪之事。7月5日朴伦回高丽时带来的诏书中蒙古方面命"各处达鲁花赤、

---

[1]《元史》卷4《世祖本纪》。

[2]《高丽史》卷25。

[3]《元史》卷4《世祖本纪》"中统三年六月乙未"条。

[4]《元史》卷4《世祖本纪》。

[5]《高丽史》、《元高丽纪事》记载国"谌",而《元史》记载为"愖"。本书以"愖"为准,而本书引用的史料记载中为了保持原文状态,未做统一。

管军、管民官员人等,今后如遇高丽差使臣来时,经过去处官为差人防护传送,无令一行鞍马,诸物疏失”。[1]

蒙古禁止女真侵犯高丽,并考虑高丽使臣的安全,命各处蒙古官员对往来高丽使臣出兵护送,并让在高丽屯田的蒙古军防止女真从海道侵犯高丽来使的行为。《元史》记载:“禁女真侵轶高丽国民,其使臣往还,官为护送。命婆娑府屯田军移驻鸭绿江之西,以防海道。”[2]

忽必烈平定阿里不哥之乱之后,1264 年 4 月派使臣诏谕元宗亲朝到蒙古。《高丽史》记载:“元宗五年五月庚辰,蒙古遣使来诏曰:朝觐诸侯之大典也,朕缵承丕绪于今五年,第以兵兴有所不暇,近西北诸王率众款附,拟今岁朝王公群牧于上都,卿宜乘驲而来,庸修世见之礼。”[3]蒙古告知高丽要在上都召集王公贵族庆贺平定阿里不哥之乱,让元宗也来参加。

此时蒙古与高丽的关系虽然越来越向好的方向发展,但高丽朝臣对国王的亲朝问题有意见分歧。《高丽史节要》记载:“会宰相,议亲朝,皆持疑曰:‘不可’,平章事李藏用独奏曰‘王,觐则和亲,否则生衅’,王从其言定入朝。”[4]元宗召集百官商议是否到蒙古亲朝的问题,多数大臣对蒙古持怀疑的态度。金俊等人担心此次国王亲朝到蒙古恐有变故,唯独李藏用认为元宗亲朝才能使两国关系好转,反之则有碍于两国关系的友好。元宗采纳了李藏用的意见,决定亲朝到蒙古。

同年 6 月元宗带着李藏用到了蒙古,在上都觐见忽必烈。元宗此次到蒙古亲朝,受到蒙古一诸侯的待遇,进一步推进了蒙古与高丽关系的好转。[5]《益斋乱稿》记载:“天子所以待遇之,诸侯王莫敢望。”[6]忽必烈要求高丽履行征兵、助粮、编户籍、屯田等要求,李藏用

[1]《高丽史》卷 25。

[2]《元史》卷 5《世祖本纪》。

[3]《高丽史》卷 26。

[4]《高丽史节要》卷 18《元宗顺孝大王(一)》“元宗五年”条。

[5][日]池内宏:《元寇的新研究》,第 27－28 页。

[6]李齐贤:《益斋乱稿》卷 9《有元赠敦信明义保节贞亮济美翊顺功臣太师开府仪同三司尚书右丞相上柱国忠宪王世家》,载《韩国文集丛刊》(2),第 585 页。

向蒙古解释高丽国内的种种困难,委婉地拒绝了蒙古的要求。[1]《稼亭集》记载:"至元元年有诏,今岁王公群牧咸会上都,王其乘驿而朝。文真以平章从忠烈王入觐,宠遇异常。文真德业文章,闻于中国。时右丞相、东平、忠宪王甚器重之,待以殊礼,坐必虚其右。翰林王学士诸公歆其风裁,皆愿内交。凡所对扬休命与本国兴利除害者,民到于今赖之。"[2]李藏用此次随从元宗到蒙古。在此前于1261年李藏用随元宗之子(即忠烈王)入朝蒙古时,就与翰林学士王鹗等交友。右丞相史天泽等也非常喜欢他。元宗此次入朝蒙古意义重大,元宗与忽必烈约定蒙古将从高丽撤兵,高丽以3年为期迁出江华岛。这样,留给忽必烈未解决的最大问题就是让高丽如约迁出江华岛。

4.2 高丽旧都的营建及元宗被废

1259年当世子倎还在蒙古时,忽必烈就已经派人开始巡察迁都的准备情况了。也速达是继札剌儿带之后,留在东京管理辽东和高丽事务的蒙古元帅。也速达留在东京的主要任务应该是督促高丽迁都的。1259年9月朴天植回高丽时,也速达派加大、只大等到高丽巡察水内和陆居情况。李世材在蒙古时洪福源之子洪茶丘向忽必烈进言:"高丽出降非真也。"[3]于是11月李世材来审查准备出陆的状况。此时倎之子愖在高丽主持朝政,愖出于无奈不得不派军在旧京开城开始营建宫阙。

1260年正月高丽于琔来投靠蒙古说:"高丽复都旧京非实也。"[4]2月束里大和康和尚等作为达鲁花赤与世子倎一起到高丽。束里大等到达高丽之后认为高丽出迎如此怠慢,证明于琔所说不假,所以催促愖尽快营建旧都。3月愖出于无奈,为了表示还都旧京的决心,"以大

[1]《高丽史》卷120《李藏用传》。

[2]李穀:《稼亭集》卷12《高丽国承奉郎总部散郎赐绯鱼袋赠三重大匡佥议政丞判典理司事上护军奇公行状》,载《韩国文集丛刊》(3),〔韩国〕景仁文化社,1990年,第171页。

[3]《高丽史》卷25。

[4]《高丽史》卷25。

将军金方庆、将军金成俊、给事中赵文胄、中丞金洪就为出排别监发廪米六千四百二十斛,分给诸王百官人一斛,以助营屋之费,"[1]加紧着手营造旧京开城。

束里大等此次到高丽主要也是监督迁都旧京的。束里大见高丽方面日益厚待他们,但并不抓紧迁都之事。于是向元宗提出,虽然馆待优厚很是感激,但是忽必烈大王派我们来不只是让我们在岛中享受的,并问元宗迁出海岛之事怎么办。元宗无言以答,只好召集两府商议,命"分文武两班及诸领府为三番往来开京,以示迁都之意"。[2] 4月3日,束里大为了到旧京开城方便出屯到升天府北郊。元宗派申思佺率领第一番文武两班等先到开京。5日最后一番的三人逃回江华岛,束里大认为这些人有碍于两国关系,遂斩了其中两人。

正如洪茶丘和于琔所说,此时高丽对蒙古并未诚心归附,在蒙古督促高丽尽快迁出江华岛的情况下,高丽方面还在举棋不定,尽量拖延迁都的时间。1268年2月21日安庆公淐从蒙古回来所带来的敕书中,忽必烈指责高丽不履行上国的成规、迟延迁都等事:

> 前日尔国所奏朕今说之尔其详听。尔等闻我蒙古中有叛者辄来诳诱人,谁不知尔国诚降,则当出军、助战、输粮、请达鲁花赤、点数民户,尔胡不然。尔国曾于先帝时遣王綧为质,朕所知也。先帝敕尔王亲朝,尔王不能亲朝。以我有兄弟之乱也,尔王到京兆府还归,朕之所护,尔王所知。人而不知有德可谓人乎?尔王奏云我国地窄,今西京入排屯田军民尽令还归。则当召集残民力耕三年,然后复都旧京。今屯田军马尽还,果还旧京乎?[3]

这段史料所反映的是忽必烈平定阿里不哥之乱之后,1264年元宗亲朝到蒙古时与忽必烈达成协定,如果蒙古从高丽撤回屯田军的话,高丽保证以3年为期迁出江华岛。但几年过去了,高丽仍未迁回旧都。因此忽必烈指责高丽既不履行自成吉思汗时期就已规定的附属国必

[1]《高丽史》卷25。
[2]《高丽史》卷25。
[3]《高丽史》卷26。

须履行纳质、输粮、助军、置驿、供户数籍、设达鲁花赤等义务，也不按规定还都旧京开城之事。

安庆公淐回来之后，高丽方面并未对蒙古进行答复。同年 3 月 21 日蒙古派于也孙脱等使臣持诏书到高丽，诏书曰：

> 朕惟天道难谌人道贵诚，而卿之事，朕率以饰辞见欺。朕若受其欺而不言，是朕亦不以诚遇卿也。故于卿弟淐面数其事，无有所隐。向卿自请撤兵，三年当去水就陆。撤兵之请，既已从之，就陆之期，今几年矣？以前言无征，是用为问卿意。必曰："舍险即夷，则虑致不虞。"或未取信，听其所止。惟我太祖成吉思皇帝制度，凡内属之国，纳质、助军、输粮、设驿、供户数籍、置达鲁花赤，已当明谕之矣。继有来章。称竢民生稍集，然后惟命是从，稽留至今。不以诚言见报。闻汝国之政，例在左右，得非为所梗蔽，使卿不闻欤。抑卿寔闻之，而未之思欤，是岂爱而身，利而国者也。且纳质之事，惟我太宗皇帝朝，王綧（永宁公）等已入质，代老补亡，固自有例。其驿传亦粗立，自余率未奉行。今我朝方问罪于宋，其助士卒、舟舰，自量能办多少。所输粮饷，则就为储积。及达鲁花赤、户版之事，卿意谓何？今特遣使持诏以往，当尽情实，令海洋公金俊、侍中李藏用赍奏章。具以悉闻。[1]

诏书中忽必烈重新强调元宗不履行迁都的诺言，也不履行成吉思汗以来规定的助军、输粮等事。关于高丽不履行出军、助战、输粮、置驿站、设达鲁花赤、籍民户等归附国应该承担的"六事"，以及延迟迁都之事，忽必烈在 1262 年也指责过一次。此次忽必烈又一次强烈指责高丽不履行上述"六事"，这与此时忽必烈正在攻打南宋、派使臣诏谕日本有关。蒙古方面需要高丽在攻打南宋时提供人力、物力，而在其诏谕日本时做向导。高丽迁出江华岛，意味着诚心归附蒙古。忽必烈急促高丽迁出江华岛，主要也是为了让高丽诚心归附，以便就陆农桑，更好地完成助战、输粮等事。诏书中忽必烈要求高丽派金俊、李藏用等持书到蒙古。高丽给蒙古的表文曰：

---

〔1〕《高丽史》卷 26。

惟大为大仰之常畏于下，临凡物不平鸣也必哀。于上听其就陆之事，则已于古邑复其居，以经营助师之命。则虽是残民，随所有而检备。其办舟舰、输粮饷之事，则惟力是任。亦期以供其或请达鲁花赤，供户版之事，则方始出排，诚未暇于修葺俟，其毕就亦当从而禀裁。乃若陪臣海洋公金俊、侍中李藏用赍表进朝事，藏用则乃明训之辄承偕使臣而前去。金俊则适都家之迁，设方管领以指挥迨剧务，讫有所成而小臣将率以造。[1]

元宗以金俊忙于营造旧都为由，派李藏用赍表到蒙古汇报，言说旧都开城已经营建完毕，其他输粮等事项也在加紧筹办之中。

《元史》记载："至元六年春正月癸丑，高丽国王王禃遣使以诛权臣金俊来告。"[2]金俊自元宗继位以来把握朝中大权，成为高丽第一权臣。1268年底元宗命林衍等人铲除了金俊，并派康允绍向蒙古报告此事。金俊死后不久，林衍就成为把持高丽朝政的权臣。林衍等人反对急于迁都的元宗，想把元宗流配到海岛，李藏用提出让位的建议。于是，1269年6月林衍废元宗，逼迫他移到别宫，立其弟安庆公淐为王。《高丽史》记载："六月壬辰，林衍谋不轨，欲行大事，会宰枢议。侍中李藏用度不能止，以逊位为言。乙未，衍擐甲率三别抄六番都房诣安庆公淐第，会百官，奉淐为王。忽风雨暴作，拔木飞瓦，衍使人逼王迁于别宫。"[3]高丽迟迟不能迁都是因为朝廷内部对蒙古的态度及在迁都问题上有意见分歧，迁出江华岛意味着高丽将完全屈服于蒙古，因此迁都问题受到权臣们的反对。

林衍派郭汝弼持元宗及新王淐的表文到蒙古，元宗逊位表曰："臣当遇盛辰笃承洪造，常欲率先于奉职，永言报上以为心何。自去年而灾变履彰，至于今日而疹病，斯作多方欲救，一效莫期。既已弥留，恐颠跻之无日或不幸，将托付于何人。且元子朝觐而未归噫，小邦保厘之难旷。况臣父当据祖宗典故而嘱臣曰：'苟有递代当先弟及'，臣弟安庆

〔1〕《高丽史》卷26。

〔2〕《元史》卷6《世祖本纪》。

〔3〕《高丽史》卷26。

公涓三入天庭，而亲觐累蒙圣眷之。特加民望所归，俟封堪守兹。禀遗训又循佥言，乃于六月二十二日俾摄国事。"[1]林衍等以元宗的名义向忽必烈汇报，元宗是遵照先父的遗训因病让位于其弟涓的。涓表曰："臣兄禃坐不摄生，忽被阴阳之寇居。常茹痛未谙朝夕之虞，爰以重器嘱于孱质。臣实增骇惶牢执辞逊。臣兄谓曰：'先父当有治，命当先弟及。尔志虽固，父言奚违。'乃命臣权守国事。"[2]涓在这里强调其兄元宗是奉先父之命，虽然自己百般推脱，但元宗执意要逊位于他。

忽必烈并不知道高丽国内发生的这一切，看了元宗及涓的表文，并未起疑。此时，元宗之子愖在从蒙古回高丽的途中。林衍等怕世子愖到高丽之后朝中出现政变，想斩草除根，密谋在半路上截杀世子愖。愖走到婆娑府时，静州官奴丁伍孚告诉他元宗被废之事，愖听了之后将信将疑，奴丁伍孚说不信可问已到达灵州的郭汝弼。愖派人问郭汝弼之后确信奴丁伍孚所说是真的，当时忽必烈在上都，世子愖遂急忙返回蒙古向忽必烈禀报了国中之变。

《元史》记载："至元六年八月丙申高丽国世子愖奏，其国臣僚擅废国王王禃，立其弟安庆公涓。诏遣斡朵思不花、李谔等往其国详问，条具以闻。"[3]忽必烈派斡朵思不花、李谔到高丽问详情，并在给高丽的诏书中表示，高丽权臣废元宗之事，听了愖的汇报之后，不敢相信这是真的。元宗继位以来并未有过失，即使他有何过失，应该禀报蒙古朝廷定夺，岂有作为臣子的擅自废其王位的道理。并警告林衍等如有伤害元宗父子的行为，定不饶恕。让林衍和涓详细说明废立国王的理由。忽必烈又命世子愖领兵三千与斡朵思不花、李谔等一同回高丽解救国难。《元史》记载："至元六年九月己未，授高丽世子王愖特进上柱国、东安公。戊辰，敕高丽世子愖率兵三千赴其国难，愖辞东安公，乃授特进上柱国。"[4]斡朵思不花、李谔回时高丽派金方庆为陪使奉权国王涓表到蒙古。当时，忽必烈在上都，所以高丽使臣到上都觐见忽必烈。

〔1〕《高丽史》卷26。

〔2〕《高丽史》卷26。

〔3〕《元史》卷6《世祖本纪》。

〔4〕《元史》卷6《世祖本纪》。

此次的上表内容与郭汝弼所带来的表文内容相似,称“国王禃遘疾,令弟淐权国事”。[1]

元宗被废事件发生之后,蒙古枢密院诸大臣商议征高丽之事。开始马亨认为趁这次林衍废国王事件,以取日本为名出兵,可袭其国,定为郡县。后来马亨觉得现在高丽国内发生事端,不宜遣兵征伐。如果高丽方面上表陈情,可以免罪,减其贡献,安抚百姓,以德感化。平南宋后,高丽要是再有反叛的表现,出兵征讨也不晚。马希骥主张可将高丽军民根据多寡“离而为二,分治其国,使权侔势等,自相维制,则徐议良图,亦易为区处耳”。[2]

忽必烈派黑的到高丽诏元宗、林衍和淐一同到蒙古说明缘由。并派头辇哥领兵到高丽边境,赵璧在东京待命。《元史》记载:“至元六年冬十月丁亥,诏遣兵部侍郎黑的、淄莱路总管府判官徐世雄,召高丽国王王禃、王弟淐及权臣林衍俱赴阙。命国王头辇哥以兵压其境,赵璧行中书省于东京。仍降诏谕高丽国军民。”[3]

在废立事件的同时,高丽西北兵马使崔坦等率众归附蒙古,这使高丽西京(平壤)以下六十城归蒙古管辖。《元史》记载:“至元六年十一月癸卯,高丽都统领崔坦等,以林衍作乱,挈西京五十余城来附。丁未,签王綧、洪茶丘军三千人往定高丽。高丽西京都统李延龄乞益兵,遣忙哥都率兵二千赴之。庚午,高丽国王王禃遣其尚书礼部侍郎朴烋从黑的入朝,表称受诏已复位,寻当入觐。筑新城于汉江西。”[4]很明显假设林衍等不重新立元宗为王的话,蒙古做好了以武力干涉高丽内政的准备。林衍等在无奈之下于11月废了安庆公淐,又重新立元宗为王。

元宗复位之后,让其子顺安侯悰监国,亲自入朝蒙古。《元史》记载:“至元七年春正月辛丑朔,高丽国王王禃遣使来贺。甲寅,高丽国王王禃遣使来言:‘比奉诏臣已复位,今从七百人入觐 。’诏令从四百人

[1]《元史》卷6《世祖本纪》。
[2]《元史》卷208《高丽传》。
[3]《元史》卷6《世祖本纪》。
[4]《元史》卷6《世祖本纪》。

来，余留之西京”。[1] 1270年高丽元宗到蒙古，想带700名随从人员觐见，蒙古方面只允许带400人来，命其余人等留在高丽西京。

忽必烈认为林衍和淐的行为分明是反叛蒙古的举动，林衍罪不可赦，淐受权臣摆布，情非所以，可以宽恕。《元史》记载：“至元七年二月乙未，高丽国王王禃来朝，又诏令国王头辇哥等举军入高丽旧京，以脱朵儿、焦天翼为其国达鲁花赤，护送禃还国，仍下诏：‘林衍废立，罪不可赦。安庆公淐，本非得已，在所宽宥。有能执送衍者，虽旧在其党，亦必重增官秩。’”[2]同年2月，林衍忧闷而死。

4.3 高丽迁都及三别抄之乱

元宗和世子愖离开蒙古，2月到达东京。5月元宗派郑子玙和李汾禧先回高丽告知国人忽必烈之命曰：“卿归谕国人，悉徙旧京，按堵如旧，则我军即还。如有拒命者，不惟其身至于妻孥悉皆俘虏。今之出陆，毋如旧例，自文武两班至坊里百姓，皆率妇人、小子而出。又漕运新兴仓米一万石，以支军饷及行从之备。且虑愚民见大兵压境，必至警动。宜速传谕，令诸道民安心乐业，犒迎王师。又谕曰：‘社稷安危在此一举，宜各尽心。’”[3]林衍之子林惟茂拒命不从，迁都派的宋松礼、洪文系等人杀了林惟茂。高丽武人政权经过四代最终结束，阻挠迁都的权臣势力瓦解，元宗率诸官、百姓迁回了旧京开城。《高丽史》记载：“元宗十一年五月丙寅王还旧京，御沙坂宫。妃嫔亦自江华至。”[4]元宗迁都之后，同年6月头辇哥派朶剌歹领兵入江华岛。《高丽史》记载：“六月癸酉头辇哥国王遣朶剌歹领兵二千入江华。王恐朶剌歹以遗民为逆党而杀掠，请勿入，朶剌歹不听，遂入纵兵收掠财物，人心恟恟。”[5]元宗担心朶剌歹入江华岛之后，纵容士兵抢夺百姓财物，因

[1]《元史》卷7《世祖本纪》。
[2]《元史》卷7《世祖本纪》。
[3]《高丽史》卷26。
[4]《高丽史》卷26。
[5]《高丽史》卷26。

此,要求朵剌歹不要入江华岛,但朵剌歹不听从元宗的劝说,入江华岛抢夺财物,使岛中遗民人心惶惶。7月头輦哥命上将军徐均、汉秘书丞藩阜、御史金光就等,发江华仓赐群臣百姓。8月11日头輦哥派人焚烧江华城,岛内有不少的民家米谷、财物被烧。正如《中堂事记》所记载的那样"徙王都于海西岸,江华岛一炬为焦土矣"。[1] 9月达鲁花赤到江华岛巡审虚实。

元宗最终迁出江华岛回到旧都开城,这一方面与元宗被林衍废立,由蒙古干涉重新复位事件有关;另一方面,元宗可能意识到蒙古灭掉南宋是早晚的事情。从当时的政治趋势来看元宗靠蒙古的庇护,以防止再次出现权臣擅权左右朝政的事件是必要的,所以顺应蒙古的意思迁出江华岛。这样,经过蒙古几代合汗、几十年的征战也未能达成的愿望,到了忽必烈时代,竟未动干戈就迎刃而解了。

同年,蒙古改高丽西京为东宁府,任命崔坦为总管,派遣达鲁花赤监督。《元史》记载:"诏高丽西京内属,改东宁府,画慈悲岭为界。丁巳,以蒙哥都为安抚高丽使,佩虎符,率兵戍其西境。"[2]方东仁认为蒙古突然在高丽设置东宁府,作为包括以西京为首的54城和西海道6城的管辖官府。实际上以上60城是元强占的,从而缩小了高丽的领土范围。因此,东宁府与东北地方的双城总管府的存在导致高丽在东西两个方面丧失北进的前哨基地,同时也无法摆脱元彻底的压制了。[3]

元宗废立事件及东宁府的设置不得不使元宗进一步与蒙古友好,最终迁出江华岛还回旧都开城。但是,高丽江华岛守备军三别抄,反对迁都而引发了叛乱。1270年5月元宗迁回旧都之后,派金之氏到江华岛解散守备军三别抄,这一举动引起三别抄的反抗,林衍余党裴仲孙率领三别抄叛乱。

《高丽史·裴仲孙传》记载:

> 元宗十一年,复都开京,榜示画日,趣令悉还,三别抄有异心不

[1]《中堂事记》下,见王恽《秋涧集》卷82,四部丛刊本。

[2]《元史》卷7,《世祖本纪》。

[3]方东仁:《丽元关系再检讨——以双城总管府与东宁府为中心》,载金渭显编著、陈文寿校译《韩中关系史研究论丛》,第244页。

从。王遣将军金之氐入江华罢三别抄，取其名籍还。三别抄恐以名籍闻于蒙古益怀反心。仲孙与夜别抄指谕庐永禧等作乱，使人呼于国中曰："蒙古兵大至杀戮人民，凡欲辅国者皆会球庭！"须臾国人大会或奔走四散，争舟渡江多溺死者。三别抄禁人出入，巡江大呼曰："凡两班在舟不下者，悉斩之。"闻者皆惧而下，其或发船欲向开京者，贼乘小艇追射之，皆不敢动。城中人惊骇散匿林薮，童稚妇女哭声满路，贼发金刚库兵器分与军卒婴城固守。仲孙、永禧领三别抄会市廊，逼承化侯温为王，署置官府。以大将军刘存奕、尚书左丞李信孙为左右承宣。初贼谋作乱，将军李白起不应。至是斩白起及蒙古所遣回回于街中。将军玄文奕妻、直学郑文鉴及其妻皆死之。参知政事蔡桢、枢密副使金炼、都兵马录事康之绍逃乱出桥浦，贼骑追不及。江华守卒多亡。出陆贼度不能守，乃聚船舰悉载公私财货及子女南下，自仇浦至缸破江舳舻相接，无虑千余艘。时百官咸出迎王，其妻孥皆为贼所掠，痛哭声振天地。前中书舍人李淑真、郎将尹吉甫聚奴隶尾击余贼，于仇浦斩五人，至浮落山临海耀兵，贼望见恟惧，以为蒙古兵已至，遂遁。淑真与郎中田文胤等封府库，使人守之，无赖者不得盗。贼入据珍岛，剽掠州郡。王命金方庆往讨之。[1]

6月裴仲孙等人拥戴永宁公綧的长兄承化侯温为王，建立了伪政府。三别抄叛军没有留在江华岛中，裴仲孙率众南下，8月占领了全罗南道的珍岛，以此为根据地，侵扰附近的州县。高丽方面派金方庆领兵讨伐叛军的同时，派人到蒙古汇报三别抄叛乱的事情。

《元史》记载：

至元七年夏四月己丑，高丽行省遣使来言："权臣林衍死，其子惟茂擅袭令公位，为尚书宋宗礼所杀 。岛中民皆出降，已迁之旧京。衍党裴仲孙等复集余众，立禃庶族承化侯为王，窜入珍岛。"[2]

---

[1]《高丽史》卷130《裴仲孙传》。

[2]《元史》卷7《世祖本纪》。

蒙古派兵与高丽联合讨伐叛军。起初元宗派申思佺到全罗道讨灭三别抄叛军,申思佺听到叛军上陆,就逃回了京城。蒙古驻开京的屯田军统帅阿海和高丽金方庆率兵追击三别抄叛军。阿海所率军队伤亡过多,未取得胜利。

《元史》记载:"至元八年正月丙戌,高丽安抚阿海略地珍岛,与逆党遇,多所亡失.中书省臣言:'谍知珍岛余粮将竭,宜乘弱攻之。'诏不许,令巡视险要,常为之备。"[1]1271年正月忽必烈罢免阿海令忻都率蒙古军,洪茶丘率高丽军向珍岛进军。2月10日命忽都答儿持诏诏谕高丽林衍余党裴仲孙。但裴仲孙想得到全罗道后,再隶属于蒙古。蒙古方面没有同意他的要求,但蒙古诏谕三别抄也未取得成功。

《元史》记载:"至元八年三月己卯,中书省臣言:'高丽叛臣裴仲孙乞诸军退屯,然后内附;而忻都未从其请,今愿得全罗道以居,直隶朝廷。'诏以其饰词迁延岁月,不允。"[2]同年3、4月三别抄入侵长兴府兆阳县、合浦、东莱郡、金州等地,掳掠甚众,焚烧战舰。防御都领有的沉迷于酒色,不修战备,所以败给三别抄叛军。

忻都请求与忽林赤、王国昌一起进攻珍岛,忽必烈答应忻都的要求,并命永宁公綧之子熙和雍从辽东率高丽军一起征讨三别抄叛军。《元史》记载:"至元八年夏四月壬寅,高丽凤州经略司忻都言:'叛臣裴仲孙,稽留使命,负固不服,乞与忽林赤、王国昌分道进讨。'从之。命高丽签军征珍岛。"[3]高丽方面元宗命金方庆与蒙古元帅忻都一起讨平珍岛的三别抄叛军。5月洪茶丘、忻都、金方庆等攻破珍岛,俘虏三别抄男女1万多人,杀死了伪王承化侯温,裴仲孙战死,金通精带领三别抄残余势力逃到高丽南部的耽罗岛。

《高丽史》记载:

> 元宗十二年方庆与蒙古元帅忻都等率三军击破之,贼皆弃妻子遁,贼将金通精率余众窜入耽罗。初守司空致仕李甫判、太史局

[1]《元史》卷7《世祖本纪》。
[2]《元史》卷7《世祖本纪》。
[3]《元史》卷7《世祖本纪》。

事安邦悦、上将军池桂芳、大将军姜渭辅、将军金之淑、大将军致仕宋肃、少卿任宏皆陷贼中。及贼败，甫桂芳被杀，渭辅、之淑、肃、宏得免归朝。信孙随贼欲向耽罗中路而还。邦悦当还都时卜于奉恩寺，太祖真得半存半亡之兆，以谓亡者，出陆者也。存者，随三别抄入海者也。乃随贼南下说贼曰："龙孙十二尽向南，作帝京之谶于此验矣。"遂为谋主。及贼败抽身将谒方庆，兵士击杀之。存奕据南海县剽掠，沿海闻贼遁入耽罗。亦以八十余艘从之，贼既入耽罗，筑内外城。时出剽窃，横行州郡，杀守宰。滨海萧然，王遣通精侄金赞及吴仁节等六人招谕之，通精留赞，余皆杀之。[1]

1272年3月高丽派使臣诏谕以济州岛为根据地的三别抄叛军，但金通精拒绝投降。《高丽史》记载："元宗十三年六月乙卯，遣将军罗裕将募兵一千五百五十余人讨三别抄于全罗道，时贼既入济州，筑内外城，恃其险固，日益猖獗，常出掳掠，滨海萧然。"[2]三别抄叛军在济州岛筑内外城，在全罗道沿海各地进行抢夺。

同年8月，忽必烈派使臣与洪茶丘一起商议讨伐三别抄叛军的对策。洪茶丘想利用三别抄在开城的家眷诏谕三别抄叛军。《高丽史》记载："八月丙戌，元遣侍卫亲军千户王岑与茶丘议征取耽罗之策，茶丘表陈金通精之党多在王京，可使招之。招而不从，击之未晚。帝从之。茶丘乃遣通精之侄郎将金赞、李邵、贼将吴仁节、族桓、文伯等五人使往谕之。通精等不从，留金赞，余皆杀之。"[3]金通精不仅不从命，除自己的侄子金赞之外，杀死了洪茶丘所派的其他人，并仍然在全罗道等地到处抢夺粮食。12月洪茶丘赴蒙古请求忽必烈定夺，忽必烈命洪茶丘为高丽军元帅，与忻都一起赴济州岛讨伐三别抄叛军。

1272年3月到1273年正月三别抄余党侵入会宁郡、大浦、孤澜岛、耽津县、全罗道、安南都护府、巨济县、合浦等地，焚掠漕船、战船，抢夺贡米等。1273年2月中军行营兵马元帅金方庆率精骑800随忻都等

[1]《高丽史》卷130《裴仲孙传》。
[2]《高丽史》卷27。
[3]《高丽史》卷27。

讨三别抄于耽罗。元宗奏请忽必烈减洪茶丘麾下的500人平定三别抄后，济州岛的人不出陆，依旧安业。忽必烈答应了元宗的请求。4月洪茶丘和忻都所率蒙古、高丽联军攻破了济州城，金通精逃到山里死了，三别抄一千余众出城投降。平定三别抄之乱之后，蒙古在耽罗岛置招讨司、置镇边军。从此，蒙古与高丽之间再未出现过争战、断绝往来的现象。

5 元朝征日本及高丽的态度

日本素与蒙古无往来，9世纪中叶至10世纪初，日本与唐、新罗、渤海等断交之后，对外采取了锁国政策。12世纪中期以后，日本商船以对马岛为主，航行于南宋和高丽的沿海地区，九州岛大宰府的官员也利用权力，将贸易船派遣到高丽和契丹。于是，日本海商的活动极其发展，在东亚通商圈占有重要位置，起到了积极的作用。但是，镰仓幕府在律令制体制下不关心国际关系的变化，直到15世纪初日本与周边诸国均未建立外交关系。[1] 日本与蒙古亦无往来。

日本与高丽之间除私贸易之外，并未建立正式的外交关系。高丽与日本为邻，忽必烈继汗位之后，在他统治时期，元朝与高丽的关系自大蒙古国时期的征战关系，转变为"内附"和联姻的关系。忽必烈对高丽采取了一系列的怀柔政策，在忽必烈的高丽政策中也掺杂着日本远征和伐宋问题。[2] 1265年高丽人赵彝向忽必烈进言，日本与高丽接壤，自汉唐以来则与中国有来往。于是，忽必烈想通过高丽为中介与日本建立通交关系。自1266年至1273年间，忽必烈以高丽人为向导6次派使臣持诏书到日本，但蒙古和高丽的使臣始终未得到日本方面的回应，这使忽必烈决定以武力征服日本。于是1274年和1281年忽必烈两次派兵出征日本，但因遇到台风，蒙古和高丽的联合军队损失惨重，元朝的征日本行动最终以失败而告终。

5.1 忽必烈六派使臣诏谕日本及高丽的态度

忽必烈诏谕日本，起初并无以武力征服的意图，他只是想通过互派使臣来建立两国的友好关系。王启宗认为忽必烈诏谕日本实由顾

[1] [日]中村荣孝：《日鲜关系史的研究》上册，第15－27页。

[2] [日]川添昭二：《蒙古袭来研究史论》，第25页。

虑宋日关系,欲加牵制而发,初未考虑武力征讨,元日关系的恶化,纯由镰仓幕府坚拒元室要求所致。[1] 在忽必烈诏谕日本的过程中,高丽人充当了重要的向导作用。但因高丽担心如果蒙古与日本不能建立友好外交,两国之间一旦开战的话,必将会给高丽带来各方面的负担。因此,在几次的出使活动中,高丽采取了调停的策略,一方面对蒙古告之以海道远征的危险,另一方面对日本则劝其速与蒙古通好。[2]

5.1.1 忽必烈三派使臣及蒙古、高丽牒状

1266年(元至元三年,高丽元宗七年,日本文永三年)8月,忽必烈以黑的、殷弘为国信使,派使臣到高丽。11月黑的、殷弘持两道诏书到达高丽江华岛。其中一封是给高丽元宗的文书。忽必烈给高丽元宗的文书曰:"今尔国人赵彝来告,日本与尔国为近邻,典章政治有足嘉者,汉唐而下,抑或通使中国,故今遣黑的等往日本,欲与通和。卿其道(导)达去使,以彻彼疆,开悟东方,向风慕义,兹事之责,卿宜任之。勿以风涛险阻为辞,勿以未当通好为解,恐彼不顺命,有阻去使为托,卿之忠诚与斯可见,卿其勉之。"[3]忽必烈在文书中命高丽不要以艰难险阻为理由,不要找任何借口,务必派使臣做蒙古使者的向导一同到日本,完成与日本通好的任务。黑的、殷弘带来的另一封是蒙古皇帝给日本国王的诏谕文书。

高丽方面按着忽必烈的要求,以宋君斐为向导,金赞陪同蒙古使臣黑的、殷弘等一同带着蒙古国书及元宗所附文书出使日本。蒙古和高丽的使臣还未到达日本,刚到达日本对马岛对面的朝鲜南部的巨济岛时就遇到了大风浪。黑的、殷弘等看到对面的风浪,非常担心此次出使日本有危险,所以并没有渡海,而是于1267年正月(元至元四年,高丽元宗八年,日本文永四年)未完成使命而返回。高丽虽表面上痛快地答应蒙古的命令,但实际上以欺瞒和借口在回避其委托。宋君斐等

---

[1]王启宗:《元世祖诏谕日本始末》,载《大陆杂志》,第32卷第5期,第145页。

[2]王启宗:《元世祖诏谕日本始末》,第146页。

[3]《高丽史》卷26。

只到达巨济岛而返回就足以证明这一点。[1]

高丽劝阻蒙古使臣主要有财政、国防两个方面的原因。就财政方面来讲，高丽料到万一蒙古诏谕日本，而日本不遵从蒙古的意愿而以武力解决的话，高丽必定奉蒙古之命出军及提供军需，高丽的国情实不堪再遭兵祸。因此，对忽必烈的命令，自始即存推诿之心，力谋避免蒙古与日本关系恶化。从国防方面来讲，对高丽的威胁系来自日本和蒙古两个方面。一旦日本与蒙古通好，日本的使臣必将假道高丽，往来于燕京，这样一来高丽的虚实，将尽为日本所了解，这也是高丽方面不得不考虑的事情。[2]

黑的等没有渡海到达日本与高丽的大臣李藏用有关。李藏用意识到忽必烈一旦与日本开战，高丽必定被卷入其战争之中，因此，为了不使高丽受牵连，他给黑的写信劝说道：

> 日本阻海万里，虽或与中国相通，未当岁修职贡，故中国亦不以为意，来则扶之，去则绝之。以为得之，无宜于王化，弃之无损于皇威也。今圣明在上，日月所照，尽为臣妾，蠢尔小夷，敢有不服。然蜂虿之毒，岂可无虑。国书之降，亦甚未宜。隋文帝时上书云："日生处天子，致书于日没处天子"，其骄傲不识名分如此，安知遗风不存乎。国书既入，脱有骄傲之答不敬之词，欲舍之，则为大朝之累，欲取之，则风涛艰险，非王师万全之地。陪臣固知大朝宽厚之政，亦非必欲致之。偶因人之上言，姑试之耳。然取舍如彼，尺一之封，莫如不降之为得也。且彼岂不闻大朝功德之盛哉。既闻之，计当入朝，然而不朝，盖恃其海远耳。然则期以岁月，徐观其为，至则奖其内附，否则置之度外，任其蚩蚩自活于相忘之域。实圣人天覆无私之至德也。陪臣再觐天陛，亲承睿渥，今虽在遐陬，犬马之诚，思效万一耳。[3]

李藏用的意思是日本虽与中国通好过，但未建立过朝贡体系。与

---

〔1〕〔日〕青山公亮：《日元间的高丽》，载《史学杂志》，第32编第8号，第578页。

〔2〕王启宗：《元世祖诏谕日本始末》，第146页

〔3〕《高丽史》卷102《李藏用传》。

中国的关系也是时断时续，不以为然。对蒙古来讲，与日本通好与否意义不大。李藏用以担心使臣到达日本有危险，无法保障安全为推辞，劝说黑的等放弃渡海到达日本的念头。这样，在高丽人的劝说之下蒙古第一次所派的使臣无功而返，忽必烈的诏书也并未能如期送达到日本。

元宗派宋君斐与黑的一同到蒙古向忽必烈汇报使臣并未到达日本之事曰："诏旨所谕，道（导）达使臣通好日本事，仅遣陪臣宋君斐等，伴使臣以往。至巨济县，遥望对马岛，见大洋万里，风涛蹴天，意谓危险，若此安可奉上国使臣冒险轻进。虽至对马岛，彼俗顽犷，无礼仪，设有不轨将如之何，是以与俱而还。且日本素与小邦未当通好，但对马岛人时因贸易往来金州耳。小邦自陛下即祚以来，深蒙仁恤，三十年兵革（戈）之余，稍得苏息，绵绵存喘。圣恩天大，誓欲报效，如有可为之势，而不尽心力，有如天日。"〔1〕元宗向忽必烈汇报的内容与李藏用劝说黑的的态度差不多。元宗借口高丽陪同使臣未到达日本的原因是在巨济岛遇到大的风浪，考虑到蒙古使臣的安全，不敢轻易让使臣渡海。并强调日本与高丽素无通好，只是对马岛的商人因贸易的缘故，偶尔与高丽的金州有往来。况且，高丽与蒙古进行了 30 年的征战，战争刚刚停止，人民刚刚拥有得以喘息的机会。表达了元宗担心被卷入蒙古与日本之间战争的心情。

忽必烈并不知道李藏用在中间劝说黑的等不要到日本的真相，接到元宗的上奏文书之后忽必烈指责高丽未完成辅助蒙古使臣到达日本之事。《元史》记载："至元四年六月乙酉黑的、殷弘以高丽使者宋君斐、金赞不能导达至日本来奏，降诏责高丽王王禃，仍令其遣官至彼宣布，以必得要领为期。"〔2〕1267 年 8 月，忽必烈再次派黑的、殷弘等到高丽，命元宗重新派出使臣到日本，必须得到日本的答复，务必完成与日本通好的使命。忽必烈对元宗说："向者遣使，招怀日本，委卿向导，不意卿以辞为解，遂令徒还。意者日本既通好，则必尽知尔国虚实，故托以他辞。然而国人在京师者不少，卿之计亦踈矣。且天下难惧，人道

〔1〕《高丽史》卷 26。

〔2〕《元史》卷 6。

贵贱，卿先后失言多矣。宜自省焉，今日本之事，一委于卿，卿其体朕此意，通谕日本，以必得要领为期。卿当有言圣恩天大，誓欲报效，此非报效而何。"[1]忽必烈指责元宗未完成所委托的使命，高丽分明是在找借口推脱责任，并命令元宗务必完成陪同蒙古使臣出使日本的任务，此次必须限期得到日本方面的答复。

无奈之下，元宗派潘阜持蒙古、高丽国书第二次出使日本。9月23日潘阜等从高丽出发，1268年（元至元五年，高丽元宗九年，日本文永五年）正月才到达日本九州岛大宰府，将第一次出使未送达的蒙古国牒状、高丽元宗的国书及潘阜书状一同交给大宰府。这样，蒙古的文书过了一年半的时间才被送到日本。

其文书[2]如下：

上天眷命

大蒙古国[3]皇帝奉书

日本国王。朕惟自古小国之君，

境土相接，尚务讲信修睦。况我

祖宗，受天明命，奄有区夏，遐方异

域，[4]畏威怀德者，不可悉数。朕即

位之初，以高丽无辜之民，久瘁

锋镝，即令罢兵，还其疆域，[5]反其

旄倪。高丽君臣，感戴来朝，义虽

君臣，而[6]欢若父子。计

王之君臣，亦已知之。高丽朕之

---

[1]《高丽史》卷26。

[2]此处根据日本奈良东大寺图书馆所藏文书录入。京都大学文学部图书馆所藏《异国出契》。《高丽史》卷26，第394－395页，《元史》卷6，第111－112页均有记载。几处文字有出入。《伏敌编》卷1，第15－16页；《镰仓遗文》13卷、9564号文书，东京堂，1978年版，第199页。

[3]《元史》记载缺"大蒙古国"。

[4]此处的"异域"，与《异国出契》、《元史》记载相一致。《高丽史》记载为"远域"。

[5]此处的"域"字，《异国出契》和《伏敌编》为"域"，《元史》为"场"字。

[6]此处的"而"，与《异国出契》、《元史》记载相一致，《高丽史》缺"而"。

东藩也。日本密迩高丽,[1]开国以
来,亦时通中国,至于朕[2]躬,而无
一乘之使,以通和好。尚恐
王国知之未审。故特[3]遣使持书,
布告朕志,[4]冀自今以往,通问结
好,以相亲睦。且圣人以四海为
家,不相通好,岂一家之理哉。至
用兵,[5]夫孰所好。
王其图之。不宣。[6]
至元三年八月 日

忽必烈在给日本的诏书中强调,日本与高丽睦邻相接,但未通交,自忽必烈即位以来,结束了与高丽的征战,高丽来朝,两国虽为君臣关系,但实则亲如父子。自蒙古建国以来,日本未派过一次使臣,未建立通好关系。因此,今特派使臣传达忽必烈欲建立睦邻友好关系的意志,圣人以四海为一家,不相通好违背一家之礼,谁都不喜欢用兵。

关于此文书最后一句"至用兵,夫孰所好",日本方面认为这是忽必烈想以武力征服日本,带有威胁日本朝廷口气的语句。但是杉山正明认为这一句并不带有威胁的口气,村井章介也认为这一句并不带有威胁的色彩,只是对幕府来讲,其自身具有强烈的军事意识,从其自身的眼光来审视这一问题,就觉得忽必烈的诏书带有威胁日本的口气。[7] 作者认为这一句中并没有威胁日本的意思。从忽必烈诏谕日本的目的来讲,主要想与日本建立中华传统思想中的朝贡关系。[8] 那

---

〔1〕此处的"高丽"与《异国出契》、《元史》记载相一致,《高丽史》缺"高丽"。

〔2〕此处的"朕"与《高丽史》、《元史》记载相一致,《异国出契》为"朕之"。

〔3〕此处的"特"与《异国出契》、《元史》记载相一致,《高丽史》缺"特"。

〔4〕此处的"志",与《高丽史》、《异国出契》,记载相一致,《元史》为"心"字。

〔5〕此处的"至用兵",《异国出契》、《元史》、《高丽史》均为"以至用兵"。原文书中有无"以"字尚不清楚。

〔6〕《元史》和《高丽史》中无"上天眷命……不宣"。

〔7〕〔日〕杉山正明、村井章介,《从世界史中看蒙古袭来》,载《历史评论》619,第18页。

〔8〕〔日〕池内宏:《元寇的新研究》,第30页。

么，忽必烈在文书中提到高丽与蒙古建交的例子，实则希望如同处理与高丽的关系一样，蒙古不动一兵一卒亦与日本建立外交关系。

高丽元宗的文书中强调，忽必烈想与日本通好不仅仅是以通商为目的，更主要的是想弘扬君主德化的观念。

高丽国王元宗书[1]如下：

高丽国王[2]王禃

右启。季秋向阑，伏惟

大王殿下，起居万福，瞻企，瞻企。我国

臣事

蒙古大朝[3]禀正朔，有年于兹[4]矣。

皇帝仁明，以天下为一家，

视远如迩，日月所照，咸仰其德

化。[5] 今欲通好于

贵国，而

招募人云，海东诸国，[6]

日本与高丽为近[7]邻，典章政理，[8]有

足嘉[9]者。汉唐而下，抑或通使[10]中国。

故[11]遣书以往，勿以风涛险阻[12]为辞。

其旨严切，兹不获已，遣朝散大夫

---

[1]此处根据日本奈良东大寺图书馆所藏文书录入。《异国出契》,《伏敌编》卷1,《高丽史》卷26、第395页均有记载。《镰仓遗文》13卷,9770号文书,东京堂出版,1978年,第285－286页。

[2]《异国出契》中缺“国王”二字。

[3]《异国出契》中缺“大朝”二字,而《高丽史》中记载为“大国”。

[4]《高丽史》记载缺“于兹”二字。

[5]《高丽史》记载缺“化”字。

[6]《高丽史》记载缺“海东诸国”字。

[7]《高丽史》记载缺“近”字。

[8]此处的“政理”二字与《异国出契》的记载相一致,而《高丽史》记载为“政治”。

[9]此处的“嘉”字与《高丽史》的记载相一致,而《异国出契》记载为“喜”字应该是错误的。

[10]此处的“或通使”与《异国出契》的记载相一致,而《高丽史》记载为“屡通”。

[11]此处的“遣书”与《异国出契》的记载相一致,而《高丽史》记载为“特遣书”。

[12]此处的“险阻”《高丽史》记载为“阻险”。

尚书礼部侍郎潘阜等,[1]奉

皇帝书前去,[2]且

贵国之通好中国,无代无之。况今

皇帝之欲通好

贵国者,非

利其贡献。但[3]以无外之名高于[4]天下

耳。若得

贵国之报音,[5]则必厚待之。其实与否,既通而后,当可

知矣。[6] 其

遣一介之使[7],以往观之,何如也。惟[8]

贵国商酌焉。拜覆[9]

日本国王左右

至元四年九月日 启

高丽元宗在文书中表明了此次派潘阜来日本的目的,即因高丽已与蒙古通好,日本亦与高丽为邻,希望日本方面派出使节,也与蒙古通好。元宗强调蒙古想与日本通好,"非利其贡献,但以无外之名高于天下耳",就是说,蒙古不是注重经济利益,而是要弘扬帝德于天下。但元宗的说明也未能说服日本。

其实,忽必烈是想以高丽为媒介,将诏谕日本作为南宋攻略的一环。因日本与南宋通商频繁,南宋的铜钱也流入日本。忽必烈为了灭南宋不得不断绝日本与南宋的往来,不能坐视日本给南宋带来经济利

---

[1]此处的"朝散大夫尚书礼部侍郎潘阜等"与《异国出契》的记载相一致,《高丽史》记载为"某官某"。

[2]此处的"去"与《高丽史》的记载相一致,《异国出契》为"知"。

[3]此处的"但"与《异国出契》的记载相一致,《高丽史》为"盖欲"。

[4]此处的"高于"与《高丽史》的记载相一致,《异国出契》为"齐〇"字,〇处为缺字。

[5]此处的"报音",《异国出契》为"根本",《高丽史》为"通好"。

[6]《高丽史》缺"其实与否,既通而后,当可知矣"。

[7]此处的"使"字,《高丽史》为"士",应该是错字。

[8]《高丽史》缺"惟"字。

[9]《高丽史》中缺"高丽国王王禃右启。秋季向阑,伏惟大王殿下起居万福,瞻企,瞻企……拜覆"。

益,蒙古方面有必要笼络日本。[1] 忽必烈也许考虑过如果与日本也能建立同高丽一样的友好关系的话,可以利用日本的海军来攻打南宋。

潘阜将其书状与蒙古和元宗的文书一同递交给日本大宰府。此次潘阜出使日本,蒙古使臣并没有一同前往,其原因尚不清楚。潘阜在其书状中将蒙古第一次遣使的经过及此次蒙古重派使臣的目的向日本大宰府进行了一一的说明,并表达了希望日本也像高丽一样与蒙古建立通交关系的愿望。

潘阜书状[2]如下:

> 启　即辰伏惟,
> 明府阁下,起居千福,瞻企无已。及至(到)
> 贵境已来,馆对温厚,感佩难安。顷者,大蒙
> 古国强于天下,四方诸国无不宾服。我朝(邦)
> 亦罹于兵革,未获土著。幸今
> 皇帝专以宽仁御众,收威布德,顾我黎庶,
> 亦赖其恩,安生久矣。如贵国往来人,
> 素所知也。其所诏令,敢不惟命。越丙寅年
> 秋,遣使二人,传诏云:"日本国与高丽为邻,自
> 汉唐而下,通使中国(朝)。今欲(令)通好,遣介向导,
> 以彻彼疆。勿以风涛险阻为辞,抑未当通
> 好为解"。其旨严切,固○○○○(难违忤)。然(念)我国与
> 贵国,敦睦已久,○○○○○(若一旦于不)意中,与殊形
> 异服之人,航海遂(至),则贵国不能无嫌疑。
> 兹用依遗(违),未即裁禀。至于(毁)我金州接队
> 贵国人馆而防之,实逼(迫)于威令,不敢便
> 拒。(辄)差行人与彼介偕至海滨,方其阻风时,(而)
> 亦藉其俭(危险),施(旋)延时日,以谕之。以故不能肯(舟)

〔1〕〔日〕川添昭二:《蒙古袭来研究史论》,第25页。

〔2〕此处根据《异国出契》所记载的文书录入,《高丽史》未记载此文书,《伏敌编》卷1有记载,两处文字有出入。括弧内的字是《伏敌编》与《异国出契》有出入的部分。

而旋返。此则我国之尚(向)贵国之意,何

如也。固(因)表奏其状,以诏(谓)更无后言。又前年

秋,仍遣前来使介及其上贵国大王

书一通,而诏物(敕)如前日,遣使人诣彼宣布,

○(勿)复廷(迟)疑。其责愈严,势不得已,及(乃) 命吾辈

责(赍)持彼朝皇帝书一通,并我国书,(及)不腆些小

土宜,献于贵国大王殿下。其皇

帝国书之意,与贵国通好外,更无别

语。○○(予)等必欲躬诣阙下,亲传国书,仍达

缕细。惟冀阙下一切扶拥(护)导达于

王前(所),幸甚。不宣拜覆。

(至元五年、文永五年

正月 日)

书状官将仕郎四门博士李仁挺

高丽国信使朝散大夫尚书礼部侍郎知(制诰赐紫金鱼袋潘阜)

高丽从开始就不愿意介入到蒙古与日本的关系中,其理由是高丽担心蒙古的要求本身激怒日本朝廷,随即给高丽带来灾祸。高丽虽然担心此行会让日本方面反感,但是为了蒙古,更确切地说是为了保住自身的利益,无论如何也要将忽必烈的意图传达给日本,这就是派遣潘阜的动机。[1] 从潘阜的书状中可以看出,高丽对日本的态度是十分谨小慎微的,而对蒙古的态度表现为无奈的样子。文书中充分表达了高丽于1266年接到蒙古充当向导出使日本的使命,因蒙古势力强大,皇命难违,出于无奈只能将蒙古和高丽的国书送达日本的语气。

潘阜等将蒙古国牒状和高丽元宗的牒状以及方物一同交给日本九州岛的大宰府之后,大宰府的少式武藤资能在闰正月5日将文书送到镰仓幕府。幕府议论完之后,才派使臣将蒙古和高丽的文书转给京都的朝廷,等待朝廷的裁定。蒙古文书被送达日本之后,朝廷上下为之

〔1〕〔日〕青山公亮:《日元间的高丽》,第580页。

骚动，幕府下令加强关西沿海的防备。朝廷的外交权形式上在朝廷这边，但实际上最后的裁定还是受到幕府的左右。从2月8日朝廷开始议论，幕府的使臣频繁来到京都，向朝廷传达幕府的意向，最终京都朝廷的审议反映的是幕府的意向。[1] 经过朝廷商议之后，日本方面决定不给蒙古、高丽回牒。[2] 日本方面没有答复蒙古的原因是朝廷的贵族住在闭塞的宫廷社会里，拘泥于陈旧的习惯，对国际形势没有新的认识。由于日本与大陆断交时间久远，对国际关系未下综合判断。而日本对蒙古的了解是以入宋僧、来朝宋朝僧人，或是贸易关系中的商人为中介，主要是从南宋那里得到情报。又因为南宋相继受到蒙古的攻略，对蒙古抱有憎恨的态度，根据这些情报日本方面采取了对蒙古不予理睬的态度。[3] 这样，潘阜在日本待了5个月左右，于1268年7月不得要领而回。元宗派潘阜向蒙古汇报：

> 向诏臣已宣谕日本，臣即差陪臣潘阜奉皇帝玺书并赍臣书及国赆，以前年九月二十三日发船而往。至今年七月十八日回来云："自到彼境，使不纳王都，留置西偏大宰府者凡五月，馆待甚薄，授以诏旨，而无报章。又赠国赆，多方告谕，竟不听，逼而送之，以故不得要领而还。"[4]

蒙古与日本的初次交涉，即因日本朝廷误解蒙古国书内容，致使忽必烈建立邦交的希望化为泡影。以此为契机，日本的态度日趋强硬，使蒙古与日本的交涉更加困难，终于只有决裂之一途。[5]

忽必烈认为此次潘阜等能到达日本，证明了之前高丽以风涛险阻为由，未陪同使臣到达日本。因此命元宗重新派使臣到日本，务必完成与日本通好的使命。《高丽史》记载："向委卿道(导)达去使，送至日本，卿乃饰辞，以为风浪险阻，不可轻涉。今潘阜等何由得达，可羞可畏之事卿已为之，复何言哉。今来奏有潘阜至日本逼而送还之语，此亦安

[1][日]川添昭二：《蒙古袭来研究史论》，第17－27页。

[2]《伏敌编》卷1。

[3][日]川添昭二：《蒙古袭来研究史论》，第26页。

[4]《高丽史》卷26。

[5]王启宗：《元世祖诏谕日本始末》，第147页。

足取信,今复遣黑的、殷弘等充使以往,期于必达,卿当令重臣道(导)达,勿致如前稽阻。"[1]1268年(元至元五年,高丽元宗九年,日本文永五年)9月,忽必烈又派黑的、殷弘等到高丽,命元宗重新派出重要使臣陪同蒙古使臣出使日本,来完成与日本通交的任务。

黑的、殷弘等到高丽之后,12月元宗以申思佺、陈子厚等做为向导,陪同黑的、殷弘等出使日本。1269年(元至元六年,高丽元宗十年,日本文永六年)3月黑的、申思佺等只到了日本的对马岛,日本官员拒绝蒙古高丽使臣入日本本土,无奈黑的等在对马岛抓捕了塔二郎、弥二郎二人而返回。《高丽史》记载:"元宗十年三月辛酉,黑的、申思佺等至对马岛,执倭二人以还。四月戊寅遣参知政事申思佺伴黑的以倭二人如蒙古。"[2]这样,忽必烈第三次派出的使臣,也同样未能得到日本方面的答复而返回。

4月申思佺和黑的一同带塔二郎、弥二郎二人到蒙古,抓此二人的目的是为了询问日本的事情。[3]忽必烈见到塔二郎、弥二郎二人并没有不高兴的样子,而是非常喜悦,夸奖申思佺等道:"尔国王祗禀朕命,使尔等往日本。尔等不以险阻为辞,入不测之地,生还复命,忠节可嘉。厚赐匹帛,以至从卒。又谓倭人曰:'尔国朝觐中国,其来尚矣。今朕欲尔国之来朝,非以逼汝也。但欲垂名于后耳。'"[4]忽必烈还让塔二郎、弥二郎观看燕京万寿山玉殿及诸城阙。忽必烈看到出使日本的使臣有点成就,带日本人回来就喜形于色,可见,忽必烈诏谕日本的期望是何等的殷切。[5]

5.1.2 第四次出使日本及高丽的态度

1269年7月蒙古派于娄大带着塔二郎、弥二郎到江华岛来,命高丽派出使臣将二人送回日本。《高丽史》记载:"元宗十年七月甲子,蒙

[1]《高丽史》卷26。《元史》卷6记载:"至元五年九月命兵部侍郎黑的、礼部侍郎殷弘赍国书复使日本,仍诏高丽国遣人导送,期于必达,毋致如前稽阻"。

[2]《高丽史》卷26。

[3][日]池内宏《元寇的新研究》,第40页。

[4]《高丽史》卷26。

[5]王启宗《元世祖诏谕日本始末》,第147页。

古使于娄大、于琔等六人偕倭人来，淐出迎于郊。”[1]同年6月林衍等人废除了急于迁出江华岛的元宗，立其弟安庆公淐为王。当蒙古使臣到达江华岛时，高丽新王淐出迎使臣。新王淐及权臣林衍等虽然对蒙古有戒心，但也不敢明着违抗忽必烈的命令，只好派金有成等出使日本，在奉蒙古之命送还塔二郎、弥二郎二人的同时，将大蒙古国中书省的牒及高丽庆尚道按察使的牒文送达日本。9月17日金有成等到了日本对马岛伊奈浦，然后到达大宰府，住在大宰府的守护所。大宰府的太政官将中书省和庆尚道按察使的牒文送到镰仓幕府，由幕府传达给京都朝廷。《元史·日本传》记载："至元六年六月，命高丽金有成送还执者，俾中书省牒其国，亦不报。"[2]可见，日本方面仍没有答复蒙古和高丽的使臣。

以往的学者并未发现记载大蒙古国中书省牒和高丽国庆尚道按察使牒文内容的史料。2005年8月韩国学者张东翼在《史学杂志》上发表了《1269年"大蒙古国"中书省的牒及日本方面的对应》[3]一文，重点介绍了日本京都大学文学部图书馆所藏《异国出契》所收1269年"大蒙古国"中书省给日本国王的牒和高丽庆尚道按察使给日本大宰府守护所的牒，以及日本国太政官想给大蒙古国中书省的牒、大宰府守护所准备给高丽庆尚道按察使的牒文等。《异国出契》中与忽必烈诏谕日本有关的文书有7个。其中，1266年8月的蒙古国牒状和高丽元宗的牒文，在中国、韩国、日本方面的史料中均有所记载。很早以来被研究日本史的学者所使用。1269年"大蒙古国"中书省给日本国王的牒和高丽庆尚道按察使给日本大宰府守护所的牒等两则文书，前人研究中未使用过。池内宏和青山公亮也认为在日本没有留下中书省的牒文等资料，因此，对其内容也只是推测而已。[4] 张东翼认为《异国出契》中的大蒙古国中书省牒就是金有成第四次出使日本所带去的中书省牒，并对大蒙古国中书省牒这一资料的真伪性进行了详细的考

[1]《高丽史》卷26。

[2]《元史》卷208《日本传》。

[3]张东翼：《1269年"大蒙古国"中书省的牒及日本方面的对应》，第59－80页。

[4][日]池内宏：《元寇的新研究》，第42页；[日]青山公亮：《日元间的高丽》，第649页。

证，认为《异国出契》所记载的大蒙古国中书省牒和高丽庆尚晋安东道按察使牒不是伪文书，充分肯定了其较高的史料价值。[1]《异国出契》的发现对元朝、高丽、日本关系史的研究，提供了极其宝贵的新史料。

1269 年 6 月大蒙古国中书省牒文内容如下：

大蒙古国皇帝洪福里，中书省 牒[2]

日本国王殿下。

我国家以神武定天下，威德所及，无思不

能。逮

皇帝即位，以四海为家，兼爱生灵，同仁一

视，南抵六诏、五南，北至于海，西极昆仑，数

万里之外，有国有土，莫不畏威怀德，奉币

来朝。惟尔日本，国于海隅，汉唐以来，亦当

通中国。其与高丽，寔为密迩。

皇帝向者，赐高丽国王，遣其臣潘阜

持玺书通好。贵国稽留数月，殊不见

答。

皇帝以为将命者不达，寻遣中宪大夫、兵

部侍郎、国信使纥德，中顺大夫、礼部侍郎、

国信副使殷弘等，重持玺书，直诣贵

国。不意纔至彼疆对马岛，坚拒不纳，至兵

刃相加，我信使势不获已，聊用相应，生致

塔二郎、弥二郎二人以归。

皇帝宽仁好生，以天下为度，凡诸国内附

者，义虽君臣，欢若父子，初不以远近小大

为间。至于高丽，臣属以来，唯岁致朝聘，官

受方物。而其国官府土民，安堵如故，及其

来朝，

---

[1]张东翼：《1269 年"大蒙古国"中书省的牒及日本方面的对应》，第 62－68 页。

[2]《异国出契》所收。

皇帝所以眷遇树慰者，恩至渥也。贵

国邻接，想亦周悉。且兵交使在其间，寔古今之通义，彼疆场之吏，赴敌舟中，俄害我信使，较之曲直，声罪致讨，义所当然。又虑贵国有所不知，而典封疆者，以慎守固御为常事耳。

皇帝犹谓此将吏之过，二人何罪，今将塔二郎致贵国，俾奉牒书以往。其当详体

圣天子兼容并包混同无外之意，忻然效顺，特命重臣，期以来春，奉表阙下，尽畏天事大之礼。保如高丽国例处之，必无食言。若犹负固恃险，谓莫我何杳无来，则

天威赫怒，命将出师，战舸万艘，径压王城，则将有噬脐无及之悔矣。利害明甚，敢布之殿下。唯殿下，寔重图之，谨牒。

右牒

日本国王殿下

至元六年六月日 牒

资政大夫中书左丞

资德大夫中书右丞

荣禄大夫平章政事

荣禄大夫平章政事

光禄大夫中书右丞

表

牒奉	
日本国王殿下	中书省封

里

至元六年六月日

大蒙古国中书省牒文的内容主要是讲到蒙古以武力定天下之后，忽必烈以四海为一家，一视同仁，使大小国家臣服于蒙古，纷纷来朝。汉唐以来日本与中国通好，亦与高丽为邻，因此，想通过高丽为中介与日本建交，但始终没有得到答复。几次出使到对马岛，就被拒绝进入日本国内，引起武力冲突，使臣抓二人而还。虽然对马岛官员对使臣兵戈相见，但这种行为也能理解，因此，此次将所抓二人送还。忽必烈对远近大小归附的国家以父子之礼相待，尤其，高丽受到特别的宠信，这日本也应该知道。假如日本仗着地形险峻，坚持违逆蒙古之意的话，致使蒙古动用军队征伐王京的话，不要后悔。

大蒙古国中书省牒文与忽必烈第一次诏谕日本的国书相比较，内容要具体得多。虽然同样是要求日本来附，但以邻接日本的高丽为例，劝说假如日本来臣服的话，给予与高丽相同的待遇。但是，中书省的牒表面上看是承认日本的主权和自卫权，是劝告两国建立友好关系，但这必须是以日本臣服为前提的。大蒙古国中书省牒中蒙古的态度要比1266年国书的语气要严厉。无论从发给者和接受者的任何角度来讲，此处都有一种威胁的口气。[1] 牒文中强调如果日本拒绝与蒙古通好的话，将以武力征服。

金有成在送达大蒙古国中书省牒的同时，将高丽庆尚道按察使牒也送到大宰府。

高丽国庆尚道按察使牒如下：

高丽国庆尚晋安东道按察使牒。[2]

日本国大宰府守护所。

高丽国庆尚晋安东道按察使牒

日本国大宰府。当使契勘，本朝与

贵国讲信修睦，世已久矣。顷者北朝皇帝

〔1〕张东翼：《1269年“大蒙古国”中书省的牒及日本方面的对应》，第68页。

〔2〕《异国出契》所收。

欲通好贵国,发使赍书,道从于我境,
并告以卿[1]导前去,方执牢固,责以多端,我
国势不获已,使使伴行过海,前北朝使介,
达于对马,乃男子二人偕乃至帝所,二人
者即被还,今已于当道管内至讫,惟今装
舸备粮,差尚州牧将校一名、晋州牧将校
一名、乡通事二人、水手二十人护送。凡其
情实,可与比[2]人听取知悉。牒具如前,事须
谨牒。

至元六年己巳八月日　　牒。

按察使兼监仓使、转运提点刑狱兵马公
事、朝散大夫、尚书礼部侍郎、太子宫门
郎位[3]判

庆尚道按察使强调高丽与日本睦邻友好已有久远的历史。由于蒙古多次派使臣到高丽要求作为向导,出于无奈高丽只好陪同蒙古使臣出使日本。并告知前次使臣黑的等在对马岛所抓二人已经还回。高丽庆尚道按察使牒中高丽对蒙古和日本的态度与先前1267年的国书有所不同。这也反映了元宗和新王淐对蒙古的态度的不同。1269年6月高丽权臣林衍等人废除急于迁出江华岛的元宗,立其弟安庆公淐为王,当蒙古使臣到达高丽时是新王淐在位期间。所以,高丽庆尚道按察使给日本的牒文所反映的是新王淐等人对蒙古的态度。例如:高丽庆尚道按察使的牒文中称蒙古为"北朝皇帝",张东翼认为此文书中高丽人称蒙古为北朝、北朝皇帝是不认同臣服于蒙古的表现。[4] 其实,高丽称蒙古为北朝皇帝应该是反映了反对迁都派的态度,此时正是林衍等废元宗立淐为王的时候,林衍和淐等与元宗的对立,主要也与他们对待蒙古的态度有关。元宗主张与蒙古友好,而林衍和淐等人则反对

[1]张东翼为认为此处"乡导"为"向导"。

[2]张东翼认为此处"比人"为"此人"。

[3]张东翼认为此处"位"为"在"。

[4]张东翼:《1269年"大蒙古国"中书省的牒及日本方面的对应》,第66页。

迁出江华岛。此牒文与1267年的国书不同之处在于,前次在国书中元宗极力劝说日本与蒙古通好,并强调忽必烈想与日本建交不是为了获取经济利益,而是为了弘扬圣德。但在高丽庆尚道按察使的牒文中,高丽方面只字未提希望日本与蒙古通好之事。这也充分表明了新王淐及权臣林衍等应付蒙古的态度。从内容和语气来讲,此次的牒文充分体现了新王淐及权臣林衍等对蒙古的态度与元宗统治时期是完全不同的。

当蒙古和高丽所派使臣将蒙古中书省的牒文和高丽庆尚道的牒文送到日本之后,日本方面对蒙古的态度与第一次接到蒙古、高丽的国书的情况有所不同。当第一次接到蒙古国书时,朝廷上下为之震惊,但此次接到中书省牒文之后,日本方面的反应是比较沉着。这一点通过京都朝廷想给蒙古国中书省和高丽庆尚道按察使回牒而起草的回文也可以看出来。

1270年1月日本准备给蒙古中书省起草的回牒如下:

日本国太政官　牒蒙古国中书省[1]

附高丽国使人牒送。

牒,得大宰府去年九月二十四日解状。去十七日申时,异国船一只来着对马岛伊奈浦,依例令存问来由之处,高丽国使人参来也。仍相副彼国并蒙古国牒,言上如件者。就解状案事情,蒙古之号,于今未闻,尺素无胫初来,寸丹非面仅察。原汉唐以降之踪,观使介往还之道,缅依内外典籍之通义,虽成风俗融化之好礼,外交中绝,骊迁翰转,粤传乡信,忽请邻睦。当斯节次,不得根究。然而呈上之命,缘底不容,音问纵云雾万里之西巡,心夐忘胡越一体之

〔1〕《异国出契》;《本朝文集》67,(国史大系第30卷)东京:吉川弘文馆,1938年;《镰仓遗文》14卷,10571号文书,第117－118页。

前言，抑贵国曾无人物之通，本朝何有好恶之使，不顾由绪，欲用凶器，和风再报，疑冰犹厚，圣人之书，释氏之教，以济生为素怀，以夺命为黑业。何称帝德仁义之境，还开民庶杀伤之源乎。凡自

天照皇大神耀天统，至

日本今皇帝受日嗣，圣明所覃，莫不属左庙右稷之灵、得一无弍之盟，百王之镇护孔昭，四夷之脩靖无紊，故以

皇土永号神国，非可以智竞，非可以力争，难以一二乞也。思量，左大臣宣奉

敕，彼到着之使，定留于对马岛。此丹青之信，宜传自高丽国者。今以状牒到准牒。故牒。

文永七年正月日　　　　管二品长成卿草

以上文书中首先日本方面认为蒙古之号，距今闻所未闻。虽然日本曾于汉唐以来与中国有过外交关系，但现在两国关系已经中断。对臣服蒙古并未提到，批判了蒙古想使用武力征服日本的想法，并表达了日本是神国的思想。

京都朝廷起草了给蒙古中书省的回牒之后，镰仓幕府认为给蒙古回牒是没有用处的，并反对给蒙古和高丽回牒，当时，日本虽然有国王和将军，但实权掌握在幕府手中。最后京都朝廷在幕府的影响下决定不给蒙古中书省和高丽庆尚道回牒。张东翼认为幕府反对给蒙古回牒的理由，不能进行充分的说明，以牒的内容无礼为由不准备回牒，而是采取了让使节团回去的措施。[1] 日本方面在调整国内方面的准备之外，没有直接回复对方的外交文书，是为了观察事态的发展。另外，掌握着日本军事实力的幕府方面，为了对付蒙古方面单方面要求日本

〔1〕张东翼：《1269 年“大蒙古国”中书省的牒及日本方面的对应》，第 70 页。

臣服并以武力威胁的情况,不得不采取了以国防为首的对内对外的政策。[1] 镰仓幕府决定不给蒙古回复,不是幕府统治者个人的行为,而是幕府整体之方针。[2]

1270年2月日本为了回复高丽庆尚道而起草的回牒如下:

日本国大宰府守护所牒。高丽国庆尚

晋安东道按察使来牒[3]事。

牒,寻彼按察使牒并,当使□□□

谨牒。着当府守护所,就来牒,

凌万里路,先访柳营之军令,达九重城,被

降芝泥之圣旨。以此去月太政官之牒,宜

传蒙古中书省之衔,所偕返之男子等,叙

护送之舟,令至父母之乡,共有胡马嘶北,

越鸟翥南之心,知盟约之不空,感仁义之

云露。前顷牒使到着之时,警固之虎卒之

来,海滨之渔者先集,以凡外之心,成虑外

之烦欤。就有漏闻,耻背前好,早加霜刑,宜

为后戒。殊察行李淹留之艰难,聊致旅粮

些少之资养。今以状牒,到准牒。故牒

文永七年二月日牒

少式从五位下藤原朝臣

菅二品长成卿草

日本方面准备给高丽庆尚道的回牒与准备给蒙古中书省的回牒相比,语气要缓和得多。牒文中要求高丽将日本的回牒转给蒙古,并感谢高丽方面送还塔二郎、弥二郎二人之事。与给蒙古中书省的牒文相比,日本给高丽庆尚道的牒文内容比较具体,而给蒙古中书省的牒文内容相对抽象。这也表明日本与蒙古历来无外交往来,而与高丽向来

〔1〕张东翼:《1269年"大蒙古国"中书省的牒及日本方面的对应》,第71页。

〔2〕王启宗:《元世祖诏谕日本始末》,第148页。

〔3〕《异国出契》;《本朝文集》第67册。

有友好交往。[1]

5.1.3 赵良弼出使日本及高丽三别抄牒状

《元史》记载:“至元七年十二月丙申朔,命陕西等路宣抚使赵良弼为秘书监,充国信使,使日本。”[2]1270 年 12 月忽必烈以赵良弼为国信派到高丽开城。忽必烈命元宗派使臣陪同赵良弼出使日本,务必完成与日本通好的任务。赵良弼是女真人,曾在 1259 年元宗与忽必烈见面时,向忽必烈提出提高元宗的待遇,对高丽采取怀柔政策的建议。此次赵良弼出使日本必定也是抱着务必使日本同高丽一样,不动一兵一卒归附蒙古的希望。赵良弼来到高丽之后,在开城待了 8 个多月,于 1271 年 8 月 11 日离开高丽开城,9 月 6 日在高丽译官徐偁的陪同下从高丽金州出发前往日本。9 月 19 日赵良弼一行 100 多人来到日本九州岛今津,赵良弼很快被送达大宰府。赵良弼见到大宰府的少式武藤资能之后,要求到京都见国王和大将军,亲自将蒙古的国书交给国王和大将军。日本方面并未同意赵良弼的要求,这样,赵良弼没有将国书原件交给大宰府,而是交了国书的副本。

赵良弼书状内容如下:

大蒙古国皇帝差来国信使赵良弼,钦奉

皇帝圣旨,奉使

日本国请和,于九月十九日,至大宰府,有守护所小贰[3]殿(经资),阻隔不令到京,又十余遍,坚执索要国书,欲差(衍力)欲差特上

国王并

大将军处者,良弼本欲付与,缘

皇帝圣训,直至见

国王并

大将军时,亲手分付,若与于别人授受,既当斩汝,所以不分付守护

---

〔1〕张东翼:《1269 年“大蒙古国”中书省的牒及日本方面的反应》,第 72 页。

〔2〕《元史》卷 7,第 132 页。

〔3〕此处的“小贰”应该是“少贰”。

所小贰殿，先以将者国书副本，并无一字差别，如有一字冒书，本身万断，死于此地，不归乡国，良弼所赉御宝书，

直候见

国王并

大将军，亲自分付，若使人强取，既当自刎于此，付乞照鉴。

至元八年九月二十五日

（文永八年）

使（陕）西四州（川）宣抚使小中大夫秘书监国信使

赵良弼[1]

赵良弼在书状中也强调想亲自见日本国王和大将军，亲手递交国书并得到回复的愿望。他声称如果蒙古国书由别人递交的话，他就会被斩首。大宰府将赵良弼所带来的国书送到镰仓幕府，幕府决定不给蒙古回复，这样，赵良弼于1272年1月从对马附近带弥四郎等12人回到高丽。同年2月赵良弼派张铎回蒙古汇报出使日本的情况，并以弥四郎等12人充当日本使团一起带回蒙古。《元史》记载："至元9年2月庚寅朔，奉使日本赵良弼，遣书状官张铎同日本二十六人，至京师求见。"[2]

忽必烈怀疑"其国主使之来，云守护所者诈也"，[3]未允许弥四郎等人觐见。3月忽必烈命中书省商议归还弥四郎等人。

《元史》记载："至元九年三月乙丑，谕旨中书省，日本使人速议遣还。安童言：'良弼请移金州戍兵，勿使日本妄生疑惧。臣等以为金州戍兵，彼国所知，若复移戍，恐非所宜。但开谕来使，此戍乃耽罗暂设，尔等不须为疑畏也'。帝称善。"[4]

赵良弼向忽必烈请求将忽林赤等所率领的兵移屯到金州，但安童认为在金州移兵屯住，对诏谕日本无益，因此，没有同意赵良弼的请求，决定再派使臣遣送弥四郎等人回日本。

---

〔1〕《镰仓遗文》卷14，10884号文书。

〔2〕《元史》卷7。

〔3〕《元史》卷208《日本传》。

〔4〕《元史》卷7。

在赵良弼出使日本的这一年，也有一道高丽给日本的牒状，在赵良弼还没有到达日本之前，高丽牒状是先送到日本的。池内宏认为这是高丽政府在赵良弼到日本之前，担心忽必烈的征日计划给高丽带来负担，想劝日本迎合蒙古之意而送来的牒状。[1] 根本诚根据牒状中告知蒙古侵攻日本的危险及请求援兵和提供粮食分析，推测"此处的高丽不是政府军，可能是叛乱军"。[2]

石井正敏根据东京大学史料编纂所保管的文书中发现的高丽牒状不审条条，证实了根本诚的推测是正确的。石井正敏认为1271年高丽给日本的牒状是三别抄与日本通交的史料。[3]

高丽牒状不审条条如下：

一、以前状文永五年，扬蒙古之德，今度状文永八年，韦毳者无远虑云云，如何。

一、文永五年状，书年号，今度，不书年号事。

一、以前状，归蒙古之德，成君臣之礼云云，今状，遣宅江华近四十年，被发左衽圣贤所恶，仍又迁都珍岛事。

一、今度状端不从成战之思也，奥为蒙被使云云，前后相违如何。

一、漂风人护送事。

一、屯金海府之兵，先廿许人，送日本国事。

一、我本朝统合三韩事。

一、安宁社稷，待天时事。

一、请胡骑数万兵事。

一、达凶旒许垂宽宥事。

一、奉贽事。

一、贵朝遣使问讯事。[4]

---

〔1〕〔日〕池内宏：《元寇的新研究》，第101－102页。

〔2〕〔日〕根本诚：《文永之役前的日蒙外交——尤其蒙古遣使及日本的态度》，载《军事史学》5号，1966年，第58－60页。

〔3〕〔日〕石井正敏：《关于文永八年来日本的高丽使——介绍三别抄与日本交交涉的史料》，载《东京大学史料编纂所报》12号，1977年，第2－4页。

〔4〕东京大学史料编纂所所藏。

赵良弼此次出使日本时,正是高丽元宗迁出江华岛,而引起三别抄叛乱的时候。在赵良弼出使日本的同时,三别抄叛军也给日本送去文书,一是通告日本蒙古将派使臣之事,二是请求日本出兵援救并助粮之事。石井正敏认为三别抄可能是将不遵从蒙古之命的日本当成是自己的同志,诈称高丽国王,派使臣到日本,表明与蒙古敌对的立场,要求日本派出援军,并补给粮食等事。日本方面对三别抄的态度不是很清楚,但也许还像以前一样不予答复。〔1〕

三别抄叛乱作为外界影响,对日本与蒙古是否通好,是否给蒙古回牒等问题起到了很大的影响。村井章介认为三别抄的牒状对日本了解蒙古的动向提供了有力的情报,〔2〕根本诚认为不能否定三别抄的叛乱对日本的外交政策起到的较大的影响,幕府的态度无疑以此时高丽政府的态度、国内的变化、蒙古与高丽的关系等情报作为外交政策的参考。〔3〕

1272 年 12 月赵良弼与张铎、徐偁再次出使日本。赵良弼在日本待了很长时间,一心希望能完成与日本通交的使命,但最终还是无功而返。日本方面始终并未答复蒙古,也没有同意忽必烈建立通交的要求。赵良弼两次出使日本,都没有得到日本方面的回应,从幕府的角度来讲,决定不给蒙古回牒,一方面是日本方面对蒙古的真实意图一点都不了解;另一方面,起到了对京都朝廷再次确认其掌握实权的极大的效果。〔4〕王启宗认为幕府拒绝与蒙古建交,而致忽必烈诏谕日本失败的原因主要有两点:第一,经济方面的原因。日本虽然与宋朝未建立正式的外交关系,但商船私相往来,宋与日本有着通商贸易关系。宋朝的铜钱大量流入日本并流通,宋钱取代了日币的地位。日本在经济上仰赖宋朝可见一斑。当时在日本经商的宋朝人,必定教唆日本人反对与蒙古通交。第二,禅宗的影响。禅宗是镰仓时代从南宋传入的新的

---

〔1〕〔日〕石井正敏:《关于文永八年来日本的高丽使——介绍三别抄与日本交涉的史料》,第 6 页。

〔2〕〔日〕村井章介:《亚细亚中的中世纪日本》,校仓书房,1988 年 11 月版,第 165 页。

〔3〕〔日〕根本诚:《文永之役前的日蒙外交——尤其蒙古遣使及日本的态度》,第 53 页。

〔4〕〔日〕根本诚:《文永之役前的日蒙外交——尤其蒙古遣使及日本的态度》,第 65 页。

宗教。由于其教义,多与武士精神相吻合,兼以执权北条时赖的提倡,兴盛一时。幕府的要员均皈依禅法。当时,禅僧多为宋僧或入宋日僧。他们具有强烈的反蒙古思想。禅僧反对蒙古的立场是毋庸置疑的,最后禅僧与镰仓武士打成一片,成为镰仓思想界的权威,亦为政府的最高顾问团,其对政府的影响力之大,可想而知。总之,北条政权与南宋有密切的经济关系,幕府上层结成一种亲宋势力,坚决拒绝蒙古的要求,致使忽必烈通好日本的希望以失败而告终。[1]

《元史》记载:"至元十年六月戊申,使日本赵良弼,至太宰府而还,具以日本君臣爵号、州郡名数、风俗土宜来上。"[2]1273 年 6 月赵良弼回到大都向忽必烈禀报了日本的情况,赵良弼认为日本是个岛国,没有多少可耕种之地,并向忽必烈建议不攻打日本为好。但这些因素都未能使忽必烈打消征日本的计划。他决心已定,并命洪茶丘在高丽加紧监督造船,为征日本做好准备。赵良弼此次出使日本虽然没有完成诏谕日本的任务,但他对日本的州郡、风土人情等有了进一步的了解,这对元朝进攻日本也有一定的帮助。

5.2 忽必烈两次征日本及高丽的态度

5.2.1 忽必烈征日本的目的及高丽的负担

对忽必烈征日本的目的问题,以往的学者有几种不同观点。一种观点认为忽必烈听说日本是个富庶的地方,所以想占日本的财富为己有,而遣使诏谕日本。另一种说法认为忽必烈是出于征服欲望的驱使,故有此举。也有人认为忽必烈以通商日本为目的而诏谕日本。[3] 川添昭二认为忽必烈以高丽政策为媒介,将诏谕日本作为攻略南宋的一环。[4] 作者赞同这一观点。忽必烈诏谕日本的最大目的一方面是想

---

〔1〕王启宗:《元世祖诏谕日本始末》,第 149 页。

〔2〕《元史》卷 7。

〔3〕王启宗:《元世祖诏谕日本始末》,第 144 页;〔日〕川添昭二《蒙古袭来研究史论》,第 23 –25 页。

〔4〕〔日〕川添昭二:《蒙古袭来研究史论》,第 25 页。

切断南宋与日本的往来，另一方面，也有可能考虑过以日本的水军助师攻打南宋。

忽必烈在征南宋过程中，要求高丽助师、造舟舰、输粮饷，并告知高丽根据国情能办多少就办多少。忽必烈命高丽造船也许是准备攻打南宋时要用，或者是先征日本时要用，但这给高丽民众带来了沉重的负担。1268 年 2 月安庆公淐从蒙古回高丽时所带来的文书中，忽必烈指责高丽不履行出军、助战、输粮等义务，并要求李藏用和金俊到蒙古奏报高丽军额。同年 4 月李藏用同蒙古使臣于也孙脱一起到蒙古。忽必烈对李藏用说：

> "朕命尔国出师助战，尔国不以军数分明奏闻，乃以模糊之言来奏。王綧曾奏：'我国有四万军，又有杂色一万，'故朕昨日敕尔等云：'王所不可无军，其留一万以卫王国，以四万来助战。'尔等奏云：'我国无五万军，綧之言非实也，苟不信试遣使与告者偕往点其军额，若实有四万陪臣受罪，不则反坐诬告者。'尔等若以军额分明来奏，朕何有此言。遂呼綧曰：'宜与藏用辨。'又敕藏用曰：'尔还尔国速奏军额，不尔将讨之，尔等不知出军将讨何国，朕欲讨宋与日本耳。今朕视尔国犹一家，尔国若有难，朕安敢不救乎，朕征不庭之国，尔国出师助战，亦其分也。尔归语正造战舰一千艘，可载米三四千石者。'"〔1〕

这段史料证明，忽必烈听永宁公綧讲高丽有军队 5 万人，所以命高丽自留 1 万保卫国家，其余 4 万出军助战，并命高丽造船一千艘备用。李藏用曰："助师之命则虽是残民随所有而检备，其办舟舰、输粮饷之事，则惟力是任，亦期将供。"〔2〕李藏用向忽必烈汇报了高丽的国情，说高丽原来有 4 万军队，但与蒙古征战 30 年死亡惨重，如今没有那么多军队，不信可派使臣到高丽检阅军额。李藏用向忽必烈保证出师助战、输粮造船等事，会量力而行，按期完成。

蒙古派吾都止与李藏用一起到高丽来考察战舰之数及军额。8 月

---

〔1〕《高丽史》卷 102《李藏用传》。

〔2〕《高丽史》卷 26。

高丽派崔东秀到蒙古报告说,高丽全盛的时候人口也不多,况且与蒙古征战30年伤亡太多,丁壮骁勇者少,奉帝命只征到1万军人。造舟舰之事,已经命沿海官吏营造。10月蒙古派脱朵儿、王国昌、刘杰等14人到高丽整阅兵数,点视舟舰。《元史》记载:“至元五年秋七月高丽国王王禃遣其臣崔东秀来言备兵一万,造船千只。诏遣都统领脱朵儿往阅之,就相视黑山日本道路,仍命耽罗别造船百艘以伺调用。”[1]脱朵儿等在高丽整点完毕军数、舟舰的情况之后,在高丽陪臣朴臣甫、禹天锡的护送下巡视了黑山岛及日本的海道。黑山是位于高丽全罗南道安郡西边海上的大小黑山岛中的大黑山岛,位于木浦正西,其北岸适合船舶的寄航。[2] 过了1年之后,1270年7月忽必烈又派脱朵儿、王国昌、刘杰等巡视高丽耽罗。《元史》记载:“耽罗,高丽与国也。世祖既臣服高丽,以耽罗为南宋、日本冲要,亦注意焉。至元六年七月,遣明威将军都统领脱脱儿、武德将军统领王国昌、武略将军副统领刘杰往视耽罗等处道路,诏高丽国王王禃选官导送。”[3]在忽必烈派人巡视黑山岛,次年想巡视耽罗的时候,高丽国内发生了三别抄叛乱,蒙古巡视耽罗未能如愿以偿。青山公亮认为忽必烈命高丽造船、检阅兵数以及巡视黑山岛和耽罗等地,视为是忽必烈征日计划的一端的解释是不妥当的,忽必烈视高丽造船、出军助战是作为宗藩国的一项义务,他的这些举动无非是为了将蒙古的权威扩大到朝鲜半岛而已。以此作为解决对日本交涉问题的基础。[4] 池内宏认为忽必烈命高丽造船与下令在陕西、四川造船,以助襄阳之战是同一时期,因此,命高丽造船也是为了补充襄阳之战缺少船只的情况。[5] 忽必烈巡视高丽的黑山岛和耽罗,对伐宋来讲,是非常重视高丽和南宋的海道。[6] 同年12月高丽世子愖回国时,忽必烈下诏给高丽说道,前年有人说高丽与南宋、日本

[1]《元史》卷6。

[2][日]池内宏:《元寇的新研究》,第38－39页。

[3]《元史》卷208《高丽传》。

[4][日]青山公亮:《日元间的高丽》,第646－648页。

[5][日]池内宏:《元寇的新研究》,第47页。

[6][日]中村荣孝:《日鲜关系史的研究》上册,第8页。

通交,当时高丽的答复是没有这回事。但是,今年却有南宋的商船到过高丽。另外,到日本国的归附高丽人说,日本岁贡高丽。还有,前年命造船等事,至今还未有成效。告知高丽命造船、输粮或是为攻打南宋,或是为了征伐日本做准备,无论是先讨南宋还是先征日本,都要提前做好准备为妥。

忽必烈非常重视高丽是否私下与南宋或日本有通商或外交关系。当时,忽必烈正攻打南宋襄阳城,久攻不下,而日本与南宋海上往来密切。假设高丽也与南宋或日本往来的话,对蒙古来讲,必将阻碍攻打南宋或征日本之事。蒙古想征服南宋必须切断南宋与日本的海上交通,并防止高丽反叛蒙古的行为。因此,当在高丽国内发生三别抄叛乱之时,蒙古断然决定先讨平入居耽罗的三别抄叛军,然后再讨日本。《元史》记载:"时高丽叛贼林衍者,有余党金通精遁入耽罗。九年,中书省臣及枢密院臣议曰:'若先有事日本,未见其逆顺之情。恐有后辞,可先平耽罗,然后观日本从否,徐议其事。且耽罗国王尝来朝覲,今叛贼逐其主,据其城以乱,举兵讨之,义所先也。"[1]由于在高丽国内发生了三别抄的内乱,蒙古和高丽联军先讨平三别抄叛军,然后才能顾及征日本的事情,这对蒙古的征日本的计划起到了一定的影响。忽必烈诏谕日本六派使臣与攻打襄阳城大致是同一时期。[2] 作者认为从忽必烈派人巡视黑山岛地形,考察日本海上道路来看,很可能是想通过高丽或日本的海道来攻打南宋,所以忽必烈命高丽准备造船也许是攻打日本时要用,或许是攻打南宋时要用。

忽必烈在要求高丽造船、输粮的同时,在高丽进行屯田,为征日本做准备。《元高丽纪事》记载:"至元七年七月二十日,丞相安童等奉头辇哥等遣大讬忙古觧来言,令阿海领军一千五百屯王京,伺察其国中。遂以阿海为安抚使。十一月二十五日,中书省奏于高丽设置屯田经略司,以忻都、史枢为凤州等处经略使,领军五千屯田于金州。又令洪茶

---

〔1〕《元史》卷208《高丽传》。

〔2〕〔日〕川添昭二:《蒙古袭来研究史论》,第25页。

丘以旧领民二千屯田。阿剌帖木儿为副经略司，总辖之，而罢阿海军。"[1]头辇哥领兵屯居东京是在 1269 年林衍废立元宗时之事，阿海是此时屯驻军的将领之一。对屯田军和阿海军的关系问题，池内宏认为当在高丽设置屯田经略司时，罢阿海军的原因可能与阿海随从金方庆讨伐居于珍岛的三别抄叛军有关。他还根据《元史》兵志所记载的："高丽屯田，世祖至元七年创立，是时东征日本，欲积粮饷，为进取之计，遂以王綧、洪茶丘等所管高丽户二千人，及发中卫军二千人，合婆娑府、咸平府军各一千人，于王京东宁府、凤州等一十处，置立屯田，设经略司以领其事，每屯用军五百人。"[2]这一史料证明，蒙古在高丽设置屯田经略司与征讨珍岛的三别抄叛军无关，而是专门为征日本做准备。[3]《元史》记载："至元七年十一月丁巳，敕益兵二千，合前所发军为六千，屯田高丽，以忻都及前左壁总帅史枢，并为高丽金州等处经略使，佩虎符，领屯田事。仍诏谕高丽国王立侍仪司。"[4]1270 年 11 月蒙古增兵两千，与前所发四千合为六千，归屯田经略司管辖之下，命忻都和史枢统领屯田金州等地。这里提到的新增兵两千应该是《元史》兵志中所记载的中卫军两千人，是忻都和史枢所统领的兵。前所发兵数应该是《元史》兵志中所记载的王綧、洪茶丘等所管高丽户两千人以及婆娑府、咸平府军各一千人，合计为四千，这些兵是在崔坦归附蒙古献西京以下 60 城时，作为安抚使驻屯高丽的忙哥都的兵加上以护送元宗为理由屯驻高丽的头辇哥的兵。换言之，将原来的高丽屯田军四千和新增的中卫军两千人，归屯田经略司管辖之下是为了征日本做充分的准备。[5] 作者赞同这一观点，因为忽必烈认为"在高丽屯田才是进取日本之计"。[6]

蒙古与南宋处于敌对状态，南宋与高丽的交往受到蒙古（元朝）的

[1]《元高丽纪事》。

[2]《元史》卷 100"兵志高丽国屯立"条。

[3][日]池内宏《元寇的新研究》，第 93 页。

[4]《元史》卷 7《世祖本纪》。

[5][日]池内宏：《元寇的新研究》，第 94 页。

[6]《元高丽纪事》。

干涉和阻挠。蒙古还曾设想以高丽为基地，通过海道对南宋发动进攻。尽管如此，南宋与高丽之间通过海道的联系并未中断。[1] 高丽三别抄之乱，对蒙古利用海路来攻打南宋或日本之事起到了阻碍的作用。

南宋与日本，实为忽必烈双管计划的两大目标。[2] 忽必烈继位之后，为了完成蒙哥合汗未竟的统一南宋事业，先攻克襄阳。1273 年 2 月蒙古军攻下南宋襄阳城，南宋的防御体系被突破，元朝平定南宋指日可待。蒙古军攻下襄阳城之后，9 月襄阳归附军到大都，忽必烈命免其死罪，组成新的队伍，出师助征日本。

《元史》记载：

> 至元十年九月甲申，襄阳生券军至大都，诏伯颜谕之，释其械系，免死罪，听自立部伍，俾征日本；壬辰，中书省臣奏："高丽王王禃屡言小国地狭，比岁荒歉，其生券军乞驻东京。"诏令营北京界，仍敕东京路运米二万石，以赈高丽。[3]

襄阳归附军想驻屯东京，但高丽元宗说高丽小国地窄，比年歉收。所以，蒙古命东京路运来两万石米，赈恤高丽。与此同时，同年 4 月蒙古元帅忻都和高丽主将金方庆所率蒙古和高丽联军平定了高丽三别抄之乱，消灭济州岛的三别抄军，对于截断南宋与高丽、日本的关系意义重大。元朝在耽罗置招讨司配置镇边军，去除了元朝征日本的所有阻碍。至此，忽必烈征伐日本的时机已经成熟。

同年 7 月忽必烈诏金方庆到蒙古进行嘉奖。忽必烈嘉奖金方庆是为了让他与忻都和洪茶丘一同征伐日本。[4] 忽必烈在派赵良弼出使日本的同时，已经着手征日本的准备事项。命高丽造战舰、输粮，并在高丽金州等十几处进行屯田。高丽对蒙古的态度与以前没有多大区别。对蒙古造船、出军、输粮的态度，元宗及李藏用等百般推脱，以高丽地窄人少，实在是调集不到蒙古所要求的军额，再加上逐年歉收，输粮

---

〔1〕陈高华：《元朝与高丽的海上交通》，载《震檀学报》韩国：第 71、72 合号，1991 年。另见氏著《陈高华文集》，上海辞书出版社，2005 年，第 369 页。

〔2〕王启宗：《元世祖诏谕日本始末》，第 149 页。

〔3〕《元史》卷 8《世祖本纪》。

〔4〕〔日〕池内宏：《元寇的新研究》，第 118 页。

困难等为由搪塞。

1274 年正月，忽必烈命金方庆和洪茶丘加紧督造大小船只。金方庆和洪茶丘在高丽全罗道、庆尚道等处召集工匠、人夫等三万零五百多名赶赴全州道的边山和罗州道的天冠山等造船所，加紧督造大小船只。洪茶丘督促造船很紧，到处召集工匠致使高丽国内气氛很紧张。《高丽史》记载："十五年帝将征日本，以茶丘为监督造船官、军民总管。茶丘克期催督甚急，分遣部夫使征集工匠诸道骚然。帝又命茶丘提点高丽农事，又命为东征副元帅。茶丘以忠清道艄公水手不及期，杖部夫，使大将军崔沔以大府卿朴晖代之。茶丘与忽敦、金方庆等征日本。"[1]从以上记载可知，洪茶丘还对延误工期的忠清道艄公、水手进行惩罚。

忽必烈命高丽造船抽调大量的工匠服役，元宗担心繁重的徭役会影响农事，劝说洪茶丘归还一半的夫役务农。

《高丽史》记载：

> 元宗十五年三月丙戌，元遣经略司王总管来命发军五千助征日本。时全罗州道造船役徒三万五百余名，洪茶丘所领监造军供给不足，输东京晋州道内，癸酉年禄转与之。王患徭役之烦、转输之弊，有防农务，遣上将军李汾禧往说茶丘，请令分半归农，茶丘颇然之。每二船留双丁五十人，其余单丁悉放归农。[2]

这表明忽必烈征日本命高丽造船、输粮给高丽带来了沉重的负担，同时，造船需要大量的人力，在一定程度上也影响了高丽的农事。

忽必烈下诏以 7 月为期征日本。《元史·日本传》记载："十一年三月，命凤州经略使忻都、高丽军民总管洪茶丘，以千料舟、拔都鲁轻疾舟、汲水小舟各三百，共九百艘，载士卒一万五千，期以七月征日本。"[3]洪茶丘和金方庆加紧督造船只，以便如期完工。到了 5 月末金方庆督造 300 只千料舟，洪茶丘督造拔都鲁轻疾舟及汲水小舟各

[1]《高丽史》卷 130《洪福源传》。

[2]《高丽史》卷 27。

[3]《元史》卷 208《日本传》。

300只。金方庆在督造船只时,认为船只若依南宋的式样的话,必定废很多功夫,耽误工期。因此,就依高丽船只的样式督造战舰。《高丽史》记载:“十五年帝欲征日本诏方庆与茶丘监造战舰。造船若依蛮样则工费多,将不及期,一国忧之。方庆为东南道都督使,先到全罗,遣人咨受省檄,用本国船样督造。”[1]1274年6月高丽派人到蒙古汇报舟舰已制造完毕,船只全部停放到金州待命。

正当忽必烈决定7月征日本的时候,高丽元宗于6月病逝。在此之前,元宗之子愖作为秃鲁花入质蒙古,5月世子愖与忽必烈之女忽都鲁揭里迷失公主在大都完婚。忽必烈得知元宗去世的消息之后,立即封世子愖为高丽国王,命他返回高丽继王位。世子愖8月到高丽开城即位。9月为元宗举行葬礼。7月征日的计划只好改为10月。

《高丽史》记载:

> 是年元宗薨,忠烈即位。方庆与茶丘单骑来陈慰,还到合浦与都元帅忽敦及副元帅茶丘、刘复亨阅战舰。方庆将中军,朴之亮、金忻、知兵马事任恺为副使,枢密院副使金侁为左军使,韦得儒、知兵马事孙世贞为副使,上将军金文庇为右军使,罗佑、朴保知,兵马事潘阜为副使,号三翼军。忻即绶也,以蒙汉军二万五千,我军八千,艄公引海水手六千七百,战舰九百余艘,留合浦以待女真军。[2]

金方庆和洪茶丘得到元宗去世的消息之后,即到开城吊丧,之后立即赶回合浦。蒙古、高丽元帅整备军马,在合浦待命。

5.2.2 忽必烈第一次征日本经过

1274年10月3日蒙古、高丽联军从合浦出发,直奔日本对马岛。东征军由蒙汉军和高丽军组成,蒙汉军以忻都为都元帅、洪茶丘和刘复亨为左右副元帅。高丽军以金方庆为都督使,金侁为左军使,金文庇为右军使。

元朝征日本的兵数问题,史料记载有出入。《元史·洪茶丘传》记

---

〔1〕《高丽史》卷104《金方庆传》,。

〔2〕《高丽史》卷104《金方庆传》。

载："十一年，又命监造战船，经营日本国事。三月，授昭勇大将军、安抚使，高丽军民总管如故。己卯，命茶丘提点高丽农事。八月，授东征右副都元帅，与都元帅忽敦等领舟师二万，渡海征日本，拔对马、一岐、宜蛮等岛。"[1]这段史料详细记载了蒙古元帅忻都和洪茶丘所率蒙汉军人数为两万。但是，《元史·世祖本纪》记载蒙汉军人数为一万五千人。

《元史·世祖本纪》记载："至元十一年三月己卯，诏以劝课农桑谕高丽国王王禃，仍命安抚高丽军民总管洪茶丘提点农事。庚寅，敕凤州经略使忻都、高丽军民总管洪茶丘等，将屯田军及女直军，并水军，合万五千人，战船大小合九百艘，征日本。"[2]

高丽方面的资料所记载的蒙汉军人数与《元史》的记载有所不同。

《高丽史节要》记载：

> 冬十月都督使金方庆将中军朴之亮、金忻、知兵马事任恺为副使，枢密院副使金侁为左军使，卫得儒、知兵马事孙世贞为副使，上将军金文庇为右军使，罗裕、朴保知、兵马事潘阜为副使，号三翼军与元都元帅忽敦、右副元帅洪茶丘、左副元帅刘复亨，以蒙汉军二万五千，我军八千，艄公引海水手六千七百，战舰九百余艘，发合浦。[3]

《高丽史》记载：

> 冬十月乙巳都督使金方庆将中军朴之亮、金忻、知兵马事任恺为副使，金侁为左军使，韦得儒、知兵马事孙世贞为副使，金文庇为右军使，罗裕、朴保知、兵马事潘阜为副使，号三翼军与元都元帅忽敦、右副元帅洪茶丘、左副元帅刘复亨，以蒙汉军二万五千，我军八千，艄公引海水手六千七百，战舰九百余艘，征日本。至一岐岛，击杀千余级，分道以进，倭却走伏，尸如麻及，暮乃解会夜大风雨，战舰触岩崖多败，金侁溺死。[4]

---

[1]《元史》卷154《洪茶丘传》。

[2]《元史》卷8《世祖本纪》。

[3]《高丽史节要》卷19。

[4]《高丽史》卷28。

以上史料记载元朝征日本的蒙汉军人数为二万五千，高丽军人数为八千，艄公水手人数为六千七百。池内宏根据《高丽史·元宗世家》所记载的："元宗十五年正月十九日奉省旨云：'忻都官人所管军四千五百人至金州，行粮一千五百七十硕。又屯住处粮料及造船监督洪总管军五百人，行粮八十五硕，亦令应副。'"[1]和"五月己丑元征东兵万五千人来"[2]的史料，认为《元史·世祖本纪》所记载的3月的征东军一万五千人是元朝所遣派的兵数，与《高丽史·元宗世家》所记载的5月到高丽的元征东兵万五千人数是相吻合的。所以，《元史·洪荼丘传》所记载的忻都和洪荼丘所率领的蒙汉军两万是元朝所派遣的东征军一万五千人、忻都的屯田军四千五百人和洪荼丘五百人的总计人数，上述高丽方面资料中所记载的蒙汉军二万五千人是不足为信的。他又根据《元史》所记载的："十一年三月，遣木速塔八、撒木合持诏使高丽签军五千六百人助征日本"[3]和《高丽史》"忠烈王六年"条忠烈王给元朝的上书中所记载的："在昔东征时，系本国五千三百军额"[4]的记载，认为高丽助军不会超过六千人。《高丽史节要》所记载的八千人是不可信的。故采取了《元史》所记载的五千六百人的观点。[5] 东征军以蒙汉军一万五千人、高丽军五千六百人以及艄公水手人数为六千七百，总共三万二千三百人组成。

10月5日东征军袭击日本对马岛西海岸的佐须浦。对马的国府八幡宫燃起火焰，国府的人们以为是火灾，但这是幻觉，在对马西海岸的佐须浦出现了元朝的战船四百五十艘，计三万人的军队。守护这里的代宗资国率领八十余骑赶到佐须浦。6日派通事询问蒙古的情况，元军射箭，代宗等迎战，但最终全部战死。14日东征军侵入一岐岛，元军的船只到了一岐岛的西海岸。守护代宗景隆迎战元军，15日由于东征军的势力强大，日本军防护失守。

---

[1]《高丽史》卷27。

[2]《高丽史》卷27。

[3]《元史》卷208《高丽传》。

[4]《高丽史》卷29。

[5][日]池内宏：《元寇的新研究》，第124－125页。

镰仓时代一岐岛是牛的主要产地,但在当时牛主要不是用来食用,而是贵族用来拉牛车或用于耕种。但是,元军侵入一岐岛之后,牛全部被杀,成为元军的食物。因此,元军的入侵对一岐岛牛的生产产生了很大的影响[1]。元军占领对马、一岐岛之后,经过松浦向东行进,目标指向博多。19日东征军逼近博多湾,20日先后从今津、百道原等地登陆,主力军以九州岛大宰府为进攻目标。日本方面以少式景资为大将军来抵御蒙古的进犯,但日本兵抵挡不住蒙古和高丽联合军的进攻,死伤者无数。双方在武器和战术方面都有很大的差距,日本军没有对外作战的经验,再加上军卒身着厚重的铠甲,而蒙古、高丽联军则轻装上阵,采用集团军的作战法。在武器方面,蒙古军在使用弓箭、长矛的同时还有铁炮。在这种新的战法和兵器的情况下,镰仓幕府的武士逐渐失去了作战的信心,相继出现了逃兵的现象。另外,蒙古和高丽联军很快上陆,使日本妇女、儿童也被卷入战乱中,战场一片混乱。

从博多湾西部上陆的东征军在赤坂、鸟饲、鹿原等地与日本军进行了激烈的征战,少式景资率领骑兵和步兵迎战,射伤元军副元帅刘复亨。但元军因占优势而获胜,日本军只能退到大宰府水城进行防守。东征军在博多、箱崎街道放火而去。

21日早晨日本军看见海面上没有了东征军的影子,船只全部不见了。只有一只船留在博多湾志贺岛,船上的元军大多被日本军生擒,在大宰府水城前被斩首。原来,在20日的傍晚因日本军的退却战斗平息时,高丽军总指挥金方庆想率领部队向日本军发起总进攻,而蒙古元帅忻都和副元帅洪茶丘主张撤军。这时,左副元帅刘复亨因负伤已经乘船,诸将便也退到船上。没有想到的是,那天夜晚蒙古、高丽联合军遭到暴风雨的袭击,战舰多数碰撞到岩壁上而破损,高丽的左军指挥官金侁也掉到水中淹死。

关于此次元军撤退的原因,多数学者认为是因元军突遭暴风雨致损失惨重而撤退。[2] 但是日本的气象学家荒川秀俊持有不同观点。

---

[1][日]佐伯弘次:《蒙古袭来的冲击》,日本:中央公论新社,2003年,第90-93页。

[2][日]池内宏:《元寇的新研究》,第151页。

他根据日本以往50年的气象统计，认为阴历10月20日以后，在西日本一次也没有出现过台风登陆的现象。1274年的元军的撤退不是因为台风的缘故，而是按预定计划而撤退的。[1] 王启宗认为荒川秀俊的观点虽并不完全可信，但根据中日文献记载，其推测也有可能性。日本文献记载实不能作为有无暴风雨的证据，而《元史》有关此战役的记事，均没有暴风雨的记录。可见，此役之结束，实为元军预定的撤退，而不是因暴风雨而败归。[2] 太田弘毅根据《元史·日本传》所记载的："至元十一年冬十月，入其国，败之。而官军不整，又矢尽，惟掳掠四境而归"[3]中的"官军不整，又矢尽"，认为联合军战舰数多，军议不一致，所用箭矢已尽而致元军撤退。[4] 蒙古和高丽联军经过一个月的时间才回到出发地合浦。出发时的三万三千人中只有一万三千五百人生还。12月28日金方庆等回到高丽开城，正月4日忻都、洪茶丘、刘复亨等从高丽出发回蒙古。《元史》记载："至元十三年九月乙巳，高丽国王王愖上参议中赞金方庆功，授虎符。"[5]说明金方庆因征日本有功而得到忽必烈的嘉奖。

5.2.3 再征日本的准备及高丽的态度

1275年2月忽必烈派使臣诏谕日本。《元史》记载："至元十二年二月庚戌，遣礼部侍郎杜世忠、兵部郎中何文著，赍书使日本国。"[6]3月杜世忠、何文著等到高丽，高丽方面派译官徐赞陪同杜世忠等出使日本。4月15日杜世忠等到达日本长门国室津。以往的使臣都是先到达大宰府，此次杜世忠等未经过大宰府直奔长门，可能是想避开大宰府官员的阻挠，直接与京都朝廷或镰仓幕府交涉。[7] 8月杜世忠等

---

〔1〕〔日〕荒川秀俊：《使文永之役告终者非飙风也》，《日本历史》第120号，1958年第41－42页。

〔2〕王启宗：《元军第一次征日本考》，载《大陆杂志》，1966年，第32卷，第214页。

〔3〕《元史》卷208《日本传》。

〔4〕〔日〕太田弘毅：《蒙古袭来——其军事史的研究》，日本：锦正社，1997年，第30页。

〔5〕《元史》卷9《世祖本纪》。

〔6〕《元史》卷8《世祖本纪》。

〔7〕王启宗：《元军第二次征日前夕情势的分析》，载《大陆杂志》，1967年，第34卷第10期版，第299页。

被幕府召到镰仓，并被北条时宗所召见。杜世忠等传达了忽必烈诏谕日本之意，其态度不失大国正使的姿态，也没有使日本难堪，但幕府对忽必烈诏谕日本并不满意，于9月在竜口斩首杜世忠等4人，并对元朝和高丽封锁了这一消息。镰仓幕府杀死元朝使臣之后，遂在全国各地进行积极的防御措施。

忽必烈派遣杜世忠等出使日本之后，担心此次出使诏谕日本又同以往一样遭到失败，遂进行再次征日本的准备。忽必烈在派遣杜世忠等诏谕日本的同时，在高丽增加屯田军。《高丽史节要》记载："二月二十九日元遣蛮子军一千四百人来，分处海、盐、白三州。"[1]忽必烈在高丽黄海道海州、盐州、白州等地增加屯田军，表明在第一次征日失败之后，仍有再征日本的打算，并督促高丽造船为再次征日本做准备。《高丽史》记载："忠烈王元年十月壬戌，以元将复征日本，遣金光远为庆尚道都指挥，使修造战舰。"[2]同书又记载："十一月癸巳，元遣使来做军器，以起居郎金磾偕往庆尚、全罗道敛民箭羽、镞铁。"[3]

面对忽必烈再征日本的计划，高丽忠烈王请求忽必烈推迟再征日本的计划。

《高丽史》记载：

> 忠烈王元年春正月庚辰遣侍中金方庆、大将军印公秀如元。上表曰："小邦近因扫除逆贼，惟大军之粮饷既连岁而户收，加以征讨倭民，修造战舰，丁壮悉赴工役，老弱仅得耕种，早旱晚水禾不登场，军国之需敛于贫民，至于斗升罄倒以给。已有采木实草叶而食者，民之凋敝，莫甚此时而。况兵伤水溺不返者多，虽有遗噍不可以岁月期其苏息也。若复举事于日本，则其战舰、兵粮，实非小邦所能支也。国已皮之不存，是为无可奈何矣。天其眼所未到应谓岂至于此欤，伏望俯收款款之诚曲谅，哀哀之诉。"[4]

忠烈王派使臣向忽必烈报告，在第一次征日时，元朝要求高丽助

---

[1]《高丽史节要》卷19。

[2]《高丽史》卷28。

[3]《高丽史》卷28。

[4]《高丽史》卷28。

军、制造船只等已经给高丽带来了严重的经济负担，致民不聊生。倘若再征日本，高丽国内的情况很难助军。的确，高丽因讨平三别抄叛乱及东征日本的缘故，致百姓贫困，国家税收减少，很难再次承受战争的负担了。在忠烈王的请求以及契丹人耶律希亮的劝说下，忽必烈于1276年正月命高丽停止制造战船及武器的战备，推迟了征日本的计划。

高丽对元朝第一次征日本和第二次征日本所采取的态度有所不同。[1] 以1278年为转折点，高丽忠烈王对元朝征日本的态度有所转变，这与元朝与高丽国内的情况有关。首先，1276年正月元军会集南宋都城临安城北。2月5日南宋上表乞降，宣告南宋灭亡，元朝统一全国指日可待。其次，1274年元朝公主与高丽王室通婚，元朝出于对高丽怀柔的态度，以公主下嫁作为控制高丽的手段，而高丽王室以联姻帝室作为内忧外患中自保的策略，并在蒙元世界秩序中提高自身地位。[2] 高丽忠烈王以元朝为背景，提高在元朝的地位，享受元朝诸侯的待遇。为了持续这种状态，忠烈王改变立场，忠实地履行作为元诸侯的义务。对元朝再征日本的态度有了很大的转变。其三，忽必烈对高丽的政策也发生了很大变化，这也影响了忠烈王对第二次远征日本的积极态度。第四，高丽助兵元朝攻打日本一方面是受元朝的支配，另一方面高丽也想借蒙古的力量打击倭寇。金州成为蒙古远征日本的动员基地，也与倭寇海船在这里频繁出现有关。[3]

1278年7月忠烈王入元朝向忽必烈请求出兵北方，并愿造船，助征日本。忠烈王回国后便积极从事助征日本的准备。

《高丽史》记载：

> 忠烈王四年秋七月甲申王谒帝奏曰："向闻车驾北征，表请悉索弊赋以助征，陛下以远地不许，臣今入朝请躬备戎行，以报圣德。"帝笑曰："北方人以左计挠边，今已奔溃矣。"王又奏曰："日本一岛夷耳，恃险不庭，敢抗王师。臣自念无以报德，愿更造船，积谷

[1]〔日〕川添昭二《蒙古袭来研究史论》，第28页。

[2]萧启庆：《元丽关系中的王室婚姻与强权政治》，见氏著《元代史新探》，第234页。

[3]〔日〕中村荣孝：《日鲜关系史的研究》上册，第20－21页。

声罪，致讨蔑不济矣。”[1]

1279年2月忽必烈灭南宋，接受了南宋的海军力量，忽必烈对海上作战增强了信心，决定再次征日本。忽必烈派遣杜世忠等出使日本后没有任何消息，南宋降将范文虎又派周福、栾忠等出使日本。《元史》记载：“至元十六年八月戊子，范文虎言：‘臣奉诏征讨日本，比遣周福、栾忠与日本僧赍诏往谕其国，期以来年四月还报，待其从否，始宜进兵。’”[2]忽必烈灭南宋之后，想利用南宋降将及江南的人力、物力征伐日本。南宋降将范文虎向忽必烈建议先派使臣到日本，如果日本仍不与元朝建立友好关系的话，再出兵也为时不晚。但关于范文虎是什么时候派周福等出使日本的，史料记载不详。作者根据有关史料分析，认为周福等大概在6月25日或26日到日本的对马岛。此次，周福等出使日本并未经过高丽国内，也没有高丽人作为向导。忽必烈此次也许是想利用南宋和日本的关系，因此，让日本僧人陪同周福等出使日本。7月24日，周福等所赍诏书经镰仓幕府送到京都朝廷。经过日本朝廷的审议，幕府仍如以往，在博多斩首周福等一行使臣。

同年8月高丽忠烈王得知使臣杜世忠等人被杀之事，即派人向忽必烈汇报了此事。

《高丽史》记载：

忠烈王五年八月辛丑，艄公上左、引海、一冲等四人自日本逃还言：“至元十二年帝遣使日本，我令舌人郎将徐赞及艄水三十人送至其国。使者及赞等皆见杀。”王遣郎将池瑄押上左等如元以奏。[3]

忽必烈得知这一消息之后，决定再征日本，命高丽加紧督造战舰。《高丽史》记载：

九月癸丑遣许珙于庆尚道，洪子藩于全罗道为都指挥使修造战舰。又遣权晅于忠清为都指挥使，朱悦于庆尚，郭汝弼于全罗，

[1]《高丽史》卷28，第439页。
[2]《元史》卷10《世祖本纪》。
[3]《高丽史》卷29。

禹浚冲于西海，崔有侯于东界、交州，皆为计点使。[1]

同书又记载：

十月丁丑元遣于丹赤塔纳、必阇赤哈伯那来督修战舰。癸未遣广平公譓偕塔纳、哈伯那监督战舰于庆尚、全罗道。[2]

1280年2月，因使臣杜世忠等被杀，忻都和洪茶丘请求率兵出征日本，朝廷商议决定缓一缓再做打算。《元史》记载："至元十七年二月己丑日本国杀国使杜世忠等，征东元帅忻都、洪茶丘请自率兵往讨，廷议姑少缓之。"[3]同年6月，忽必烈招南宋降将范文虎、高丽忠烈王等在察罕脑儿行宫商议作战计划。《元史》记载："至元十七年六月壬辰，召范文虎议征日本。戊戌，高丽王王賰遣其将军朴义来贡方物。"[4]此时忽必烈以南宋降将为参谋，联合南宋海军征日本。《元史》记载："至元十七年秋七月戊辰，诏括前愿从军者及张世杰溃军，使征日本。命范文虎等招集避罪附宋蒙古、回回等军。"[5]

《高丽史》记载：

忠烈王六年八月辛卯，王至上都，时帝在阇干那兀，[6]王遂如行在。乙未谒帝，帝宴王仍命从臣赴宴。先是王使朴义奏曰："东征之事臣请入朝禀旨，"帝许之。忻都、茶丘、范文虎皆先受命。茶丘曰："臣若不举日本何面目复见陛下？"于是约束曰："茶丘、忻都率蒙、丽、汉四万军发合浦。范文虎率蛮军十万发江南，俱会日本一岐岛，两军毕集，直抵日本破之必矣。"王以七事请：一以我军镇戍耽罗者补东征之师。二减丽汉军使阇里帖木儿益发蒙军以进。三勿加洪茶丘职任，待其成功赏之且令阇里帖木儿与臣管征东省事。四小国军官皆赐牌面。五汉地滨海之人并充艄公水手。六遣按察使廉问百姓疾苦。七臣躬至合浦阅送军马。帝曰：

[1]《高丽史》卷29。

[2]《高丽史》卷29。

[3]《元史》卷11《世祖本纪》。

[4]《元史》卷11《世祖本纪》。

[5]《元史》卷11《世祖本纪》。

[6]此处的"阇干那兀"就是"察罕脑儿"。

"已领所奏。"[1]

这段史料证明,当忠烈王到元朝时忽必烈在上都察罕脑儿行宫,于是忠烈王请求到察罕脑儿行宫向忽必烈禀报征东之事,忽必烈许他前来。当时,忻都、洪茶丘、范文虎等都接到忽必烈之命前来商议再征日本之事。商定的结果是忻都和洪茶丘率蒙、汉军和高丽军从高丽合浦出发,约定范文虎率领江南军在日本一岐岛两军集合,以攻破日本本土。忠烈王还向忽必烈请求了七件事并得到忽必烈的许可。一是请求以耽罗的屯田军补征东军。因第一次征东失败之后,忽必烈于1275年3月派杜世忠等诏谕日本的同时督促征东军之生存者回蒙古;二是请求减少汉军和高丽军,主要以蒙古军的进攻为主;三是请求不要加洪茶丘的职责,东征事由阇里帖木儿和忠烈王来管理;四是请求给高丽军官均赐给牌子;五是请求以沿海的人充当艄公水手;六是请求派遣按察使体察百姓疾苦;七是请求允许忠杰王亲自到合浦送东征军马。

忠烈王在七项请事中第三个请求是与阇里帖木儿一起管理东征行省之事。这表明忠烈王想得到征东行中书省的监督权。

《元史》记载:

至元十七年八月戊寅,以前所括愿从军者为军,付茶忽[2]领之,征日本。戊戌,高丽王王賰来朝,且言将益兵三万征日本。以范文虎、忻都、洪茶丘为中书右丞,李庭、张拔突为参知政事,并行中书省事。[3]

在忠烈王到达元朝时,忽必烈已经任命范文虎、忻都、洪茶丘为征东行中书省右丞,李庭、张拔图为参知政事。这标志着征东行中书省已经成立。[4] 到了十月,高丽忠烈王的要求得以实现,被任命为征东行中书省左丞。

《元史》记载:

至元十七年冬十月庚午,塔剌不罕军与贼力战者,命给田赏

[1]《高丽史》卷29。

[2]此处"茶忽"应指洪茶丘,有时为"察忽",洪茶丘原名洪俊奇,"察忽"有可能是蒙古语名。

[3]《元史》卷11《世祖本纪》。

[4][日]池内宏:《在高丽的元代行省》,第304页。

之。癸酉，加高丽国王王賰开府仪同三司、中书左丞相、行中书省事。甲戌，遣使括开元等路军三千征日本。戊寅，发兵十万，命范文虎将之。赐右丞洪茶丘所将征日本新附军钞及甲。[1]

征东行省主要以江淮行省为中心，以高丽和开元宣慰司协助构成，是为征服日本而设立的临时的军事机构。[2] 忠烈王担任征东行中书省左丞之后，积极组织国内的诸将领准备东征之事。元朝按照忠烈王的要求给高丽将领赐了虎符、牌子。

《元史》记载：

至元十七年十二月辛未，高丽国王王賰领兵万人、水手万五千人、战船九百艘、粮一十万石，出征日本。给右丞洪茶丘等战具、高丽国铠甲、战袄。谕诸道征日本兵取道高丽，毋扰其民。以高丽中赞金方庆为征日本都元帅，密直司副使朴球、金周鼎为管高丽国征日本军万户，并赐虎符。[3]

5.2.4 忽必烈第二次征日本的经过

1281年正月忽必烈下达再次征日本的动员令，2月蒙汉军从元朝出发到高丽合浦与高丽军会合。

《元史》记载：

至元十八年春正月戊戌朔，高丽国王王賰遣其佥议中赞金方庆来贺，兼奉岁币。辛丑，召阿剌罕、范文虎、囊加带同赴阙受训谕，以拔都、张珪、李庭留后。命忻都、洪茶丘军陆行抵日本，兵甲则舟运之，所过州县给其粮食。用范文虎言，益以汉军万人。文虎又请马二千给秃失忽思军及回回炮匠。帝曰："战船安用此？"皆不从。壬子，高丽王王賰遣使言日本犯其边境，乞兵追之。诏以戍金州隘口军五百付之。癸亥，赏忻都等战功。赐征日本诸军钞。二月戊辰，赐征日本善射军及高丽火长水军钞四千锭。乙亥，敕以耽罗新造船付洪茶丘出征。诏以刑徒减死者付忻都为军。诏谕

〔1〕《元史》卷11《世祖本纪》。

〔2〕〔日〕北村秀人：《在高丽的征东行省》，第5页。

〔3〕《元史》卷11《世祖本纪》。

范文虎等以征日本之意，仍申严军律。丙戌，征日本国军启行。己丑，给征日本军衣甲、弓矢、海青符。[1]

征日本的部队由东路军和江南军组成，东路军四万人，其中蒙汉军一万五千人，忻都、洪茶丘为征东都元帅，高丽军一万人，艄公水手一万五千人，金方庆为都元帅。江南军十万人，由范文虎为右丞、阿剌罕为左丞。2月20日忻都、洪茶丘率领蒙汉军从大都出发，于3月18日抵达高丽开城。在此之前，3月16日金方庆率领高丽军一万人前往合浦。20日忻都、洪茶丘等也前往合浦。前年忠烈王在察罕脑儿向忽必烈请求七件事时，第七件事就是请求亲自到合浦送东征军马出征。4月15日忠烈王到合浦，18日亲自阅兵。

5月3日忻都、洪茶丘、金方庆等率东路军四万，乘高丽所造九百艘战舰，从合浦出发。东路军在巨济岛驻军半个月，以便侦察日本的防御情况。

《元史》记载：

至元十八年六月壬午，日本行省臣遣使来言："大军驻巨济岛，至对马岛获岛人，言太宰府西六十里旧有戍军已调出战，宜乘虚捣之。"诏曰："军事卿等当自权衡之。"[2]

可见，征东行省的官员随时将东征军的活动情况向元朝汇报，忽必烈下令军事之事由统帅们自行决定。

《高丽史节要》记载：

忠烈王七年五月辛酉忻都、茶丘、金方庆至日本世界村大明浦，使通事金贮檄谕之。金周鼎先与倭交锋，诸军皆下与战，朗将康彦、康师子等死之。诸军向一岐岛，船军一百十三人，艄手三十六人，遭风失其所之。遣郎将柳庇告于元。[3]

《高丽史》记载："癸亥行省摠把报：'是月二十六日，诸军向一岐岛忽鲁勿塔，船军一百十三人，艄手三十六人，遭风失其所之。'遣郎将

[1]《元史》卷11《世祖本纪》。

[2]《元史》卷11《世祖本纪》。

[3]《高丽史节要》卷20。

柳庇告于元。"[1]可见,5月26日是东路军进攻一岐岛的时间,而东路军到达对马岛,攻破世界村大明浦是在5月21日。[2] 东路军袭击对马岛世界村大明浦之后,于26日向一岐岛进军,其中有一小部分人马不知去向,高丽派柳庇向元朝汇报此事。东路军攻破一岐岛之后,6月6日到达博多附近的志贺岛,想从这里攻破博多。东路军在志贺岛与日军进行了激烈的战斗。

《高丽史节要》记载:

忠烈王七年六月壬申金方庆、金周鼎、朴球、朴之亮、荆万户等与日本战,斩首三百余级。日本军突进,官军溃。茶丘乘马走,王万户复横击之,斩五十余级,日本兵乃退,茶丘仅免。翼日复战败绩。军中大疫,死于兵疫者凡三千余人。[3]

这段史料证明,6月6日金方庆和洪茶丘等在志贺岛与日军交战,击退了日军。而7日洪茶丘骑马在陆地与日军交战败退,随后军中出现兵疫。东路军与日军双方继续苦战,持续到13日,东路军的一支攻入长门。日本的武士进行严密的防守,东路军轻易不能登陆,返回了一岐岛。在等待江南军到来的同时,6月中旬至7月初东路军在一岐岛与日军进行了激烈的争战。

东路军累战不利,江南军又于期不至,东路军也只剩一个月的粮草了,东路军将帅对是继续战斗,还是回师的问题上意见有所分歧。

《高丽史节要》记载:

忻都、茶丘等累战不利,且范文虎过期不至,议回军。曰:"圣旨令江南军与东路军六月望前必会于一岐岛,今南军不及期,我军先到,大战者数矣。船腐粮尽,其将奈何?"方庆默然,经十余日,又议如初。方庆曰:"奉圣旨赍三月粮,今一月粮尚在俟,南军来,合而攻之,必灭岛夷矣。"诸将莫敢复言。[4]

忻都和洪茶丘等认为东路军军粮所剩不多,江南军又迟迟不来,

---

〔1〕《高丽史》卷29。

〔2〕〔日〕池内宏:《元寇的新研究》,第225页。

〔3〕《高丽史节要》卷20。

〔4〕《高丽史节要》卷20。

建议回军。而金方庆认为还有一个月的粮食，等江南军一到，定能攻破日本岛屿。

江南军与东路军决定在6月中旬会合于一岐岛，因临出发前总元帅阿剌罕生病，6月26日忽必烈诏阿塔海统率军马出征日本。[1]起初忽必烈召范文虎、忠烈王等在察罕脑儿商议征日本之事时，决定东路军和江南军在高丽金州会合，后来改为两军在日本的一岐岛会合。1281年5月，征东行省参议裴国佐等提出两军会合于日本大宰府附近的平户岛的建议。

《元史》记载：

至元十八年五月，日本行省参议裴国佐等言："本省右丞相阿剌罕、范右丞、李左丞先与忻都、茶丘入朝。时同院官议定，领舟师至高丽金州，与忻都、茶丘军会，然后入征日本。又为风水不便，再议定会于一岐岛。今年三月，有日本船为风水漂至者，令其水工画地图，因见近太宰府西有平户岛者，周围皆水，可屯军船。此岛非其所防，若径往据此岛，使人乘船往一岐，呼忻都、茶丘来会 进讨为利。"帝曰："此间不悉彼中事宜，阿剌罕辈必知，令其自处之。"[2]

根据这段史料记载可见，东路军和江南军从最初所计划的在金州会师，改为两军在一岐岛会合，后来又改在平户岛会合，是因为平户岛便于停船的缘故。日本船漂流而来者，让他画日本的地图时，发现大宰府附近的平户岛便于屯战舰，又没有防护，因此建议江南军可先占领此岛，然后派人让忻都等东路军到这里来会合。忽必烈的意见是让江南军统帅自行决定。

范文虎、夏贵所率领的江南军乘三千五百艘战舰，分批从宁波出发向日本行进，江南军没有前往一岐岛，而是直奔平户岛。江南军6月底到了日本的平户岛，东路军移到平户岛与江南军会师。7月27日东路军和江南军为了便于进攻博多湾而转移到鹰岛，准备对日本进行攻

〔1〕《元史》卷11《世祖本纪》。

〔2〕《元史》卷208《日本传》。

略战。江南军和东路军在鹰岛汇集之后,从7月30日到闰7月1日的夜晚,连续的大风暴雨袭击鹰岛,使蒙古和高丽联合军陷入混乱状态,军中损伤严重。5日在博多弯等待时机的日本军,在鹰岛周围集合,向蒙古军进攻,至7日抓获东征军两三万人,将其中蒙汉军与高丽军杀死,江南军俘虏作为奴隶。

数日间蒙古军损失大多半,撤回高丽合浦。《元史》记载:"至元十八年八月壬辰,诏征日本军回,所在官为给粮。忻都、洪茶丘、范文虎、李庭、金方庆诸军,船为风涛所激,大失利,余军回至高丽境,十存一二。"[1]这段史料所记载的"十存一二"应该是蒙古兵损失的情况。这与《元史》所记载的"征日本,遇风,舟坏,丧师十七八"[2]相符合。《高丽史》记载:"忠烈王七年十一月壬午各道按廉使启:"东征军九千九百六十名,艄公水手一万七千二十九名,其生还者一万九千三百九十七名。""[3]这段史料详细记载了高丽军损失的程度。8月(闰七月)29日忽必烈下诏让惨败的东征军回来,并命沿途官吏提供粮食。忽必烈两次征日本,最终均以失败而告终。

5.3 忽必烈第三次征日计划及诏谕日本

5.3.1 第三次东征日本的准备

元朝第二次征日本失败后,元朝和高丽为了防止日本的报复,在沿海地区进行了防范措施。《元史》记载:"至元十八年十一月己巳,敕军器监给兵仗付高丽沿海等郡。高丽国、金州等处置镇边万户府,以控制日本。"[4]元朝在高丽金州设立万户府,派阇里帖木儿的屯田军守护金州的同时,加强了在耽罗、合浦、开城等地的守备。

1282年正月5日忽必烈罢征东行省,但他并未打消再次征日本的念头。3月忽必烈想征日本,命天文学家张康用太一法推算预测,张康

[1]《元史》卷11《世祖本纪》。

[2]《元史》卷129《阿塔海》。

[3]《高丽史》卷29。

[4]《元史》卷11《世祖本纪》。

认为“南国甫定，民力未苏，且今年太一无算，举兵不利”。[1] 忽必烈听从张康的建议，在这一年并未出征日本。但忽必烈命在江南等地继续造船、征粮，积极做好再次出征日本的准备。高丽忠烈王也积极筹备助征日本之事。《元史》记载：“至元十九年秋七月壬戌，高丽国王请自造船一百五十艘，助征日本。”[2]

1283 年正月 10 日忽必烈重新设立征东行省，命“预备征日本军粮，令高丽国备二十万石。以阿塔海依旧为征东行中书省丞相。丙寅，发五卫军二万人征日本”。[3]忽必烈仍以阿塔海为征东行中书省丞相，阇里帖木儿为征东行中书省右丞，刘国杰为征东行中书省左丞，并命他们募兵准备征日本。忽必烈命“右丞阇里帖木儿及万户三十五人、蒙古军习舟师者二千人、探马赤万人、习水战者五百人征日本”。[4]忽必烈命征东行省的官员们操练水兵，积极备战，准备以 8 月为期出征日本。2 月元朝给高丽造船的费用三千锭，忠烈王命诸王、百官及各界人士出军粮，并派使臣到诸道备军粮、造兵器、修战舰。4 月忽必烈命忠烈王为征东行中书省左丞相，与阿塔海共图出征日本之事。但为了再次出征日本造船、备粮等准备给江南等地民众带来了沉重的负担，到了 5 月忽必烈一度中止了在江南和高丽的造船、增兵等事，但到了 8 月又重新恢复造船等事。

5.3.2 忽必烈再派使臣诏谕日本

1284 年忽必烈再派使臣到日本。《元史》记载：“二十一年春正月甲戌，遣王积翁赍诏使日本，赐锦衣、玉环、鞍辔；积翁由庆元(今宁波)航海至日本近境，为舟人所害。”[5]根据这段史料记载可知，王积翁是 1284 年正月 25 日从宁波出发，航海到日本国境而被同船的人杀害的。与王积翁同船的人，有不愿意去日本的，所以，大家共谋杀死了王

〔1〕《元史》卷 203《方技传》。
〔2〕《元史》卷 12《世祖本纪》。
〔3〕《元史》卷 12《世祖本纪》。
〔4〕《元史》卷 12。
〔5〕《元史》卷 13《世祖本纪》。

积翁。[1]

关于王积翁和浙江普陀寺主持如智一同出使日本的时间问题,《善邻国宝记》的记载与《元史》记载有出入。

《善邻国宝记》记载:

南海观音宝陀禅寺住持如智海印接待庵记曰:“癸未八月,钦奉圣旨同提举王君治奉使和国,宿留海上八个月,过黑水洋遭飓风云云。半月后,忽飘至寺山之外,幸不葬鱼腹,大士力也。甲申四月,又奉圣旨同参政王积翁再使倭国,五月十三日开帆于鄞,住耽罗十三日,住高丽合浦二十五日,七月十四日舟次倭山对马岛云云。危哉此时也,非大士孰生之云云。至元二十八年岁次辛卯六月日,宣差日本国奉使前住宝陀五乐翁愚溪如智记。[2]

根据这段史料记载可知,王积翁此次是与浙江普陀寺主持如智一同出使日本的,他们从庆元出发应该是在1284年5月。在王积翁和如智出使日本之前,1283年8月忽必烈派提举王君治和浙江普陀寺主持如智赍诏书出使日本,但因遇飓风他们未到达日本,在海上漂流了八个月,又飘回了普陀寺。如智和王君治所持宣谕日本国诏文曰:

上天眷命,皇帝圣旨,谕日本国王,向者彼先遣入觐,朕亦命使相报,已有定言,想置于汝心而不忘也。顷因信使执而不返,我是以有舟师进问之役,古者兵交,使在其间,彼辄不交一语,而固拒王师,据彼已当抗敌,于理不宜遣使,兹有补陀[3]禅寺长老如智等陈奏若复兴师致讨多害生灵,彼中亦有佛教文学之化,岂不知大小、强弱之理,如今臣等赍奉圣旨宣谕,则必多救生灵也,彼当自省恳心,归附准奉。今遣长老如智、提举王君治奉诏往彼,夫和好之外,无余善焉,战争之外,无余恶焉。果能审此归顺,即同去使来朝,所以谕乎彼者,朕其祸福之变,天命识之故,诏示想宜知悉。[4]

诏书中提到因日本先派使臣来,忽必烈才派使臣诏谕日本。这里

---

[1]《元史》,卷208《日本传》。

[2][日]田中健夫:《善邻国宝记·增订续善邻国宝记·补注》,集英社,1995年,第92页。

[3]即“普陀”。

[4][日]田中健夫:《善邻国宝记·新订续善邻国宝记·补注》,第92-94页。

提到的日本使臣应该是1282年9月日本到江南探察东征情况的牒者。[1] 诏书中忽必烈强调原来因派使臣杜世忠不返回而出征过日本，如今如智等进言若再发动战争会伤害无辜生灵，日本也是受佛教文化的国家，因此，派如智等出使诏谕，如日本归顺来朝的话，可避免战争之祸。但如智和王君治未能将忽必烈的诏谕文书送达日本：1284年4月如智再次受命与王积翁一同出使日本，欲将诏谕日本的文书送达日本。如智和王积翁5月从庆元出发，在耽罗住了13天，随后又到合浦住了25天，7月14日到达日本对马岛，旅途非常艰险，而王积翁又被同行者所害，最终未能完成诏谕日本的使命。

忽必烈此次派南宋禅师出使日本是想利用南宋禅宗与日本的友好关系，以佛教高僧劝说日本与元朝通交。但此次诏书的口气比以往诏谕日本的文书的口气更加严厉。因此，与王积翁同行者中有不愿到日本去的，便在船中杀害了王积翁。他们可能也是担心到日本之后，像以往忽必烈所派使臣杜世忠等一样被日本人斩首。

5.3.3 高丽忠烈王受忽必烈之命诏谕日本

忽必烈在派如智和王积翁诏谕日本的同时，命国中军民与高丽加紧准备征日本的事务。但因国内连年发生内乱，乃颜之乱的余党哈丹等侵入高丽，元朝派兵镇压叛乱，征日本的计划由此受到了影响。到了1292年7月，当忠烈王的世子王源入元朝时，忽必烈又与世子源等商讨征日本之事。

《高丽史》记载：

> 忠烈王十八年八月丁未世子谒帝于紫檀殿，郑可臣、柳庇等随入。有丁右丞[2]者奏："江南战船大则大矣，遇触则毁，此前所

〔1〕《元史》卷12《世祖本纪》："至元十九年九月庚申福建宣慰司获倭国谍者，有旨留之。戊寅，给新附军贾佑衣粮。佑言为日本国焦元帅，知江南造船，遣其来候动静，军马压境，愿先降附。"

〔2〕《元史》卷112，宰相年表中未记载姓丁的右丞，至元二十九年何荣祖和阿里为右丞。名字中包含丁字的，至元十九年麦术督丁为中书右丞，至元二十年、至元二十一、至元二十三年在任，至元二十四年麦术督丁为平章政事。此处的丁右丞是否指麦术督丁尚不清楚，有待于进一步考证。

以失利也。如使高丽造船,而再征之,日本可取。"帝问征日本事,洪君祥进言曰:"军事至大,宜先遣使问诸高丽,然后行之。"帝然之。[1]

这段史料证明,1292 年 8 月 19 日高丽世子源在紫檀殿谒见忽必烈时,丁右丞向忽必烈进言:江南的船虽然大,但遇到碰撞就会损坏,如果使用高丽造的船,可以攻下日本。当忽必烈问及征日本之事时,洪茶丘之弟洪君祥建议,此事应该先问高丽再决定不迟。忽必烈同意了他的建议。

《高丽史》记载:

忠烈王十八年九月壬午,元遣洪君祥来,命我护送日本人还其国,君祥以帝旨问征日本事。王对曰:"臣既邻不庭之俗庶,当躬自致讨,以効微劳。"君祥献马,遂宴于香阁。[2]

可见,9 月 24 日忽必烈派洪君祥到高丽,命高丽派使臣以护送日本人为理由诏谕日本。忠烈王也表示愿为诏谕日本及再征日本效劳。这段史料中提到的护送日本人,是指 5 月日本的商船到耽罗时被高丽所抓的两名商人。高丽受忽必烈之命,只好以送还日本商人为名派使臣到日本。

10 月 3 日高丽派金有成和郭麟赍诏书出使日本。高丽忠烈王给日本的文书曰:

小邦与贵国隔海为邻,昔贵国商人时或来往[3]于金海国。[4]因以为好,曾无嫌隙。今年五月,贵国商船到泊耽罗洲渚。耽罗[5]性顽頡,射[6]逐其船,逻捉二名而送之。小邦申于大元国,皇帝诏问其由,命还本国而护送。伏[7]惟悉之。两国既以为邻,

---

[1]《高丽史》卷 30。

[2]《高丽史》卷 30。

[3]此处"来往"二字,日本金泽文库藏"高丽寄日本书"记载为"往来"字。

[4]此处"国"字,日本金泽文库藏"高丽寄日本书"记载为"府"。

[5]此处"耽罗"日本金泽文库藏"高丽寄日本书"记载为"耽罗人"。

[6]此处"射"日本金泽文库藏"高丽寄日本书"记载为"追"。

[7]日本金泽文库所藏"高丽寄日本书",与此处"付"字对应的是"故差朝奉大夫大仆尹金有成,前去致辞并送其商人"。

凡兴亡休戚，敢不相恤。且为贵国计之，将有利害两端不得不陈。[1] 我国元自祖先臣事大元，其来尚矣。我父王再觐天庭，辄蒙圣奖，安保国家，恪谨侯度。予为世子时，继父亲朝，皇帝特垂宠渥，许尚公主，册为驸马。承袭宗器，不失国号，君臣社稷、礼乐文物、衣冠名分一切仍旧，百姓安堵乐业安生，实输诚事大故也。且宋朝军民，不为不多，金汤不为不固。不知有唐虞之大统，自大而不庭，皇帝亲征，天兵奄至。宋之君臣仓促失措，遣使请哀，若许班师，世修朝贡，岁纳方物。皇帝轻慈而却兵，遣翰林学士郝经宣谕甚敦，宋国执迷不悛，违命不朝。皇帝震怒，大发王师，讨以失期。兵威所加，如石压卵，殄灭国号，九庙隳百官毁，无复君臣之礼。三百年积累之期，[2]一旦倾覆。乃命设官置省，完护遗民，亦贵国之所闻，殷鉴不远。[3] 古典云："顺天者昌，逆天者亡。"又云："抗衡为祸，和睦为好。"可不戒哉？可不儆哉？今我大元国皇帝陛下，千载应期，神圣文明，功德兼丰，仁慈宽厚，好生恶杀，德洽群生，普天之下，莫不感德，梯航辐辏，犹恐不及。贵国念我国之存，惩宋[4]之亡，遣一介之使，奉一尺之书，[5]朝于大元，则无损于今，有益于后，诚贵国社稷之福也。若恃阻大洋而不朝，存亡之机未可知也，脱有不测之患，噬脐何及。自古未有恃险，而能保国家者也。小邦爰处旧都其势易弱。犹且在宥一视同仁，许安土着如向所陈。贵国邈在海外，但遣使入朝，决无后患，幸进退详酌。顷在辛巳年，因边将所奏发兵往征战舰，因风涛播扬，间或失水军卒有遗漏不还者，今闻耽罗所送商人言，贵国并皆收护处养，似顺好生之圣德，此一幸也。若贵国之社稷有灵，以不谷之言为可取纳款，归朝则必蒙圣泽，无秋毫之失，有磐石之安。予亦处中保命，导霈皇恩以贻百

---

〔1〕据日本金泽文库所藏"高丽寄日本书"记载，此处缺"未审殿下之所舍伏增惶惧"。

〔2〕此处"期"字，据日本金泽文库所藏"高丽寄日本书"记载应为"基"字之误写。

〔3〕此处"殷鉴不远"，日本金泽文库所藏"高丽寄日本书"记载为"我国所见"。应该是《高丽史》记载缺"我国所见"，而日本金泽文库所藏"高丽寄日本书"记载缺"殷鉴不远"。

〔4〕此处"宋"字在日本金泽文库所藏"高丽寄日本书"记载为"宋朝"。

〔5〕此处"书"字日本金泽文库所藏"高丽寄日本书"记载为"表"字。

岁之宁，不谷之言，迨后方信。予之所以区区者，只为彼此无辜耳，伏惟倾照。不宣。[1]

忠烈王在文书中称高丽出使日本是因1292年5月日本的商人到高丽耽罗洲渚，被性情顽颉的耽罗人所抓。高丽请示了元朝，忽必烈命高丽送还日本商人。忠烈王说明高丽是奉忽必烈之命送还在耽罗被抓的日本商人，并以高丽归附元朝保全了国家，而南宋违逆元朝致亡国为例，劝说日本派使臣到元朝，与蒙古建立友好朝贡关系。文书强调高丽降附蒙古之后，受忽必烈恩宠，封为驸马国，而保住国号社稷、礼乐文物等一切，由此劝说日本"遣一介之使，奉一尺之书"，与元朝通交。文书中还提到1281年（辛巳年）蒙古和高丽联军第一次征日本时，被日本俘虏的士兵，听耽罗所送商人说，日本妥为安置收养，这是好事。可见，忠烈王虽然答应元朝为征日本出力，但实际上忠烈王非常担心因日本不派使臣，而忽必烈再次征日本，为高丽带来经济负担。因此，忠烈王非常希望日本此次能够派使臣到元朝，避免元朝再次武力征服日本。

日本金泽文库藏"高丽寄日本书"，既是金有成等所赍文书。金泽文库所藏的这个文书，被认为是由称名寺僧抄写的，但文书只有中央部分。村井章介根据东京大学史料编纂所藏的近世写本补了前后的缺落部分。[2] 这一文书与《高丽史》所记载的上述文书有些文字上的出入。

高丽寄日本书[3]内容如下：

皇帝福荫里，特进上柱国开府仪同三司、

驸马高丽国王王昛，

谨奉书于

日本国王殿下，冬寒。伏惟。

尊候，万福临莅。不穀，笃承

[1]《高丽史》卷30，"忠烈王十八年十月庚寅"条，第477－478页。

[2]［日］村井章介：《从文书看国家和社会——以对外关系为中心的东亚的区域交流》，周刊朝日百科，《日本历史别册，历史的读方与读文献史料，中世》，朝日新闻社，1989年，第57页。

[3]金泽文库所藏。

皇帝圣德，保守弊封。[1] 小邦与
贵国隔海为邻，昔
贵国商人，时或往来于金海府。因以为好，曾无
嫌隙。今月[2]
贵国商船到泊耽罗洲渚。耽罗人性本顽黠，追
逐其船，逻捉二名而送之。小邦申于
大元国而押送，
皇帝诏问其由，命还本国而护送。故差朝奉大夫大
仆尹金有成，前去致辞并 送其商
人，[3]惟
悉之。两国既已为邻，凡始终休戚，敢不相恤。且
为[4]
贵国计之，将有利国之一端不得不陈。未审
殿下之所舍，伏增惶惧。我国元自祖先臣事
大元，其来尚矣。我父王再觐
天庭，辄蒙
圣奖，安保国家，恪勤候度。予为世子时，继父亲朝，
皇帝特垂宠渥，许尚
公主，册为驸马。承袭宗器，因不失国号，君臣社稷、礼乐文物、衣
冠名分，一切仍旧，百姓安堵乐业安生，实输诚事大之
故也。且宋朝军民，不为不多，金汤不为[5]固。不知有唐虞
之大统，自大而不庭故，
皇帝亲征，天兵奄至。宋之君臣，仓促失措，遣[6]请哀，若许班师，

---

[1]《高丽史》记载缺"皇帝福荫里，特进上柱国开府仪同三司、驸马高丽国王王昛谨奉书于日本国王殿下，冬寒。伏惟。尊候万福，临莅不穀，笃承皇帝圣德，保守弊封"。这段文字。

[2]《高丽史》记载为"今年五月"。

[3]据《高丽史》记载此处缺"付"字。

[4]以上参考东京大学史料编纂所藏近世写本。

[5]据《高丽史》记载，此处缺"不"字。

[6]据《高丽史》记载，此处缺"使"字。

世[1]朝贡，岁纳方物。

皇帝轸[2]慈而却兵，遣翰林院学士郝经

宣谕甚敢[3]，宋国执迷不悛，违命不朝。

帝乃震怒，大发王师，讨以失期。兵威所加，石如压卵，殄灭国号，九庙

隳百官毁，无复君臣之礼。三百年积累之基，一旦倾覆。仍

命设官置省，完护移民，亦

贵国之所闻，我国所见。古典云："顺天者昌，事大者兴。"[4]

又云："抗行为过[5]，和睦为好。"可不戒哉？可不儆哉？今

我大元国

皇帝陛下，千载应期，神圣文明，功德兼丰，仁慈宽厚，好生恶杀，德洽

群生，普天之下，莫不感德，代梯航辐辏，犹恐不及。

贵国念我之存，惩宋朝之亡，遣一介之使，奉一尺之表，朝于

大元，则无损于今，有益于后，诚

贵国社稷之福也。若恃阻大洋而不与邻国交通，所[6]未知也，

脆[7]有不从之，则[8]噬脐何及。自古靡有轻邻[9]而能保国家者也。

小邦爰处旧都其势亦弱，犹且在宥一示[10]同仁，许安

土着，如向所陈。

贵国边邈在海外，但遣使入朝，决无后患。幸进退

详酌。顷在辛巳年，因边将所奏，发兵往征。战舰因风涛

播荡，间或失水军卒，有遗漏不还者。今闻耽罗所送

商人言，

---

〔1〕据《高丽史》记载，此处缺"修"字。

〔2〕此处"轸"字，据《高丽史》记载应为"轻"字之误。

〔3〕此处"敢"字，据《高丽史》记载应为"敦"字之误。

〔4〕此处的"事大者兴"，据《高丽史》记载应为"逆天者亡"。

〔5〕此处"抗行为过"字，《高丽史》记载为"抗衡为祸"。"行"字应是"衡"字之误。

〔6〕此处"不与邻国交通所"，高丽史记载为"不朝存亡之机"。

〔7〕此处"脆"字，据《高丽史》记载应为"脱"字之误。

〔8〕"不从之则"，《高丽史》记载为"不测之患"。

〔9〕此处"靡有轻邻"，《高丽史》记载为"未有恃险"。

〔10〕此处"示"字，据《高丽史》记载应为"视"字之误。

贵国并皆收护处养。似顺好生之

圣德，此一幸也。[1]

贵国宗社有灵，以不谷之言为可取。纳款归朝，则必蒙[2]

圣泽，无秋毫之失，有磐石之安。予亦处中保命，导霈

皇恩，以贻百姓[3]之宁。不谷不[4]言，可不[5]

方信。予之所以区区者，只为彼此无辜耳。伏惟

倾照。不宣。再拜。[6]

至元二十九年十月 日 状[7]

金有成等到达日本之后，11 月 12 日大宰府将此文书转达给京都朝廷。1293 年金有成等被送达镰仓幕府，4 月 22 日日本才让金有成等回高丽。[8]

5.3.4 成宗诏谕日本

忽必烈在命高丽派使臣诏谕日本的同时，准备再征日本。但因 1294 年正月忽必烈去世，元朝再次征日本的计划最后中止。继忽必烈之后，元成宗铁穆耳想以和平的方式与日本建交。1299 年，成宗派一山一宁持和平国书到日本，也试图诏谕日本，但成宗诏谕日本也以失败而告终。

《元史》记载：

大德三年三月癸巳，命妙慈弘济大师、江浙释教总统补陀僧一山赍诏使日本，诏曰："有司奏陈：向者世祖皇帝尝遣补陀禅僧如智及王积翁等两奉玺书通好日本，咸以中途有阻而还。爰自朕临御以来，绥怀诸国，薄海内外，靡有遐遗，日本之好，宜复通问。今如智已老，补陀宁一山道行素高，可令往谕，附商舶以行，庶可必

---

〔1〕据《高丽史》记载，此处缺"若"字。

〔2〕从第 13 行"贵国计之"到此是日本金泽文库所藏"高丽寄日本书"部分。

〔3〕此处"姓"，据《高丽史》记载应是"岁"之误写。

〔4〕据《高丽史》记载，此处"不"字应是"之"的误写。

〔5〕据《高丽史》记载，此处"可不"字应是"追后"之误写。

〔6〕《高丽史》记载缺"再拜"。

〔7〕倒数四行参考了东京大学史料编纂所藏近世写本。

〔8〕〔日〕佐伯弘次：《蒙古袭来的冲击》，第 163 – 164 页。

达。朕特从其请,盖欲成先帝遗意耳。至于惇好息民之事,王其审图之。"[1]

这一文书在日本金泽文库有传抄本。即日本金泽文库所藏"元朝寄日本书"。"元朝寄日本书"与上文中提到的"高丽寄日本书"均被认为是由称名寺僧抄写的。

其文如下:

上天眷命

大元皇帝致书于

日本国王有司奏陈向者

世祖圣德神功文物皇帝当遣补陀衲僧

如智及王积翁等,两奉玺书,通好日本,

咸以中涂有阻而还,爰自圣上临御以来,

绥怀诸国,薄海内外,靡有遐遗,日本之

好,宜复通问,今如智已老,妙慈弘济

大师、江浙释教总统补陀宁一山,道行素高,可今性[2]谕,附

商舶以行,庶可必

达,朕特从其请,盖欲成先皇遗意尔,

至于好悉民之事,

王其审图之,不宣。

大德元年三月[3]

《元史》记载成宗派一山一宁出使日本是大德三年之事,而金泽文库所藏"元朝寄日本书"中落款为大德元年。田中健夫在《善邻国宝记》录文中将此处的大德元年改为大德三年。[4] 金泽文库文书中的"大德元年",应该是在文书传抄中的误写。

---

[1]《元史》卷20。

[2][日] 西尾贤隆:《元朝国信使宁一山》,载《中世纪日中交流和禅宗》,吉川弘文馆1999年版,第48、61-62页。"今性"为"令往"。

[3]金泽文库所藏。

[4][日]田中健夫:《善邻国宝记·增订续善邻国宝记》补注,集英社,1995年,第545-546页。

成宗在诏谕日本的文书中强调，忽必烈两次派如智及王积翁出使日本，中途受阻未能到达日本。如今如智已老，再派普陀妙慈弘济大师一山一宁，遵照先帝遗愿，复通好日本。其结果是一山一宁留在日本，并未返回元朝。一山一宁在镰仓的建长寺、円觉寺修行，1317 年在京都的南禅寺去世，享年 71 岁。

6 元朝公主与高丽王室的联姻

元朝公主与高丽王室的通婚是中韩关系史上的特殊现象。历代中原王朝都与高丽有过朝贡贸易往来,但并未有过中原王朝公主嫁给高丽王室的现象。中原王朝也有过与外国和亲的现象,但其背景是在外族势力强大的情况下,中原王朝以和亲的形式化解干戈,为保全中原王朝的地位而付出的代价。历来各代和亲的对象,限于武力强盛的敌国,极少以公主下嫁于不足为患的外国君长。而这种联姻,多不是世代相继的。元朝公主与高丽王室通婚是由高丽提出请婚之后,得到元朝的许可而成立的。两国皆以政治目的为出发点,即元朝出于对高丽怀柔的态度,以公主下嫁作为控制高丽的手段,而高丽王室以联姻帝室作为内忧外患中力求自保、在蒙元世界秩序中提高自身地位的工具。[1]

元朝公主与高丽王室的通婚,对高丽的政治产生了一定的影响,公主所生之子继承高丽王位成为惯例,元朝对高丽王位继承问题的干涉及对高丽政治的影响也是前后朝代未出现过的现象。随着元朝公主与高丽王室的通婚,蒙古的语言、文化、风俗等对高丽也产生了很大的影响。

蒙古人通常以族外联姻为主,蒙古汗室娶妻有固定的联姻部落,而蒙古公主也一般嫁给需要政治联盟或具有功勋的部族的君长。在蒙古人的婚姻观念中与异族通婚是很正常的现象,但元朝公主与异国君王通婚在高丽来讲是史无前例的事情。世代通婚是成吉思汗与别的部落建立军事联盟的一种方式。蒙古最早建立世代通婚关系的部落有弘吉剌部和亦乞烈思部,后来汪古部和斡亦剌部也享有世代通婚

〔1〕萧启庆:《元丽关系中的王室婚姻与强权政治》,第231－234页。

的宠遇。直到元朝建立以后,这些部族成为几个特殊的勋贵家族。[1]蒙古以结为“安达”或通婚关系视为政治、军事同盟的手段。但结为“安达”的方式有时并不牢靠,成吉思汗与扎木哈是安达,起初成吉思汗与扎木哈的部族形成军事联盟共同对敌,但后来分道扬镳成为劲敌。通婚则不同,两个不同部族、不同国家的利益以亲属的关系连接在一起。蒙元与高丽的关系也始终贯穿着这两种方式。1219 年成吉思汗派兵讨灭入居高丽江东城的契丹叛众,蒙古与高丽结为“兄弟”关系,这可以视为成吉思汗用结拜“安达”的方式与高丽建立了初期的关系。其目的是切断高丽与金朝的关系,与高丽建立军事联盟,利用高丽的人力、物力攻打金朝或辽东地区。但蒙古与高丽的“安达”关系也并不牢靠,当成吉思汗率兵西征,无心顾及高丽的时候,发生了蒙古使臣遇害的事件,蒙古与高丽断绝了“安达”的关系,征战达 30 年之久。自高丽忠烈王时期开始元朝与高丽的关系进入了一个崭新的阶段,忽必烈以通婚的方式与高丽建立政治、军事上的联盟,借助高丽的助兵、战舰等攻打南宋和日本。高丽受到元朝“驸马国王”的封号,高丽国王在元朝的地位也随着联姻关系的确立而有所提高。

6.1 高丽请婚及元丽联姻的世代相袭

元朝公主与高丽王室的通婚是从高丽忠烈王时代开始的。高丽向元朝请婚及元朝公主下嫁给高丽世子愖(后为忠烈王)与 1269 年高丽权臣林衍废立元宗有一定的关系。当时高丽受到来自于国内外政治势力的极大压力。一方面,忽必烈催促元宗尽快迁出江华岛,回到旧都开城,而高丽国内权臣林衍等反对元宗迁出海岛。1269 年 6 月高丽权臣林衍等人废除了急于迁出江华岛的元宗,立其弟安庆公淐为王,并对蒙古隐瞒了实情,上表称元宗是因病让位给其弟淐的。当时元宗之子愖正在从蒙古回高丽的路上,世子愖知道国中父王被废立的消息

[1] 周清澍:《汪古部与成吉思汗家族世代通婚关系》,见氏著《元蒙史札》,内蒙古大学出版社,2001 年,第 130 - 131 页。

之后，返回蒙古向忽必烈汇报了此事。忽必烈是在同年 8 月从世子愖那里听到了元宗被废的实情。在蒙古的干涉之下林衍等人出于无奈，于同年 11 月废安庆公淐，又重新立元宗为王。

元宗复位之后，于 1269 年 12 月 19 日让其子顺安侯悰监国，自己从高丽出发亲朝蒙古。1270 年正月 14 日元宗派使臣向蒙古汇报自己带随从 700 人来觐见，忽必烈命其带 400 人觐见，其余人留在西京。2 月 4 日元宗上书替世子愖请婚。

《高丽史》记载：

元宗十一年二月甲戌王上书都堂请婚曰："往者己未年世子时方始亲朝适丁，登极之际，大加怜恤，而俄闻先臣奄辞，盛代忧惶罔极，乃令臣继修藩职。又于甲子年亲朝宠遇，亦出常钧臣之铭感，曷足形言。今者权臣林衍擅行废立，失位忧懑，伏蒙圣慈，累遣王人诏诘其由，召以亲朝，以是复位。而进帝眷，优深倍加，喧慰其为感泣天地所知。夫小邦请婚大朝，是为永好之缘，然恐僭越，久不陈请，今既悉从所欲而世子适会来觐，伏望许降公主于世子克成合卺之礼，则小邦万世永倚，供职惟谨。"又请兵曰："臣于甲子年亲朝时，奏以旧京出排事及其还国，意在营葺。权臣遮遏，不得毕功，以至于今。伏望许以兵若干人与之俱往，直至旧京，招谕水内臣民尽令出居，因除权臣余皆存抚。"越数日永宁公、康和尚、洪茶丘等来言："中书省已奏闻其请军马，许令发送。"若请婚则圣旨云："达旦法通媒合族，真实交亲，敢不许之。然今因他事来请，似乎欲速。待其还国抚存百姓，特遣使来请，然后许之。朕之亲息，皆已适人，议于兄弟，会当许之。"[1]

这段史料详细记载了 1270 年元宗替世子愖请婚及忽必烈的态度。元宗在请婚奏书中提到 1259 年（己未年）元宗以世子身份亲朝蒙古时，得到忽必烈藩王之礼厚待，并被封为高丽国王。又在 1264 年（甲子年）元宗亲朝蒙古时受到忽必烈的恩宠。而当元宗被权臣林衍等废立时，忽必烈又让元宗得以复位。元宗表示愿与蒙古大朝通婚，永结同

〔1〕《高丽史》卷 26。

好，但考虑到与蒙古通婚的请求是超越本分之事，因此久未陈请。如今趁世子愖在蒙古之际，元宗请求忽必烈允许世子愖与公主行大婚之礼。元宗还奏请蒙古派兵马协助高丽迁出江华岛回到旧京之事。数日后，洪茶丘等来告诉元宗请兵之事得到许可，请婚之事忽必烈认为蒙古人之法有诚意通婚，不能不同意。但此次是因别的事情而来，告知元宗回去安抚百姓之后，另派使臣来商议通婚之事，到那时定会答应的。在元宗向忽必烈请求让世子成婚的同时，2 月 25 日世子愖也向忽必烈请求留在蒙古与公主完婚，但未得到忽必烈的许可，忽必烈让世子愖先与元宗一起回高丽。

《元史》记载："至元七年二月乙未，世子愖奏乞随朝及尚主，不许。命随其父还国。"[1]可见，元宗父子此次亲朝蒙古一心想促成与蒙古的政治联姻，但是，在高丽尚未按约定时间迁出江华岛之前，忽必烈是不会同意高丽世子与元朝公主完婚的。忽必烈所强调的"今因他事来请"，是指高丽为迁出江华岛而来请兵之事。

关于高丽向蒙古请婚的时间问题，以往的学者普遍认为是元宗复位之后，入朝蒙古时提出的，但未得到忽必烈的许可。但是，森平雅彦认为高丽请求元朝公主降嫁，有可能是在 1269 年 8 月世子愖（忠烈王）首先提出的。[2] 其根据是"郑仁卿墓志铭"所记载的：

> 至元六年己巳，今上亲朝，公以摄校慰扈从。是年七月，还至婆娑府，闻林衍废立事，欲还赴朝廷。左右侍从，不能无怀土之心，或劝涉鸭江。公嚯举大义，奉乘舆，□至阙庭，先赴帝所，奏陈元王复位，厘降公主，遣兵讨贼等数条事，一皆领。可此则万事之攻也。[3]

这段史料证明，1269 年 7 月郑仁卿在随世子愖回高丽的途中到达婆娑府之后，听到元宗被废的事情，世子愖想返回蒙古，但有些侍从返回高丽心切。这时郑仁卿顾全大局与世子一同先返回朝廷，向忽必烈

---

〔1〕《元史》卷 7《世祖本纪》。

〔2〕〔日〕森平雅彦：《驸马高丽国王的成立——在元朝高丽王的地位的预备考察》，第 353 页。

〔3〕金龙善：《高丽墓志铭集成》"郑仁卿墓志铭"条，翰林大学校，1997 年，第 424 页。

禀报高丽国中国王被废之事，并请求让元宗复位、公主下嫁给世子愖，派兵讨伐权臣林衍等事，都一一得到忽必烈的同意。就是说，在当时世子愖向忽必烈提出请求公主降嫁之事，就已经得到了忽必烈的同意。

同年 9 月忽必烈命世子愖领三千人马赴高丽解元宗之难，并派黑的为使臣调查元宗被废事件。黑的等到高丽之后，11 月元宗复位并宴请黑的，从当时黑的的言行可以断定元朝方面已经同意了世子与公主通婚之事。

《高丽史》记载：

> 元宗十年十一月癸亥王宴黑的等，使坐上座，黑的等让曰："今王太子已许尚帝女，我等帝之臣也，王乃帝驸马大王之父也，何敢抗礼，王西向，我等北面，王南面，我等东面。"王辞曰："天子之使，岂可下坐？"固辞东西相对。[1]

从这段史料中反映出的在宴席的座次问题上，因世子愖要与公主联姻，元宗作为驸马的父亲，应该坐上位，而作为使臣的黑的觉得自己应该在下位入座。这证明在黑的等来高丽之前，忽必烈已经同意了世子愖的请婚。

那么，正如上文中提到的 1270 年 2 月元宗和世子愖请婚未得到忽必烈的允许，忽必烈让世子愖与元宗一起回国处理好国中事务，另派使臣商议此事又是怎么一回事呢？作者赞同森平雅彦的 1269 年 8 月世子愖向忽必烈禀报元宗被废时许降公主而得到许可的说法。从史料记载可见，1270 年 2 月元宗是在世子愖请婚得到许可的基础上，趁世子愖也在蒙古之际，是请求允许公主与世子完婚的，而不是第一次提出通婚的要求。忽必烈认为一是此次是因别事而来，这样让公主和世子完婚有些过急。二是此时高丽还未迁出江华岛，忽必烈的态度是让高丽元宗父子先回国内迁出江华岛，安顿好百姓之后，再派使臣商议世子与公主完婚之事。

1271 年正月元宗派使臣到蒙古替世子愖再次请婚，得到忽必烈的许可。《元史》记载："至元八年正月壬辰高丽国王王禃遣使奉表，为世

---

〔1〕《高丽史》卷 26。

子愖请婚。"[1]

《高丽史》记载：

> 元宗十二年春正月丙子不花、孟祺等还，王使枢密院使金炼伴行，仍请婚表略曰："臣顷当亲觐之时，深沐至慈之眷觊，将嫡嗣升配皇支，寻蒙领许于结褵，诚适我愿"，却谕言："还而就陆更请斯来。"自闻天语之丁宁，曷极臣心之庆抃，既还归于本国，方徙处于古都，而令世子复诣于天庭，以告端由，时则新居曾未遑于营缉，即于睿鉴，恐将谓之遽忙，以此稽留，未能敷奏，伏望俾谐亲好，于附踈永固恩荣于庇本。[2]

这段史料表明元宗派金炼伴蒙古使臣不花、孟祺等到蒙古为世子请婚，表示已经按照忽必烈之命迁出江华岛，回到旧京，但因忙于迁都事务，未能及时再派使臣请婚，今派使臣奏请，希望将皇支降嫁给高丽世子，永结亲好。不久，忽必烈答应了高丽的请婚。

《高丽史》记载："元宗十二年冬十月辛丑李昌庆还自蒙古，许世子婚。"[3]得到忽必烈的许婚之后，元宗派李昌庆表示谢意。《元史》记载："至元八年十一月禃遣其同知枢密院事李昌庆奉表谢许婚事。"[4]

忽必烈答应高丽请婚之后，世子愖未能马上与公主成婚，其间经历了4年的周折才得以完婚。《止浦集》记载："元宗十二年遣子汝盂随世子入元。六月己亥忠烈王以世子入质于元，公之子汝盂，以翰林学士随行，为世子讲婚于元朝，周旋四载，多有勋劳矣。"[5]1271年6月7日忠烈王以世子的身份入元，金坵之子金汝盂随从世子入元，为世子请婚，周旋4年。那么，忽必烈答应高丽的请婚之后，为何迟迟不让世子愖与忽都鲁揭里迷失公主完婚呢？池内宏认为，1271年10月忽都鲁揭里迷失公主才13岁，过了3年才让公主和世子愖完婚是在等年幼

---

〔1〕《元史》卷7《世祖本纪》。

〔2〕《高丽史》卷27。

〔3〕《高丽史》卷27。

〔4〕《元史》卷208《高丽传》。

〔5〕金坵：《止浦集·附录年谱》，载《韩国文集丛刊》(2)，第369页。

的公主长大。[1] 作者认为除了当时公主年幼之外,更重要的原因是与高丽国内的形势有关。1270 年 2 月元宗为世子请婚时,忽必烈的态度是不反对与高丽通婚的,只是觉得时机尚未成熟。因为当时忽必烈对高丽迟迟不迁出江华岛有过不满和指责。而此时高丽国内又因迁都问题引发了国王被废、三别抄叛乱等混乱局面。忽必烈觉得元宗父子理应先处理好迁都的问题,再议通婚之事。由于高丽迁都国中发生了三别抄的叛乱,蒙古与高丽联军经过几年的时间才平定叛军。这也对元朝公主与高丽世子的完婚产生了一定的影响。此时,高丽国中还有一事与高丽请婚有关。就是在元宗被废的时候,高丽西北面崔坦等率众归附蒙古,这使高丽西京(平壤)以下 60 城均归蒙古管辖。蒙古改西京为东宁府。高丽权臣的专权以及高丽领土被蒙古所占领,不得不使元宗父子急于与公主完婚,以排除高丽权臣擅政、确保王室地位。而忽必烈此时也是在观察高丽的表现及是否诚心归附。

1273 年元朝与高丽联军平定三别抄叛乱,1274 年 3 月忽必烈决定征日本。高丽王室与元朝公主成婚的时机已经成熟。在这一背景下,同年 5 月 11 日高丽世子愖与忽必烈之女齐国大长公主忽都鲁揭里迷失在大都完婚。《高丽史》记载:"元宗十五年五月丙戌世子愖尚帝女忽都鲁揭里迷失公主。"[2] 这段史料详细记载了世子愖与忽必烈之女忽都鲁揭里迷失公主是在五月丙戌成婚的,即 5 月 11 日。但《元史》的记载与《高丽史》记载有出入。《元史》记载:"至元十一年五月丙申,以皇女忽都鲁揭里迷失下嫁高丽世子王愖。"[3]5 月丙申是 5 月 21 日。关于这一点《元高丽纪事》、《止浦集》的记载与《高丽史》的记载相吻合的。《元高丽纪事》记载"至元十一年五月十一日公主忽都鲁怯(揭)里迷石(失)降于世子谌"。[4]《止浦集》记载:"元宗十五年八月戊辰,子翰林学士汝盂随世子还自元。五月丙戌忠烈王得尚元世祖女

---

〔1〕〔日〕池内宏:《元寇的新研究》,第 129 页

〔2〕《高丽史》卷 27。

〔3〕《元史》卷 8《世祖本纪》。

〔4〕《元高丽纪事》。

安平公主。”[1]池内宏认为《元史》所记载的丙申可能是丙戌的误写，世子惧与忽都鲁揭里迷失公主完婚应该是5月11日。[2]

高丽世子惧与公主通婚对高丽来讲是非常重要的事情，为促成高丽世子与元朝公主通婚，在与元朝周旋过程中，金汝孟的功劳是不能忽视的。因此，高丽世子惧与忽都鲁揭里迷失公主成婚，忠烈王继位之后，给金汝孟赐丹书，以褒奖其功劳。《止浦集》记载：“元宗十五年六月癸亥元宗薨。八月戊辰忠烈王东还即祚。赐汝孟以丹书。其略曰：奥辛未岁，寡人为安社稷入侍天庭，备尝险阻之时，尔国耳忘家，勤劳随从，至于四年，终始一心，辅导寡人，请婚天戚，复整三韩，流荣万国，朕嘉其功，而记其劳。”[3]

忠烈王与忽必烈之女忽都鲁揭里迷失公主的联姻拉开了元朝公主与高丽王室政治联姻的开端。自此开始高丽王室娶元朝公主成为惯例，高丽王室与元朝公主的联姻得以世代相袭。自忠烈王至恭愍王为止，高丽七位国王中，除忠穆王和忠定王在位时还未成年，这两位年幼的国王未娶元朝公主外，其他五位国王均与元朝公主通婚。

1295年5月忠烈王派使臣到元朝为世子謜（忠宣王）请婚，未得到成宗铁穆尔的同意。《高丽史》记载：“忠烈王二十一年五月丁亥，遣赞成事印侯如元，请世子婚。又遣左承旨柳庇，请加王太师中书令，降公主印章，改世子印章，帝皆不允。”[4]《元史》未记载忠烈王为世子请婚之事，但《元史》记载：“六月壬子，高丽王王昛（原名惧，后改名昛）乞为太师中书令，不允。”[5]将这一史料与上述《高丽史》记载相比较，印侯等5月14日从高丽出发，6月8日到元朝为忠烈王请求加太师中书令，并为世子謜请婚，这些请求均未得到忽必烈的许可。到了1296年正月忠烈王又派柳庇到元朝为世子謜请婚。《高丽史》记载：“忠烈王二十

[1]金坵：《止浦集·附录年谱》，载《韩国文集丛刊》（2），第369页。

[2]［日］池内宏：《元寇的新研究》，第128－129页

[3]金坵：《止浦集·附录年谱》，载《韩国文集丛刊》（2），第369页。

[4]《高丽史》卷31。

[5]《元史》卷18《成宗本纪》。

二年春正月壬申遣副知密直事柳庇如元，请世子婚。”[1]成宗铁穆尔答应高丽的请婚，将晋王甘麻剌之女蓟国大长公主宝塔实怜嫁给世子謜，并告知高丽世子謜与公主的婚期，命忠烈王入朝。《高丽史》记载："忠烈王二十二年八月戊午，金延寿还自元，报世子婚期，帝趣王入觐。”[2]如同当时忠烈王与忽都鲁揭里迷失公主的婚礼在大都举行一样，世子謜与宝塔实怜公主的婚礼也在大都举行。忽必烈命忠烈王入朝参加世子謜与宝塔实怜公主的婚礼。9 月 21 日忠烈王与忽都鲁揭里迷失公主带着从臣 23 人，傔从 590 人，马 990 匹从高丽出发前往元朝。11 月 27 日高丽世子謜与元朝晋王之女宝塔实怜公主在大都举行婚礼。

《高丽史》记载："忠烈王二十二年十一月壬辰王与公主诣阙，世子以白马纳币于帝，尚晋王之女。是日宴皆用本国油蜜果，诸王、公主及诸大臣皆侍宴。至晚酒酣，令本国乐官奏感皇恩之调，即罢，王与公主诣隆福宫，太后设毡帐置酒，入夜乃罢。”[3]世子謜与宝塔实怜公主成婚之前，已娶蒙古女也速真为妃，为懿妃。其成婚年代不祥，但从世子謜与也速真于 1294 年 7 月 7 日生子王焘来看，世子謜与也速真成婚是在 1294 年以前。就是说，世子謜与也速真是在宝塔实怜公主之前成婚的。姑且不说元朝与高丽对王室世代联姻的态度，从忽都鲁揭里迷失公主本身来讲，也许公主愿意给自己的儿子娶蒙古之女为妃，这是毋庸置疑的。

继忠宣王王璋(原名为王謜，后改为王璋)之后，1316 年 7 月忠宣王之子忠肃王王焘娶元朝营王之女濮国长公主亦怜真八剌。《高丽史》记载："忠肃王三年春二月庚寅，王如元，以上王请婚于帝，帝许之。(中略)七月戊申王娶营王女亦怜真八剌公主。”[4]1316 年 1 月忠肃王到大都，当时上王(忠宣王)在大都，所以忠肃王请其父忠宣王替他请婚。忠宣王的请婚得到元仁宗爱育黎拔力八达的同意。7 月 8 日忠肃

[1]《高丽史》卷 31。
[2]《高丽史》卷 31。
[3]《高丽史》卷 31。
[4]《高丽史》卷 34。

王王焘与营王也先帖木儿之女亦怜真八剌公主在大都成婚。但因1319年9月26日亦怜真八剌公主在高丽去世。[1] 后来，忠肃王又娶了魏王阿木哥的两个女儿。1324年8月5日忠肃王与魏王阿木哥之女曹国长公主金童在大都成婚。[2] 1325年5月13日忠肃王与曹国长公主从元朝回高丽，百官张灯结彩、搭戏台相迎。1325年10月20日金童公主死于龙山行宫，公主所生之子是为龙山元子。后来忠肃王又与魏王阿木哥之女庆华公主伯颜忽都结婚，其结婚年代不详，但从1233年闰3月4日忠肃王与庆华公主离开大都到高丽[3]来看，他们应该是在1333年润3月4日以前结婚的。

1330年3月15日忠惠王与元朝关西王焦八长女德宁公主亦怜真班成婚。《高丽史》记载："忠肃王十七年三月戊寅，王尚关西王焦八[4]长女，是为德宁公主。宣徽院宴王及公主于燕帖木儿第。"[5]宣徽院是掌管、供应御食的机构。凡有宴享、宾客之事都归宣徽院掌管，因此，高丽王与公主的婚宴由宣徽院安排是理所当然的。那么，宣徽院为何将忠惠王与德宁公主的婚宴安排在当时担任中书省右丞相的燕帖木儿府邸呢？燕帖木儿在元武宗时得宠，后又因拥立文宗为帝，文宗朝担任中书省右丞相职务，被封为太平王。当时忠惠王以世子在元朝时燕帖木儿非常喜欢他，所以，此次将忠惠王与德宁公主的婚宴安排到燕帖木儿的府邸，可能与燕帖木儿与忠惠王的私人关系亲密有关。1349年恭愍王在元朝为质子期间与元宗室魏王阿木哥之女鲁国大长

[1]《高丽史》卷34"忠肃王六年九月丁未公主薨，殡于延庆宫"。

[2]《高丽史》卷35"忠肃王十一年八月戊午王娶魏王阿木哥女金童公主"。

[3]《高丽史》卷89，"后妃庆华公主条"，"庆华公主伯颜忽都蒙古女，王在元娶之后二年与王来"。

[4]此处的关西王焦八在《元史》百官志诸王列表中未找到其名，也未找到关西王这一王位。根据《高丽史》卷89"列传后妃德宁公主条"所记载："忠惠王德宁公主亦怜真班元镇西武靖王焦八之女"，可见焦八应是镇西武靖王。从《元史》百官志诸王列表中可以找出元代被封为镇西武靖王有铁木儿不花及其子搠思班二人。当1330年忠惠王和德宁公主亦怜真班成婚时在镇西武靖王是搠思班，《元史》中未出现过焦八这一人名。可见，《高丽史》中出现的镇西武靖王焦八很有可能就是《元史》中出现的镇西武靖王搠思班。

[5]《高丽史》卷36。

公主宝塔失里成婚。[1]

除以上五位高丽王娶元朝公主之外，1316 年忠烈王长子江阳公滋的儿子沈王暠也娶元朝梁王松山之女纳伦公主。沈王暠与纳伦公主成婚的日期在《高丽史》、《元史》中均没有详细记载，但王暠应该是被封为沈王的同时与纳伦公主成婚的。

《高丽史》列传“宗室”条记载：

> 暠蒙古名完泽秃，忠宣爱暠如己子，养之宫中封延安君。忠宣在元传位忠肃，以暠为世子，因留为秃鲁花。忠宣尝为沈王，忠肃三年奏帝：“传沈王位于暠。”自称太尉王。遂封暠沈王，尚元梁王女。梁王蓟国公主兄也。暠因得公主宝物，宠幸无比，忠宣爱护愈笃，暠遂怀觊觎，国人大半归心。暠又得幸英宗皇帝，曹頔、蔡河中等左右暠谋夺王位。[2]

沈王暠是忠宣王的侄子，忠宣王非常疼爱沈王暠。1313 年 3 月 24 日忠宣王不愿意回高丽，为了继续留在元大都，向元仁宗爱育黎拔力八达请求允许他将国王之位传给其子王焘，即忠肃王，同时，向仁宗请求以其侄子延安君暠为世子，自己为沈王。《高丽史》记载：

> 忠宣王五年三月甲寅，以长子江陵大君焘见于帝，请传位，帝乃策焘为王。是时朝廷欲王归国，王无以为辞，乃逊其位。又以侄延安君暠为世子，王尝封沈王，故时称沈王。[3]

忠宣王以世子的身份在元朝时于 1307 年 6 月 23 日被元武宗海山封为沈阳王。《元史》：“大德十一年六月戊午，进封高丽王王昛（謜）为沈阳王。”[4]1310 年 4 月 2 日被武宗改封为沈王。《元史》记载：“至大三年夏四月己酉，赐高丽国王王璋功臣号，改封沈王。”[5]1316 年 3 月 9 日忠宣王王璋向仁宗请求将沈王之位传给其侄子世子暠，自己称为

---

〔1〕《高丽史》卷 38。

〔2〕《高丽史》卷 91《江阳公滋传》。

〔3〕《高丽史》卷 34。

〔4〕《元史》卷 22《武宗本纪》。这里被封为沈阳王的不是王昛而是王謜，《元史》高丽传记载：“謜成宗初年，尚宝塔实怜公主。大德十一年，进爵沈阳王”。

〔5〕《元史》卷 23《武宗本纪》。

大尉王。《高丽史》记载:“忠肃王三年三月辛亥上王奏于帝,传沈王位于世子暠,自称大尉王。”[1]忠惠王是在1316年3月9日将沈王位传给世子暠的,可见,世子暠与纳伦公主是在1316年3月9日左右成婚的。沈王暠能与元朝公主成婚,可能与他被封为世子有关,元朝是将沈王暠当成将来高丽国王的继承人而下嫁公主的。但是随着1215年正月18日忠肃王的长子王祯的出生,王暠的世子地位出现了微妙的变化。冈田英弘认为忠宣王之所以将沈王位传给王暠是为了替王祯让王暠放弃世子的地位以及继承高丽国王位而所付出的代价。[2]

综观高丽王室与元朝公主通婚的特点有如下几个方面:

首先,高丽五位国王与一位沈王中,除忠肃王王焘是继位后与元朝公主成婚外,忠烈王王愖、忠宣王王謜、忠惠王王祯、恭愍王王祺、沈王暠都是以世子的身份在元朝时与公主成婚的。忠烈王王愖、忠宣王王謜、忠惠王王祯、恭愍王王祺等以世子身份时与公主成婚,一定程度上为其后来顺利继承高丽王位奠定了基础。沈王暠虽然后来放弃世子的身份,也未能够继承王位,但对忠惠王王祯及沈王暠,应由谁来继承王位的问题上,在元朝和高丽出现了世子党与沈王派之间激烈的王位争夺。

其次,嫁给高丽国王的元朝公主,除忠烈王王妃齐国大长公主忽都鲁揭里迷失是皇帝的女儿之外,其他几位公主都不是当时皇帝的女儿,而是元朝各宗王之女。萧启庆认为元代公主一词,和中国历代的意义不同。在蒙古人的观念中,“大蒙古国”原为成吉思汗后裔共有的世袭财产。在理论上说,各系宗王子女与皇帝子女相等。宗王之女,也得称公主。因此,不论高丽国王所娶的是否为皇帝的女儿,差别不大。[3]可以说,元朝与高丽王室的通婚,不是元朝皇室与高丽王室之间的联姻,可以说是高丽王室与成吉思汗“黄金家族”的世代联姻。

第三,值得注意的是,嫁到高丽的元朝公主除忠宣王妃也速真被

〔1〕《高丽史》卷34。

〔2〕〔日〕冈田英弘:《元沈王和辽阳行省》,第538页。

〔3〕萧启庆:《元丽关系中的王室婚姻与强权政治》,第231-234页。

称为蒙古女其出身不详以外，其余八位公主均出自元世祖忽必烈家系，其中有五位公主是属于忽必烈次子真金家系的。这可能与蒙古人通常愿意从娘舅的部族娶妻的习惯有关。忽必烈之女齐国大长公主忽都鲁揭里迷失嫁给忠烈王之后，为她所生的儿子忠宣王王謜娶了自己侄子晋王甘麻剌的女儿蓟国大长公主宝塔实怜。晋王甘麻剌是忽必烈次子真金的长子。忠肃王所娶的另外两个妃子——曹国长公主金童和庆华公主伯颜忽都以及恭愍王所娶的鲁国大长公主宝塔失里，是忽必烈次子真金的次子答剌麻八剌的长子魏王阿木哥的3个女儿。沈王暠所娶的纳伦公主是忽必烈次子真金的长子晋王甘麻剌的长子松山的女儿。忠肃王所娶的亦怜真八剌公主，是忽必烈的第五子云南王忽哥赤的儿子营王也先帖木儿的女儿。忠惠王王祯所娶的德宁公主亦怜真班是忽必烈第七子西平王奥鲁赤的长子镇西武靖王铁木儿不花的次子镇西武靖王搠思班[1]的女儿。

第四，元朝公主嫁给高丽王室不是很讲究辈分的。这可能与蒙古人的婚姻观念中不讲究女子的辈分这一习俗有关。蒙古人父子娶姐妹为妻，或男子娶比自己辈分高的人或辈分低的人的现象是常见的。这一习俗在元朝公主与高丽王室的通婚中也表现得淋漓尽致。忠肃王和恭愍王父子均娶魏王阿木哥的女儿，即忠肃王妃曹国长公主金童、庆华公主伯颜忽都和恭愍王妃鲁国大长公主宝塔失里，不仅辈分相同，而且是三姐妹嫁父子二人。蓟国大长公主宝塔实怜要比忠宣王王謜小一辈；忠肃王所娶的金童公主和伯颜忽都公主，又比忠肃王小一辈；忠肃王王焘与亦怜真八剌公主属于同辈人；沈王暠与纳伦公主是同辈人；德宁公主亦怜真班的辈分要比忠惠王大一辈。

6.2 元丽联姻对高丽政治的影响

元朝与高丽联姻对高丽的政治影响很深。首先，元朝公主在高丽宫廷中的地位很高，公主下嫁到高丽之后，不管高丽国王是否原来有

〔1〕《高丽史》中记载的“焦八”即是《元史》中记载的搠思班。

妻室，公主下嫁后均被册封为正宫。“公主”的头衔便是独占正宫的保障。元朝公主下嫁到高丽之后，可以参与朝政。也就是说，元朝公主下嫁到高丽，起到了替元朝监控高丽的作用。其次，高丽的王位继承问题受到元朝的干涉，史实中因元朝的皇帝、大臣对高丽王位继承问题产生影响，进行干涉，导致高丽国王被元朝废位、复位是常有的现象。在高丽王位继承问题方面，元朝公主所生的儿子，不论长幼均优先立为世子，自然地成为高丽王位的继承者。[1]

6.2.1 元朝公主参与高丽朝政

在高丽朝廷之上，公主参与的广泛程度，在东亚史上可说是前所未有的。元朝公主参与高丽朝会、宴飨、巡幸、狩猎、接见使臣，并在官吏任免、重大决策方面有很大的权力。公主的参与政事，尤其在牵涉元廷利益大事上，往往得到元廷的认可，甚至鼓励。[2] 元朝公主下嫁到高丽之后，仰仗元朝皇室的地位参与高丽的朝政，在高丽宫廷中地位较高，公主嫁到高丽之后，便被封为正宫，建立宫、府，置官署，赐汤沐邑。忠烈王与齐国大长公主忽都鲁揭里迷失成婚到高丽之后，公主的“宫曰敬成，殿曰元成，府曰膺善，置官属，以安东京山府为汤沐邑”[3]。忠烈王与齐国大长公主完婚以前已经有了妻室，忠烈王继位后封其王妃王氏为贞信府主。但元朝公主下嫁到高丽之后，忠烈王不能再宠幸贞信府主王氏。后来，有人给达鲁花赤石抹天衢写匿名信告发贞信府主因失宠而诅咒公主。

《高丽史》记载：

> 贞信府主宗室始安公絪之女，忠烈即位册为贞和宫主。二年有人投匿名书于达鲁花赤石抹天衢馆，又呼于道曰：“有衣则衣，有食则食，勿为他人所得。”明日达鲁花赤以告王及齐国公主其书曰：“贞和宫主失宠，使女巫呪诅公主。”公主遣忽剌歹、三哥、车古歹等囚宫主于螺匠家，封其府库，赖柳璥力辨得释。宫主自公主厘

[1]萧启庆：《元丽关系中的王室婚姻与强权政治》，第242页。

[2]萧启庆：《元丽关系中的王室婚姻与强权政治》，第244页。

[3]《高丽史》卷89《齐国大长公主传》。

降,恒居别宫,与王绝不相通。[1]

这封匿名信中除了告贞信府主之外,还诬告王族齐安公淑和大将金方庆等43人想谋反,并重新入居江华岛。达鲁花赤石抹天衢将此事报告忠烈王与齐国大长公主。于是,齐国大长公主将贞信府主囚禁。石抹天衢将齐安公淑和金方庆等抓起来,召集宰相等人取问事实。达鲁花赤石抹天衢让公主亲自过问。

《高丽史》记载:

有投匿名书于达鲁花赤石抹天衢馆曰:"贞和宫主失宠,使女巫呪诅公主。又齐安公淑、中赞金方庆及李昌庆、李汾禧、朴恒、李汾成等四十三人谋不轨,复入江华。"公主囚贞和宫主,天衢亦囚淑、方庆等,乃召宰相杂问之。天衢忽言曰:"春期已近,诸君宜赋迎春诗。"金坧但唯,唯璥慨然曰:"王妃与首相俱在缧绁,此岂啸咏时乎?"天衢惭赧。天衢又讽公主亲鞫诸囚,公主将从之。璥与诸宰相请见公主,膝行而前曰:"近世权臣执国命,若有告人以罪不问虚实轻重,即加诛戮如刈,草菅人怀战栗,莫保朝夕。皇天眷佑荡除此辈,使公主来莅东方,臣等以为无复前日之祸,今乃有此事,所得匿名书,臣请辨之。我国人物衰耗,官军屯于四面,谁敢逃窜。无名之书,何足取信,若信而罪之,我一二臣明日亦恐不免,谁敢竭力以供王事。贞和宫主呪诅事,亦易辨也。自公主厘降,国人安堵悉感帝德,沦入骨髓。彼若以私憾呪诅,神而有灵,背德之祸,必反乎身。"璥自始语涕泗交下言甚切,至左右莫不潸然,公主感悟皆释之。独留贞和,宰相议请释,畏公主皆默然。璥遽起入内,力请乃释。王遣内人谢璥甚勤。[2]

这段史料表明元朝对高丽是否重新入居江华岛仍存很大的戒心。匿名信就是利用这一点想嫁祸于贞信府主和金方庆等人,想借助公主权威除掉金方庆等人势力。宰相柳璥向公主解释:高丽已经耗尽人力、物力,而且到处都是元朝的屯田军,无人敢反叛复入海岛。高丽一直以

[1]《高丽史》卷89《贞信府主王氏传》。

[2]《高丽史》卷105《柳璥传》。

来受权臣操纵国家的命运，在忽必烈的眷佑下铲除了权臣擅政，公主下嫁，从此以为不再受权臣的祸害。如今有人告罪，如果不问青红皂白，加以治罪，轻易草菅人命的话，谁来为国王效力。贞和宫主诅咒公主之事实属不会发生。国人自公主下嫁到高丽，皇帝的恩德深入人心，贞和宫主若有私心诅咒公主，神灵也不会饶恕她的。在柳璥的极力劝说下，公主释放了贞和宫主和金方庆等人。忠烈王眼看着自己的妻子和女婿齐安公淑被公主抓去审问，作为国王也束手无策。更重要的是，他担心公主向元朝汇报此事。宰相柳璥力请公主明察秋毫，贞和宫主等人才被释放。这时，忠烈王非常感谢柳璥，多次派人表示感谢。从这一点来看，元朝公主下嫁到高丽之后，朝中生杀大权由公主掌控，高丽国王在重要问题的决策方面也要听取公主的意见。

元朝公主下嫁到高丽使高丽国王在元朝的地位有所提高，但在高丽宫廷中元朝公主的地位要比高丽国王的高。

《高丽史》记载：

> 元宗十五年八月己巳以便服皂鞓幸本阙，更备袍笏受诏于康安殿。其诏曰："国王在日屡言世子可以承替，今命世子承袭国王勾当，凡在所属并听节制。"王受诏毕，谒景灵殿，还御康安殿，服黄袍即位。受群臣朝贺，仍宴诏使，诏使以王驸马推王南面，诏使东向，达鲁花赤西向坐，王行酒，诏使拜受饮讫，又拜。达鲁花赤立饮不拜，诏使曰："王天子之驸马也，老子何敢如是，吾等还奏，汝得无罪耶？"答曰："公主不在，且此先王时礼耳。"[1]

1274年8月26日忠烈王受命继承高丽王位而宴请元朝使臣时，使臣以忠烈王为元朝的驸马，让忠烈王坐上座，即王向南面。使臣和达鲁花赤东西朝向而坐。以前，高丽国王宴请元朝使臣，国王与使臣东西而坐，自元朝公主下嫁高丽之后，高丽国王地位提高，在宴席上元朝使臣敬请高丽国王坐上座。当国王敬酒时，达鲁花赤饮而不拜，元朝使臣指责达鲁花赤的这种行为是对国王的不敬行为，并表示回去后向朝廷奏闻此事。达鲁花赤认为公主不在的话，宴席上不拜高丽国王这是先

〔1〕《高丽史》卷28。

王(元宗)时所定的规定。

1278年6月中旬忠烈王与公主一同到元朝,此次是忠烈王与公主成婚5年后入元朝。元朝方面派诸王公主迎接忠烈王与公主,并以公主、驸马的待遇宴请忠烈王与公主。忽必烈封忠烈王为“驸马高丽国王”,并赐金银、虎符。忠烈王与公主此次入朝是因为1277年正月8日在高丽发生了诬告金方庆的事件:有人给达鲁花赤写匿名信诬告金方庆要谋反。元朝对金方庆叛乱事件,命高丽国王调查清楚,并命忻都和洪茶丘领兵防御,协助忠烈王调查此事。忽必烈又授洪茶丘“镇国上将军、东征都元帅,镇高丽”。[1] 可见,忽必烈授洪茶丘镇国上将军的特殊职位,应该是为了让他处理金方庆诬告事件,镇服高丽而设立的。[2] 忠烈王向元朝汇报匿名信的事情是没根据的,金方庆谋反不是事实。但是,同年12月,金方庆第二次被诬告,洪茶丘在调查金方庆诬告事件时,将金方庆下了大狱,并严刑拷打,想让他承认谋反的事实。

1278年3月16日忠烈王为了让忽必烈给金方庆公平的处置,派公主的随从张舜龙到元朝请求入朝。

4月1日忠烈王与公主从高丽出发,6月中旬到达上都觐见忽必烈。7月3日忠烈王觐见忽必烈时,先向忽必烈奏请愿助攻日本之事。随后又奏请不要让洪茶丘干预高丽国政,请求元朝的屯田军从高丽撤出,罢免高丽的达鲁花赤,这些都得到了忽必烈的同意。

《高丽史》记载:

> 忠烈王四年秋七月甲申王谒帝。又奏曰:“陛下降以公主,抚以圣恩,小邦之民方有聊生之望。然茶丘在焉,臣之为国不亦难哉。如茶丘者,只宜理会军事,至于国家之事,皆欲擅断。其置达鲁花赤于南方,亦非臣所知也,上国必欲置军于小邦,宁以鞑靼、汉儿军无论多小而遣之,如茶丘之军,惟望召还。”帝曰:“此易事耳。”有闲曰:“惟尧、舜、禹、汤能行帝王之道,其后君弱臣强,衣食皆请于臣,昔有一君嗜羊肉,其臣与之则食,不与则不得食。宋度

〔1〕《元史》卷154《洪茶丘传》。

〔2〕〔日〕池内宏:《元寇的新研究》,第159页。

宗在此，幼儿之父也。贾似道擅权，使度宗出，其爱妾不得已从之。安有君而畏臣，去其宠妾哉？王之父王何不免林衍擅立耶？朕闻王亦信宰相之诱，如此而能治国则固，善其如不能可不愧乎？"对曰："茶丘之妄言也。"帝曰："非惟茶丘，人多言之。汝可与宰相择，所以，善持国者商量而行。"王奏曰："今奸人以金方庆为谋叛，告于忻都，忻都引兵入王京，执而讯之无他，唯东征将士有不纳军器于官者，夺其职而杖之，方庆虽无叛状，时为冢宰不纳军器者，不加检举，罪其疎慢，流于海岛。然此乃有憾者所谗也，后有若此不法者臣请罪之。"帝曰："汝其识哉。"谓诸官人曰："可亟召茶丘还。"又问："忻都何如？"对曰："忻都鞑靼人也，可则可矣，使茶丘在则与高丽军妄构是非，虽忻都不能不信，望令茶丘与高丽军皆还于朝，以鞑靼、汉儿军代之。"帝曰："可。"[1]

忽必烈这么痛快地答应忠烈王的请求，这应该与忠烈王娶元朝公主并成为忽必烈的女婿有关。忽必烈与忠烈王的交谈又亲密又直接，忽必烈的话里行间表露出他希望忠烈王不再受到权臣擅政的影响，希望他能独自处理好国中政务。一直以来，高丽难以解决的诸问题，在此次忠烈王觐见忽必烈之后全部迎刃而解，高丽民众再次为公主下嫁所带来的恩遇歌功颂德。当9月24日忠烈王与公主从元朝回来时，国人感激涕零。《高丽史》记载："忠烈王四年九月乙巳，王与公主至自元，百官班迎于郊。是行也，凡国家骚扰事，一切奏除，国人颂德感泣。"[2]元朝公主下嫁对高丽国王来讲，是以元朝的权威为后盾，击退继崔氏、金俊、林衍之后的所有武臣政权，称得上是恢复国王权力的象征。[3]

6.2.2 高丽国王被废与元朝公主的关系

高丽忠宣王与忠惠王均被元朝废过王位，而他们的被废事件及其不能顺利复位亦与元朝公主有关。元朝公主与高丽国王的婚姻不是

[1]《高丽史》卷28。

[2]《高丽史》卷28。

[3][日]森平雅彦：《驸马高丽国王的成立——在元朝高丽王的地位预备考察》，第353页。

个人两相情愿而结合的姻缘，因此，有时难免出现高丽国王与元朝公主感情不和的情况。高丽忠宣王被元朝废位正是这种夫妻感情不和所导致的。高丽忠宣王与元朝蓟国大长公主成婚以后，因两人感情不和致蓟国大长公主失宠。蓟国大长公主向元朝告忠宣王，导致刚刚继位不久的忠宣王被元朝废除王位，元朝重新让其父忠烈王复位。

1397 年 5 月齐国大长公主因病去世，忠烈王于 11 月 4 日向元朝告老，请求将王位逊让于世子謜。

《元史》记载：

> 大德元年十一月癸亥，高丽王王昛（原名愖，后改名昛）告老，乞以爵与其子謜。丁丑，诏以高丽王世子謜为开府仪同三司、征东行中书省左丞相、驸马、上柱国、高丽国王，仍加授王昛为推忠宣力定远保节功臣、开府仪同三司、太尉、驸马、上柱国、逸寿王。[1]

11 月 18 日元成宗同意忠烈王的请求，封世子謜为开府仪同三司、征东行中书省左丞相、驸马上柱国高丽国王。封忠烈王为开府仪同三司、太尉、驸马上柱国逸寿王。

1298 年正月元朝使臣将成宗的诏书带到高丽，诏谕世子謜继承高丽王位。

《高丽史》记载：

> 忠烈王二十四年春正月甲辰元遣咸宁侯王维诏谕国人曰："迩者高丽国王王昛表陈春秋方耄，忧恙交攻，虑庶务之烦劳，期息肩于重负，乞令世子謜袭爵。朕以王嗣守东土垂三十年，累效忠勤，勋伐茂着，矜其诚恳，特赐俞允授世子开府仪同三司、征东行中书省左丞相、驸马上柱国高丽国王。加授王推忠宣力定远保节功臣开府仪同三司，大尉、驸马上柱国逸寿王。"[2]

正月 19 日世子謜在康安殿继位，是为忠宣王。忠宣王继位不久，因与蓟国大长公主不和，公主向元朝皇太后密告忠宣王。

---

〔1〕《元史》卷 19《成宗本纪》。

〔2〕《高丽史》卷 31。

《高丽史》记载：

> 二十四年，公主妒赵妃专宠，作畏吾儿字书，付随从阔阔不花、阔阔歹二人如元，达于皇太后。畏吾儿古回鹘也，元古无字，八思巴始制蒙古字，然往来书多用畏吾儿字。其书云："赵妃诅呪公主，使王不爱。"王使朴景亮问二人书中事，二人不应反欧之。王惧白忠烈，忠烈幸公主所慰安之，又以所籍都成器、金孺、玄宗柱、张佑等家产、人口赐阔阔不花、阔阔歹、章吉彻里等，又以孺妻赐阔阔不花欲解公主怒。公主犹遣阔阔不花、阔阔歹与大将军金精、吴挺圭等如元告之。顷之有人贴匿名书于宫门云："赵仁规妻事神巫呪诅使王不爱公主，而爱其女。"公主下仁规及其妻于狱，又囚仁规子瑞琏翊、女壻朴义、卢颖秀等及妻。又遣彻里如元告贴榜事，贴榜者乃司宰注簿尹彦周也。上洛伯、金方庆等诸致仕、宰相诣公主乞留彻里，不从。王又使人请之，亦不听。阔阔不花等与太后使者还自元，以帝命囚崔冲绍及将军柳温于巡马所，又囚赵妃。元又遣使来鞫，仁规凡乘传者百余，遂以仁规如元。又鞫仁规妻极残酷，妻不胜苦诬服。元又遣使执赵妃及宦者李温以归，太后遣蕃僧五人、道士二人来祓公主呪诅。又遣洪君祥享王欲使王与公主合欢。人谓王自尚主以来有歉夫妇之道，然嫔妾或进御有身，故致妒忌之衅。是年忠烈复位，王与公主如元。[1]

忠宣王与蓟国大长公主结婚以前，已经娶赵仁规之女为妻，公主来到高丽之后，因嫉妒赵妃而书写畏吾儿体蒙古文书信，派随从到元朝向皇太后告密。公主在书中称因赵妃诅咒，使王不爱公主。元朝派使臣来调查此事，将赵仁规及其妻女带回审问。同时，皇太后又派番僧来破解赵妃对公主的诅咒，又遣洪君祥让忠宣王与公主和好。

7月18日元成宗下诏让忠烈王复位，并命忠宣王与公主到元朝。《元史》记载："大德二年秋七月壬寅，高丽王王謜擅命妄杀，诏遣中书右丞杨炎龙、佥枢密院事洪君祥召其入侍，以其父昛仍统国政。"[2]8

---

〔1〕《高丽史》卷89"列传后妃蓟国大长公主"条。

〔2〕《元史》卷19《成宗本纪》。

月10日元朝使臣孛鲁兀将成宗的诏书带到高丽。

《高丽史》记载：

忠烈王二十四年秋八月甲子元遣孛鲁兀来，趣忠宣入朝。辛未忠宣如元。壬申王饯于金郊，酒酣孛鲁兀以帝命取国王印授王。癸酉王如孛鲁兀馆，备仪卫遂幸寿宁宫受诏，诏曰："谕前高丽国王王昛曩以卿表请授位于世子謜，是用诏謜往嗣王爵，国事仍命听卿训导，今闻莅政以来，颇涉专擅，处决失宜，众心疑惧，盖以年未及壮，少所经练故，未能副朕亲任之意，今遣使诏卿依前统理国政，且诏謜入侍阙庭，使之明习于事。"[1]

17日忠宣王入元朝，18日孛鲁兀将国王之印交给忠烈王，19日忠烈王在寿宁宫接元朝的诏书。诏书中成宗命忠烈王重新处理国政，指责忠宣王自继位以来专横擅政，失去民心，有负皇恩，主要是因为年少，未经历练，命忠宣王入朝学习。冈田英弘认为忠宣王被废一事，辽阳的高丽人起到了一定的作用，这恐怕是司徒赵仁规的势力过大，忠宣王失去辽阳行省支持的缘故，[2]但实际上忠宣王的被废很大程度上与蓟国大长公主的告密有关。元朝绝不允许高丽国王冷落元朝公主而宠爱其他妃子。忠宣王的逊位固然与他推行新政引起反对及他与乃父忠烈王不和有关，但是蓟国大长公主的哭诉则是直接原因。[3]

忠宣王与蓟国大长公主的感情并未按元朝希望的那样向好的方向发展，而是日益恶化。忠烈王想让蓟国大长公主改嫁瑞兴侯琠，并以瑞兴侯琠为己子。王惟绍等也蛊惑忠烈王立瑞兴侯琠为王。

《高丽史》记载：

忠烈王二十七年，忠烈遣都佥议司使闵萱表请改嫁公主，萱不敢进而还。语在世家。三十二年王惟绍等谮于皇后，欲以瑞兴侯琠改尚公主，琠貌美，忠烈使之袨服数往来以观公主，公主素不谨，每与内僚诸人乱，王益不屑，故遂属意于琠。[4]

---

〔1〕《高丽史》卷31。

〔2〕〔日〕冈田英弘：《元沈王和辽阳行省》，第538页。

〔3〕萧启庆：《元丽关系中的王室婚姻与强权政治》，第244页。

〔4〕《高丽史》卷89"列传后妃蓟国大长公主"条。

1301 年 2 月 26 日瑞兴侯琠到元朝。5 月 12 日忠烈王派闵萱到元朝请求改嫁蓟国大长公主。

《高丽史》记载：

> 忠烈王二十七年五月庚戌，遣知都佥议司事闵萱如元，请改嫁宝塔实怜公主。表曰："扶桑地僻犹经，帝女之曾临秾李行迟盍奏邦人之共慕。念我国得存于今日，由王姬早降于先朝，葳蕤宝阴之忽收，叹其中否婉娈芳华之继，至拟不终屯何期暂返于九霄而致遂淹于四载。久欲陈其愚意恐或忤于宸聪。若犹伉俪之未谐其必儿孙之难，见忍使青春而虚老，空令皎月以却羞。人言：不可为谋事由天命。臣谓求改其匹简在帝心，天心即是帝心，帝命亦惟天命。"[1]

忠烈王表示不能让宝塔实怜公主虚度青春，请求成宗同意改嫁公主之事，但闵萱不敢向元朝提交改嫁公主的表文而返。

1303 年 9 月 16 日忠烈王请忠宣王回高丽，想让宝塔实怜公主改嫁瑞兴侯琠。宝塔实怜公主失宠于忠宣王移居祗候司，有一天忠宣王因王惟绍等想让公主改嫁瑞兴侯琠而悔过来到公主住处，但宝塔实怜公主不侍奉忠宣王，因此忠宣王大怒拂袖而去。1306 年 11 月王惟绍、宋邦英、宋璘、韩慎等向忠烈王建议，又向皇后及左丞相阿忽台、平章八都马辛提议，想让忠宣王之妻宝塔实怜公主改嫁瑞兴侯琠。阿忽台、八都马辛同意公主改嫁，而右丞相荅剌罕认为"益知礼普化王世祖之甥，宝塔公主亦宗室女也，废嫡改嫁于理安乎"？[2] 崔有渰等报告中书省称惟绍等恶逆，省官将惟绍等关起来。高世、金文衍、秦良弼等劝忠宣王回高丽，忠宣王以忠烈王派人要在半路上截杀他为理由不回高丽。高世等上书中书省请求让忠宣王回国，省官让忠宣王回高丽，忠宣王无奈之下，吃泻药来躲避回高丽。[3] 1307 年忠宣王拥立武宗海山有功，6 月 26 日被封为沈阳王。1308 年 7 月 13 日忠烈王去世，忠宣王以

[1]《高丽史》卷 32。

[2]《高丽史》卷 125《王惟绍传》。

[3]《高丽史》卷 32。

沈阳王的身份袭高丽国王的位子，实现了统领本国和辽阳的宿愿，但忠宣王没有回高丽却留在大都处理高丽政务。

《高丽史》记载：

忠烈王三十四年十月辛亥元遣使来诏曰：“繄尔东藩世守臣职。子承父爵，典制具存，近高丽王王昛遗奏以其子王璋（原名謜，后改名璋）袭爵，朕惟王璋亲惟圣祖之甥，懿乃宗姬之婿，嘉谋伟绩，俱有可称。久侍阙庭备殚忠力，特授征东行中书省右丞相，高丽国王，依前开府仪同三司，太子，太师，上柱国，驸马都尉沈阳王。自今以始，益谨畏天之戒，勉修事上之诚，群工庶职，各守常规，士庶缁黄，无失其业。”[1]

忠宣王因与公主感情不和而被元朝废除王位，经过在元朝入侍10年，因元朝皇位更替，武宗继位后，忠宣王得宠，忠烈王去世之后，高丽王权顺理成章地落在忠宣王的手中。

除忠宣王以外被元朝废位的高丽国王还有忠惠王。忠惠王是忠肃王的后妃明德太后洪氏所生之子，1330年因忠肃王久病不起，将王位传给其子王祯，即忠惠王。忠惠王“性游侠，好酒色，耽于游畋，荒淫无度。闻人妻妾之美，无亲疎贵贱，皆纳之后宫几百余”。[2] 当时忠肃王让位于其子王祯，除与忠肃王生病有关之外，沈王暠争夺高丽王位也是一个重要的原因。忠肃王的父亲忠宣王非常喜欢其侄子王暠，自幼养在身边。忠宣王留恋元大都不愿回高丽，将王位让于其子王焘之后，向元朝廷请求以沈王暠为世子，作为忠肃王王焘的继承人。但是当忠肃王王焘之子王祯（即忠惠王）出世之后，沈王暠被剥夺了世子的地位，但此后沈王暠及其党羽并未打消争夺王位的念头。1322年百官联名向中书省请求以沈王暠为高丽国王，但因1323年元英宗去世沈王派失去了后盾，立沈王暠为高丽国王的风潮也随之消失。1328年沈王派又重新向朝廷要求夺回世子印，但泰定帝去世，文宗继位之后，喜欢

---

〔1〕《高丽史》卷33。

〔2〕《高丽史》卷36。

忠惠王的燕帖木儿擅权，沈王派的问题也随之烟消云散。[1] 当时，在元朝朝廷内部燕帖木儿喜欢并支持忠惠王王祯为高丽王。因此，当忠肃王生病时，燕帖木儿向文宗建议以王祯为高丽国王。在元朝朝廷内部和高丽国内形成支持忠惠王和沈王暠的不同党派。燕帖木儿出身于钦察部贵族，其父祖世代镇守蒙古北边，镇压蒙古诸王叛乱有功。在武宗、仁宗、泰定帝时，燕帖木儿掌禁卫亲军，他借钦察兵力，扶立文宗皇帝有功，文宗命他担任中书右丞相，并封为太平王。燕帖木儿独揽朝中政事，朝廷内部形成宰相专权的状态。于是，忠惠王在燕帖木儿的支持下继承了高丽王位。

1232 年 2 月 24 日元朝遣蒋伯祥等到高丽传圣旨称已经在正月 3 日决定让忠肃王复位，忠惠王及左右百官皆失色，蒋伯祥收了国玺，封诸库，于是忠惠王入元朝为质子。[2] 对忠肃王复位，忠惠王被废的原因。《元史》记载：

> 至顺三年春正月辛未朔，高丽国王祯遣其臣元忠奉表称贺，贡方物。癸酉，命高丽国王王焘仍为高丽国王，赐金印。初，焘有疾，命其子祯袭王爵，至是焘疾愈，故复位。[3]

这段史料证明，1232 年正月 3 日元朝决定让忠肃王复位，让忠惠王逊位是因为当初忠肃王是因病让位于忠惠王的，现在忠肃王大病痊愈，因此让忠肃王复位。对元朝的这一突如其来的决定，忠惠王及高丽百官都大为吃惊。伯颜因厌恶燕帖木儿专权而对王祯有了成见，遂支持沈王暠为高丽国王。

《高丽史》记载：

> 初王以世子入朝，丞相燕帖木儿见之大悦，视犹己子，因忠肃辞位，奏帝锡王命。时太保伯颜恶燕帖木儿专权待王不礼。及忠肃复位，燕帖木儿已死，伯颜待王益薄。王与燕帖木儿子弟及回骨(鹘)少年辈饮酒为谑，因爱一回骨(鹘)妇人，或不上宿卫，伯颜益

[1]〔日〕冈田英弘：《元沈王和辽阳行省》，第 538 – 539 页。

[2]《高丽史》卷 36。

[3]《元史》卷 36。

恶之目曰:"泼皮。"奏帝云:"王祯素无行,恐累宿卫,宜送乃父所使教义方。"制可。[1]

燕帖木儿去世,忠肃王复位之后,伯颜对被逊位入侍元朝的忠惠王态度恶劣,并在高丽王位继承问题上反对忠肃王父子的意见,支持沈王暠。可见,忠肃王复位而忠惠王被废与伯颜等支持沈王暠有一定的关系。

萧启庆认为"忠惠王的被废,主要是由于作恶多端,国内反对声浪极高,但是强蒸公主也是一个重要原因。事实上,北亚游牧民族史及高丽宫掖史中,子蒸庶母的事例屡见不鲜,中国历代和番的公主,也往往以国母历配数君。但是,忠惠王却因卷入一位不愿合作的蒙古公主,以至被迫逊位"。[2] 萧启庆的这一观点是错误的。忠惠王强蒸庆华公主不是发生在1332年,而是忠肃王去世之后的1339年发生的事情。萧启庆将忠惠王1339年强蒸庆华公主的事件当成是1332年发生的事情,并误认为1332年忠惠王被废与强蒸公主有关。1332年2月忠惠王被废之后入元朝当宿卫。忠肃王与庆华公主是在1333年成婚的,而在1333年3月忠肃王与庆华公主一同来高丽时,忠惠王在元朝充当"秃鲁花"。事实上,忠惠王强蒸庆华公主不是1332年导致忠惠王被废的原因,而是1339年忠肃王去世之后导致忠惠王不能顺利袭位的原因。

1339年3月24日忠肃王去世,5月13日忠惠王以明日复位选妻为由强占他人妻室。8月8日庆华公主宴请忠惠王,忠惠王装作喝醉酒强蒸乃父忠肃王后妃庆华公主。《高丽史·世家》卷36"忠惠王二年"条记载:"忠肃王八年八月甲午庆华公主邀王宴及酒罢,王佯醉不出,暮入公主卧内蒸焉。庚戌夜曹頔等袭王宫,卫士射杀之,尸于巡军南桥下。"[3] 对《高丽史·世家》卷36"忠惠王二年"条的史料记载不加以细读的话,很容易将忠肃王八年发生的事情误认为是忠惠王二年的事情。《高丽史·世家》卷36"忠惠王二年"条,只记载了忠惠王二年

〔1〕《高丽史》卷36。
〔2〕萧启庆:《元丽关系中的王室婚姻与强权政治》,第244页。
〔3〕《高丽史》卷36。

正月的事情，而将忠惠王二年二月以后所发生的事件编在了《高丽史·世家》卷35“忠肃王后元年”条。而《高丽史·世家》卷36“忠肃王八年”条只记载了三月以前的事件，而将忠肃王八年三月忠肃王去世以后发生的事件直接编在“忠惠王二年”条。就是说，1332年2月（忠惠王二年二月）忠惠王被废以后进入忠肃王后元年2月，将1332年2月以后发生的事情编入“忠肃王后元年（1332）”条是合乎情理的。但是，将1339年3月忠肃王去世之后的事件直接编在“忠惠王二年”条（1332年2月以后），这就很容易使人将1339年3月以后发生的事情误认为是1332年（忠惠王二年）3月以后发生的事情。萧启庆误认为忠惠王强蒸庆华公主是在1332年发生的事情，应该与错误读释《高丽史》这一史料有关。

《高丽史》列传记载：“王薨，忠惠再宴公主于永安宫，公主亦邀忠惠宴及酒罢，忠惠佯醉不出，暮入公主卧内，公主惊起，忠惠使宋明理辈扶之使不动，且掩其口遂蒸焉。”[1]这段史料明确记载了忠惠王强蒸庆华公主是在忠肃王去世之后。而当时，曹頔称病不出来，公主召他觐见，告知他事情的经过。曹頔与洪彬及省官来看忠惠王，宫人挡门不让入内。曹頔命前护军李安、张彦、吴云为巡军首领官，收国印放在永安宫。[2] 曹頔等均是沈王暠的党羽，据上述《高丽史》世家的记载曹頔是在1239年8月24日袭王宫，而被卫士射杀的。

忠肃王去世前曾留下遗嘱命忠惠王袭位，忠肃王去世之后，忠惠王遣使向中书省请求袭位。但是，当时在元朝支持沈王暠的伯颜代替燕帖木儿掌权，伯颜因厌恶忠惠王而不给奏报其袭王位的事情。

《高丽史》记载：

> 忠肃王后五年帝遣王还国，八年三月癸未忠肃王薨，忠肃常呼王曰拨皮，待之少恩，然遗命袭位。由是行省左右司转达中书省，王亦遣前评理李揆等求袭位。而伯颜为太师寝不奏且言：“王焘本非好人，且有疾宜死矣，拨皮虽嫡长，亦不必复为王，唯暠可

[1]《高丽史》卷89《庆华公主传》。

[2]《高丽史》卷131《曹頔传》。

王。”揆等百计请之,不得。[1]

忠惠王强蒸庆华公主之后,1339年末忠惠王被元使中书省断事官头麟以授国印的名义带到京城,1340年正月忠惠王被囚在刑部,忠惠王的诸臣也被关到监狱。但随着2月16日伯颜的失宠,取代他的御史大夫脱脱释放了忠惠王,并让他复位。[2] 可见,忠惠王不能顺利袭位与强蒸公主有关,但与元朝伯颜丞相始终支持沈王暠也有一定的关系。

6.2.3 公主所生之子继承王位的问题

元朝公主下嫁高丽王室之后,公主所生之子在继承高丽王位问题上占有优先的地位。虽然,自忠宣王到辛禑间的七王中,仅忠宣王(齐国大长公主生)和忠穆王(德宁公主生)是公主所生,而忠肃王由并非出身皇室的蒙古女懿妃所生,此外的忠惠王、忠定王、恭愍王、辛禑都不是公主所生,但是,公主所生王子优先嗣位的原则不容置疑。公主以外所生的诸子得以嗣立都另有原因。[3]

齐国大长公主忽都鲁揭里迷失嫁给忠烈王之后,1275年9月30日生子謜,1277年謜被封为世子。可以说,世子謜因为母亲的缘故成为优先继承高丽王室的世子。忠烈王有三个儿子,长子江阳公滋是贞信府主所生,小君湑是侍婢盘珠所生。江阳公滋虽为长子,但因不是公主所生而不能立为世子,而且公主所生之子立为世子后,为以避世子,王子滋被流放。1279年4月19日遣王子滋于忠清道牙州东深寺,以避世子。[4] 1283年9月4日召回王子滋,公主赐衣物。[5] 后来被封为江阳公,开府置属。[6] 1278年以后世子謜以外甥的身份随同忠烈王和公主入元朝,或以宿卫的身份在元朝,受到忽必烈及元朝皇室的宠爱。元朝理所当然支持世子謜继承高丽王位。

忠宣王与蓟国大长公主宝塔实怜婚后感情不好无后,因而以忠宣

---

[1]《高丽史》卷36。

[2][日]冈田英弘:《元沈王和辽阳行省》,第539页。

[3]萧启庆:《元丽关系中的王室婚姻与强权政治》,第243页。

[4]《高丽史》卷29。

[5]《高丽史》卷29。

[6]《高丽史》卷91《江阳公滋传》。

王长子,即蒙古女也速真所生的儿子王焘为世子。忠宣王让位于忠肃王王焘之后,以其侄子王暠为世子。忠肃王长子王祯出生时,忠肃王还未与元朝公主结婚。而沈王暠的世子地位,不得不使忠肃王以非公主所生王子为世子。忠肃王妃明德太后洪氏所生王祯被立为世子与沈王暠争夺高丽王位有关。

忠肃王共娶元朝公主 3 人,但忠肃王妃德宁公主亦怜真班和庆华公主伯颜忽都无后,曹国长公主金童生有龙山元子,但在王祯被封为世子时尚未出生,1329 年忠肃王将高丽王位让与其子王祯是为了杜绝沈王暠争夺王位。当时曹国长公主金童生有龙山元子仅有 5 岁,继承王位年纪尚小远不如忠惠王王祯合适。

1344 年正月 7 日忠惠王在岳阳县去世,高丽王位由忠惠王妃德宁公主所生子王昕继承。忠穆王王昕 1337 年 4 月 15 日生,因忠惠王之弟龙山元子仅 17 岁就去世了,忠穆王是忠惠王的长子,因此,高丽王位只能由年仅 8 岁的王昕来继承。王昕天生聪慧,入元充当宿卫。1344 年 2 月 16 日高龙普抱王昕见元顺帝,元顺帝问曰:"汝学父乎?抑学母乎?"对曰:"愿学母。"帝叹其天性好善恶,遂令袭位,时王年八岁。下教戒国内臣僚"一革弊政,慰恤百姓"。[1]元顺帝喜欢王昕,因此,让他继承了高丽国王之位。

同年 4 月 27 日元遣桑哥来颁诏曰:

> 昔我祖宗奄有万方外薄四海,于时高丽慕义效顺,用建东国,传之子孙,世守藩辅。不谓。近者高丽国王宝塔实里肆为无道,荼毒境内,民不堪命,来诉京师。今正厥罚迁之岭表。然念自其先世事我列圣罔有二心,一朝后嗣不克继承,遂失世爵在朕奚忍。又念海隅苍生皆朕赤子,久罹涂炭,良切予怀,乃命其子八秃麻朵儿只仍袭征东行省左丞相、高丽国王,布朕德泽辑宁吾民。其宝塔实里所行虐政,并从厘革,人民逃避山林,亟令有司克日招抚,劝农兴学。凡合整治事宜,悉遵成制。俾尔有众各保生业共兹升平之乐,

[1]《高丽史》卷 37,第 564 页。

岂不伟哉。其或荒弃朕命,邦有常宪,宁不知惧?[1]

元顺帝下诏忠穆王继高丽王位,并命忠穆王继位之后一改忠惠王时的弊政,安抚百姓,劝课农桑,安居乐业。5月6日元朝派遣李庥、秦瑾来册忠穆王为特授开府仪同三司,征东行中书省左丞相,上柱国,嗣封高丽国王。忠穆王8岁继位,12岁去世,并无子嗣。高丽方面想让忠惠王之母弟王祺继位,但元朝以忠惠王庶子、忠穆王之弟忠定王继位。忠穆王之后,忠定王、恭愍王、辛禑都是在没有公主所生子嗣竞争的情况下取得继承权的,并不违反公主所生子优先册立的原则。[2]

6.3　元丽联姻的意义及蒙古风俗对高丽的影响

元丽联姻对稳固元朝与高丽两国关系的好转起到了重要作用。高丽在高宗在位的40年饱经与蒙古争战的煎熬,高丽对蒙古了解甚少,也并未产生好感。高丽高宗在权臣的胁迫下不得不迁都海岛,以避蒙古军队的冲击。1259年元宗以世子的身份到蒙古受到忽必烈的厚爱,两国关系有所改善。元宗在位15年,由于忽必烈对高丽的怀柔政策,蒙古与高丽的关系比高宗在位时有所改善,但元宗时期高丽君臣对蒙古始终存有戒心,对蒙古所要求的让高丽迁出江华岛返回旧都开城的问题上,元宗受权臣的压迫,迟迟不能迁都,最终还因迁都问题被权臣一度被废除王位。元宗为了避免遭受权臣的控制,决定让高丽世子与元朝公主缔结姻缘。

1274年忠烈王与元朝公主在元大都成婚,开始了史无前例的元朝公主与高丽王室的世代联姻。同年11月25日忠烈王与公主来到高丽时,百官出迎郊外,当时忠烈王穿着蒙古的服饰入城,百官担心百姓会觉得惊奇,再三劝他穿礼服入城,但忠烈王不听,还是穿着蒙古的服饰入城。但是,对城中的百姓来讲忠烈王穿着胡服是小事,他们认为忠烈王与公主的联姻,将会给高丽带来太平的日子,因此,老幼欢庆,以喜悦

---

〔1〕《高丽史》卷37。

〔2〕萧启庆:《元丽关系中的王室婚姻与强权政治》,第243页。

的心情来迎接忠烈王与公主的到来。

《高丽史》记载：

> 元宗十五年十一月丁丑王与公主至京入御竹坂宫。先是俞千遇谓张镒曰："王若以戎服入城，国人惊恠。"乃使崔文本、朴恒请王以礼服入。又使康允绍、简有之再请，王不听。有之贱隶也，以优得幸，拜郎将。宰相、百官迓于国清寺门前，允绍、宋玢嗾、尹秀、元卿、郑孙琦等执扑驰马击逐礼服者，侍从失次分散，王与公主同辇入城，父老相庆曰："不图百年锋镝之余，复见大平之期。"[1]

当忠烈王与公主一起到高丽时，国人为此欢庆，他们不再担心高丽会再次遭受来之蒙古的战争的灾难。正如高丽史臣在评价元宗的一生时所指出的那样"公主归于王子自是世结舅甥之好，使东方之民享百年升平之乐，亦可尚也"。[2] 对高丽来讲，元朝公主的下嫁是使百姓得以免遭战争的影响，百年能享平安的大好事。元朝公主与高丽王室百余年的政治联姻，使高丽在元朝的地位有所提高，使两国关系更加密切。随着元朝与高丽的政治联姻，高丽的王权集中到国王手中，高丽国王摆脱了权臣的操纵与压迫，其在元朝的地位也有所提高，受到诸王的待遇。可见，高丽对公主下嫁的重视，公主下嫁的确是元丽关系史上(也是高丽史上)的一件大事。它象征着高丽对元廷的完全臣服和元廷对高丽王室的信任与支持，而且此后在元廷的支持下，高丽王室不必再忧心于武臣的跋扈。[3]

元朝公主下嫁给高丽王室是元朝给高丽的特殊待遇。李齐贤在《益斋乱稿》中记载：

> 忠烈王复以世子入侍辇毂，世祖念其功、嘉其义，眷遇深至，天下莫及，令尚公主，以示殊恩。屡颂诏旨，勿改旧俗，四海之内，称为美谈。老沈王，即公主子而世祖亲甥也。[4]

这是李齐贤在1320年为被元英宗硕德八剌流配到吐蕃的忠宣王

[1]《高丽史》卷28。

[2]《高丽史》卷27。

[3]萧启庆:《元丽关系中的王室婚姻与强权政治》，第237页。

[4]李齐贤:《益斋乱稿》卷6"同崔松坡赠元郎中书"条，载《韩国文集丛刊》(2)，第546页。

辩解时提到的事情。可见,当时忽必烈下嫁公主及不让高丽改旧俗的事情,成为海内外众所周知的美谈。李齐贤赞美忠烈王与忽必烈之女忽都鲁揭里迷失公主的联姻这一事实,并指出忽必烈之所以将公主下嫁给高丽国王是因为念高丽国王的功德。同时,也是为了表现对英宗硕德八剌对待历仕元代五个皇帝的忠宣王如此待遇的不满。

元朝公主与高丽王室的政治联姻,使元朝皇室与高丽王室的关系拉近,两国的人员往来密切。例如:忠烈王之子忠宣王王璋自幼时与父母常到元朝,王璋与元朝皇室的关系很密切,他与武宗、仁宗的关系非常好,并与当时的元代文人阎复、姚燧、赵孟頫、虞集等交友密切。他不愿离开元大都,为了留在大都连国王的位子都让给了其子忠肃王王焘。《高丽史》记载:"忠肃王元年帝命王留京师,王构万卷堂于燕邸,招致大儒阎复、姚燧、赵孟頫、虞集等与之从游,以考究。"[1]

元朝公主下嫁到高丽之后,蒙古的风俗对高丽王室产生了一定的影响。自古以来高丽与中国各朝代建立"事大交邻"外交,高丽作为宗藩国在文化习俗方面深受中国的影响。在元朝与高丽通婚以前,高丽受游牧民族文化、习俗的影响极少,元丽两国的联姻使高丽王室在文化、习俗方面深受蒙古的影响,随着元朝公主与高丽王室的世代通婚,必然使高丽王室开始了趋向蒙古化的过程。自忠烈王时期开始高丽王室逐渐蒙古化,其主要表现为:高丽王与蒙古通血缘;自忠宣王至恭愍王各王都取蒙古名;自忠烈王起王室的服饰、发髻便改宗蒙古;高丽王室还行胡礼、奏胡乐,并嗜好狩猎等游牧生活。[2]

蒙古风俗对高丽产生影响与两国关系的亲疏也有着直接的关系。在蒙古与高丽的早期交涉中,蒙古要求高丽开剃、随蒙古之风俗。但是,高宗时期高丽人对蒙古的文化、习俗有一种鄙视及厌恶的态度。1254 年 8 月 19 日安庆公淐从蒙古回来后先派人奏高宗:"'臣久染腥膻之臭,请经宿进见。'王曰:'自尔去后祈天祷佛,庶几速见。今既无恙还,何用宿外?悉焚尔所着衣,更衣即来。'淐夜入谒,王为之流涕,左

〔1〕《高丽史》卷 34。

〔2〕萧启庆:《元丽关系中的王室婚姻与强权政治》,第 249 - 252 页。

右皆泣下。"[1]这段史料证明,高宗及其子安庆公淐对蒙古、游牧文化极其鄙视的态度。高宗之子安庆公淐从蒙古回来之后,认为久经蒙古"腥膻之臭",只能在梳洗更衣之后再见高宗。高宗认为把在蒙古所穿衣服烧了,更衣来见即可。从他们对蒙古的态度来看,这主要与高宗时期高丽与蒙古接触不多,两国关系并不友好有关。安庆公淐从蒙古回来的第二天,即8月20日蒙古兵骑屯槐州城下,高丽派散员张子邦率别抄击破蒙古兵。8月22日高丽派李长给蒙古元帅等送金银酒器等,但是,蒙古元帅车罗大要求高丽君臣开剃,不然蒙古兵无归期。

《高丽史》记载:

> 高宗四十一年八月壬辰命大将军李长诣蒙兵屯所,普贤院赠车罗大、余速秃、甫波大等元帅及永宁公綧、洪福源,金银酒器、皮币有差。长还奏:车罗大云:"君臣百姓出陆,则尽剃其发,否则以国王还,如一不从,兵无回期。"[2]

受蒙古与高丽长期战争的影响,高丽君臣对蒙古没有任何好感,在这种情况下无论蒙古元帅车罗大如何威胁,高丽不可能答应蒙古要求而行开剃、随蒙古之风俗。忽必烈继位之后给高丽下诏,命高丽衣冠各随其俗,不必改变。元宗虽与蒙古保持着友好的关系,但在开剃、随蒙古风俗方面,元宗的态度并不积极。元宗在位时大臣印公秀常劝说元宗效元朝习俗开剃着胡服,元宗加以拒绝曰:"吾未忍一朝遽变祖宗之家风,我死之后,卿等自为之。"[3]元宗本人虽拒绝开剃、愿保持传统的风俗,但元宗意识到高丽君臣逐渐蒙古化是早晚的事情,因此,并不反对在他死后,高丽君臣开剃、随蒙古之风俗。

忠烈王入侍元朝充当宿卫时就已经开剃、着胡服。1272年2月10日忠烈王从元朝回高丽时"国人见世子辫发胡服,皆叹息,至有泣者。"[4]自忠烈王时代开始高丽君臣开始开剃,服饰等各方面受蒙古的影响较深。1274年忠烈王娶元朝公主,使高丽王室蒙古化进程加

---

[1]《高丽史》卷91。
[2]《高丽史》卷24。
[3]《高丽史》卷28。
[4]《高丽史》卷28。

速。10 月 19 日忠烈王与诸臣迎公主时，忠烈王甚至指责李汾禧等大臣还未开剃。

《高丽史》记载：

元宗十五年十月辛酉幸西北面迎公主，顺安公悰、广平公譓、带方公澄、汉阳侯儇、平章事俞千遇、知枢密院事张镒、知奏事李汾禧、承宣崔文本、朴恒、上将军朴成大、知御史台事李汾成从行，王责汾禧等不开剃。对曰："臣等非恶开剃，唯俟众例耳。"蒙古之俗，剃顶至额方其形，留发其中，谓之怯仇儿。王入朝时已开剃，而国人则未也，故责之。甲子命李汾成还京，令妃嫔及诸宫主、宰枢夫人皆出迎公主。留从臣于龙泉驿，独与开剃者大将军朴球等行。[1]

蒙古的习俗开剃就是将头发自头顶剃到额前，在中间留头发，称为怯仇儿。忠烈王入侍元朝后已经开剃，但当公主到高丽时，高丽众臣还没有开剃，所以忠烈王指责诸臣未开剃之事。迎公主时忠烈王将未开剃的诸臣留在龙泉驿，只带着已开剃的大将军朴球等去迎公主。《高丽史》记载："元宗十五年十二月丁巳宰枢议曰：'金侍中若还必即开剃，开剃一也，盍先乎？'于是宋松礼、郑子玙开剃，而朝余皆效之。唯抄奴所由电吏皆仍旧。"[2]可见，忠烈王与公主成婚之后，忠烈王对高丽国内开剃、随蒙古之俗非常重视。从忽必烈对高丽的怀柔政策来讲，并未对高丽采取改变本国习俗、着装的政策，忠烈王的这种做法完全出于自然变化的过程。自高宗、元宗到忠烈王时期，高丽君臣对蒙古及其习俗有个逐渐的文化认同的过程。

高丽自古受汉字汉文化影响较深，历来高丽国王均取汉名。高丽王室与元朝公主联姻之后，自忠宣王起高丽王室除了有汉名之外，尚取蒙古名。忠宣王王璋的蒙古名为益智礼普化，忠肃王王焘的蒙古名为阿剌讷忒失里，忠惠王王祯的蒙古名为普塔失里，忠穆王王昕的蒙古名为八思麻朵儿只，忠定王王眡、的蒙古名为迷思监朵儿只，恭愍王

〔1〕《高丽史》卷 28。
〔2〕《高丽史》卷 28。

王祺的蒙古名为伯颜帖木儿,沈王王暠的蒙古名为完泽秃。自忠宣王起高丽国王除恭讓王外,都含有蒙古血统。这也是高丽国王取蒙古名的主要原因之一。忠宣王和忠穆王都是元朝公主所生,忠肃王也是蒙古女所生。忠惠王及恭愍王父系也含蒙古血统。

元朝公主与高丽王室的联姻,在给元朝与高丽的关系带来积极影响的同时,也给高丽的政治、经济、社会生活带来了负面的影响。如元朝干涉高丽内政、元朝公主干预朝政以及公主的随从等影占田地等。《高丽史》载:"忠烈王三年二月己巳佥议府言:'公主怯怜口及内僚广占良田,标以山川,多受赐牌,不纳租税,请还赐牌。'不听。"[1]齐国大长公主的家人和属下拿着赐牌,多占良田,又不纳税,要求他们还回赐牌也不听。可见,元朝公主下嫁到高丽也给高丽的社会、经济带来了一些负面影响。

[1]《高丽史》卷28。

7 元朝与高丽关系中的译者

自古以来,中原王朝与周边的民族、国家之间有着频繁的交往。中原农耕文明与周边的游牧文明之间,不同国家、不同民族有着不同的语言、文化背景。当不同语言文化背景的人们进行交往时,首先应解决的问题是语言文字的翻译问题。在不懂得彼此语言文字的情况下,需通过译者作为媒介,才能够进行交流与沟通。长期以来,译者在中原王朝与周边民族、国家的交涉中起到了沟通语言媒介的作用。有元一代,朝廷内部及外交方面需要大量的翻译人员。元朝与高丽的交涉中,译者主要以高丽人为主。在蒙古与高丽的早期交涉中,高丽人通蒙古语的人较少,在元丽交涉中充当译者的主要是归附蒙古的高丽人。但随着元朝与高丽关系的好转,高丽人学习蒙古语的人也逐渐多了起来,高丽的译官在元朝与高丽的关系中发挥了重要的语言媒介作用。

7.1 元丽交涉中译者的来源及其职能

7.1.1 元丽交涉中的通用语言

汉、唐以来中原王朝以汉语为官方语言,其外交通用语以汉语为主。周边的民族、国家多无自己的民族文字,中原王朝与周边民族、国家交往,从事双方语言翻译者,多以口译人员为主。中原地区以汉族为主体民族,官方亦以汉语为通用交际语。日本学者远山美都男根据唐朝派往日本的使臣,没有随行翻译人员;渤海使以译语为随行翻译;新罗使有“大通事”以下多为口译人员这一现象,指出日本和新罗间的外交方面,不是日本语和新罗语的翻译,而是以唐语为通用语。[1] 可见,

〔1〕〔日〕远山美都男:《日本古代的译语和通事》,载《历史评论》,1997 年,第 547 号,第 59 页。

汉语成为东亚地区的国际通用语言。当少数民族在中原建立统治王朝之后,例如,契丹、女真、蒙古人入主中原建立辽、金、元朝等多元民族国家之后,汉语作为唯一官方通用语的现象有所改变,在朝廷内部以及外交方面出现汉语与非汉语并用的情况。以元朝为例,在朝廷内部以及外交方面出现了汉语和蒙古语并用的现象。

成吉思汗建立大蒙古国之前,蒙古各部落并无自己的文字,蒙古人最早也无自己的文字,蒙古人借用畏兀儿体蒙古字。1204 年,成吉思汗西征时,获乃蛮部的掌印官塔塔统阿,塔塔统阿精通畏儿文字,太祖便命他"教太子、诸王以畏兀儿字书国言"。[1] 于是蒙古人开始借用畏兀儿文字母书写蒙古语,广泛使用畏兀儿体蒙古文,诏书、印文等自然也用畏兀儿字书写。但是,在蒙古与高丽的早期交涉中,外交文书是否也用畏兀儿体蒙古文,由于未见明确的史料记载尚不清楚。至元六年(1269),元世祖忽必烈令帝师八思巴,以藏文字母为基础,创制蒙古新字,即八思巴字,并颁发了使用蒙古新字的规定。据《元典章》记载:"至元六年二月十三日,特命国师八思巴创为蒙古新字,译写一切文字。期于顺言,达事而已。自今以往,凡有玺书颁降,并用蒙古新字,仍以其国字副之。"[2]创立八思巴字之后,忽必烈规定往来文书以两种文字书写,即蒙古新字与当地的文字并行。高丽忠烈王时代,元朝政府给高丽的文书是用蒙古新字书写的。《高丽史》记载:高丽元宗十四年(元至元十年,1273 年)春正月,元朝使者致高丽的诏书"其文用新制蒙古字,人无识者"。[3] 这段史料证明,元代创制八思巴字之后,元朝给高丽的诏书就以八思巴字书写,但当时的高丽还没有人认识八思巴字。

《黑鞑事略》记载:

> 鞑人本无字书,然今之所用,则有三种:行于鞑人本国者,则只用小木,长三四寸,刻之四角。(中略)此小字,即古木契也。行于回回者则用回回字,镇海主之;行于汉人、契丹、女真诸亡国者只用

[1]《元史》卷 124《塔塔统阿传》。

[2]《元典章》卷 1 诏令"行蒙古字"条,台湾故宫博物院影印元刻本。

[3]《高丽史》卷 27。

汉字,移剌楚材主之。[1]

在忽必烈改元以前,大蒙古国时期,蒙古人与其他民族、国家交涉时,所使用的文字并未统一,在蒙古人当中行用木契字,而在与中亚的交涉中使用阿拉伯语或波斯语,由镇海掌管;在与契丹、女真的交涉中则使用汉字,由耶律楚材掌管。耶律楚材是掌管汉文文书的必阇赤,高丽国又通行汉文文书,故而在窝阔台即位后,耶律楚材亦开始介入蒙古与高丽的外交往来活动。[2] 高丽自古深受汉文化影响,使用汉文字有着悠久的历史,高丽亦与契丹、女真一样,在往来文书中使用汉字。

蒙古人入主中原之后,蒙古统治者不通汉语,不会汉字。元朝统治者在全国范围内推行蒙古新字,但汉语言文字在中原的地位及其对契丹、女真、日本、朝鲜半岛等民族、国家的影响,其他任何语言是不能替代的。在蒙古与高丽的交涉中,外交方面使用汉文文书,而忽必烈改元以后文书的书写采取了蒙古文字与汉文字两种文字合用的方式。虽然在蒙元与高丽的交往中汉文字成为通用的文字,但蒙古与高丽所使用的语言各异,互不相通。而且,高丽虽使用汉字,但语言又与汉语言不相通。高丽人虽多识汉字、通汉语者,但是统治阶层未必都通汉语言。高丽君臣百官虽识汉字而不会说汉语言者,随处可见。而蒙古统治者更是不通汉语、不识汉字,双方的交流须通过译者方能交流。高丽与历代中原王朝交流,译者懂得汉语和高丽人的语言即可。但与蒙古交流,译者在懂得汉语言、识汉字的同时,需要掌握蒙古语。可见,蒙古与高丽交涉时,书面语上通用汉文字,但在口语中应该是以蒙古语为通用语言的。

7.1.2 元丽交涉中译者的出身

元朝需要大量的翻译人员,而且,对翻译人员的需求也不只限于对外交流方面,在朝廷内部亦需要大量的翻译人员。除了需要口译人员之外,还需要大量的笔译人员。徐霆在《黑鞑事略》中记载:"回回人

---

〔1〕王国维:《蒙鞑备录笺证》,蒙古史料四种本,第3页。此处的"移剌楚材"即指耶律楚材。

〔2〕刘晓:《耶律楚材评传》,第136页。

聪明、多技巧,多会诸国言语,真是了得!"[1]姚从吾先生认为此处所记回回人,应是指畏兀儿人。并指出"在蒙古人初入主中原时期,担任重要译人的,首推女真人,其次是回回人"。[2] 元朝除回回和女真人之外,从耶律楚材掌管汉文文书来看,毋庸置疑归附蒙古的契丹人也充当了译者。畏兀儿人和契丹人都是较早归附蒙古的,而且畏兀儿人中有许多通诸国语言者,契丹人又与汉文化接触较多,且两者的语言亦与蒙古语相近。可见,在元朝中的畏兀儿人和契丹人是最适合担任传播语言的中介人的。畏兀儿人主要在蒙古与回回人(即蒙古与中亚)的交涉中充当译者,而女真人和契丹人则在蒙古与汉地、高丽的交涉中充当译者。

《高丽史》记载:"高宗六年二月己未哈真等还,以东真官人及傔从四十一人留义州曰:'尔等习高丽语,以待吾复来'。"[3] 蒙古最早与高丽的接触,是在1219年蒙古元帅哈真等讨平逃入高丽的契丹叛众之后,2月22日返回时,在义州留下东夏人及其随从41人,命他们学习高丽的语言,等他回来时充当译者。当时东夏主要是反叛金朝的契丹人建立的,因此,东夏人中包括契丹人和女真人。可见,在蒙古与高丽早期的交涉中,蒙古人命归附蒙古的东夏人学习高丽的语言文字,就地取材让他们充当译者。东夏人中的女真人,与高丽的接触较为密切,学习高丽的语言文字应该是有基础的。

在蒙古与高丽的早期交涉中,蒙古方面主要以归附的高丽人为译者。1218年成吉思汗派哈真等讨伐入居高丽江东城的契丹叛众时,高丽洪大宣迎降。1231年窝阔台派撒礼塔出兵高丽时,洪大宣之子洪福源又迎降。

《高丽史》记载:

高宗三十九年,李岘奉使如蒙古,沆谓岘曰:"彼若问出陆,宜答以今年六月乃出。"岘未至蒙古,东京官人阿母侃、通事洪福源

---

〔1〕王国维:《蒙鞑备录笺证》,蒙古史料四种本,第19页。

〔2〕姚从吾:《辽金元时期通事考》,载《姚从吾先生全集》,台北正中书局,1981年,第27页。

〔3〕《高丽史》卷22。

等请发兵伐之,帝已许之。及岘至帝问尔国出陆否?对如沆言。帝又问:"留尔等别遣使审示否则如何?"对曰:"臣正月就道,已于升天府白马山营宫室、城郭,臣敢妄对!"帝乃留岘,遂遣多可、(阿)土等密勅曰:"汝到彼国王迎于陆,则虽百姓未出犹可也。不然则速回,待汝来当发兵致讨。"岘书状张镒随多可来密知之具白王,王以问沆对曰:"大驾不宜轻出江外。"公卿皆希,沆意执不可,王从之。遣新安公佺出江迎多可等,请入梯浦馆。王乃出见,宴未罢,多可等怒王不从帝命还升天馆。识者曰:"沆以浅智误国大事,蒙古必至矣。"未几果至,屠灭州郡,所过皆为煨烬。[1]

根据这段史料可知,洪福源归附蒙古之后,曾在蒙古担任过通事,在蒙古与高丽的交涉中充当译者。这段史料所记载的是1252年正月21日,高丽遣枢密院副使李岘、侍郎李之葳如蒙古。临出发前高丽权臣崔沆交代李岘等,如果蒙古方面问起高丽出陆之事,就说以当年6月为期乃迁出江华岛。当李岘等到达蒙古时,驻守在辽阳的阿母侃和通事洪福源等向蒙哥汇报高丽并无出陆归降之意,请发兵征伐,蒙哥也决定派兵出征高丽。李岘等到达蒙古之后,蒙哥扣留李岘等使臣,另派多可等使臣到高丽探查出陆情况。因为翻译人员常常得到蒙古大汗的信赖,所以蒙哥合汗也是听信通事洪福源的话才出兵高丽的,并将高丽使臣李岘等扣留长达两年之久。[2] 1260年高丽于琔来投靠蒙古,此前于琔就曾多次出使蒙古充当过译者,在他归附蒙古之后,自然在蒙古与高丽的交涉中充当译者。

蒙古与高丽的交涉中,充当译者的还有幼时被蒙古俘虏者。康和尚原是高丽人,幼时被蒙古俘虏,改名为康守衡。"和尚本国晋州人,小时被俘入蒙古,改名守衡"。[3] 1260年2月27日元宗从蒙古回高丽,遣参知政事李世材、同知枢密院事皇甫琦、右副承宣蔡桢等到西京迎接元宗。蒙古派束里大、康和尚等为达鲁花赤,与元宗一起来高丽,

[1]《高丽史》卷129《崔忠献传》。
[2]《高丽史》卷130《李岘传》。
[3]《高丽史》卷25。

并多次出使高丽,在蒙古与高丽的关系中发挥了重要的语言媒介作用。康守衡自幼被蒙古俘虏,自然精通蒙古语,此次他与束里大被派到高丽也与他善于翻译有关。蒙古与高丽交涉,高丽方面的译者精通蒙古语者少,每次高丽使臣到蒙古奏事,都由康守衡进行翻译。

《高丽史》记载:

> 初国人虽习蒙古语未有善敷对者,我使如京必令大宁总管康守衡引入奏。仁规当献书金瓷器,世祖问曰:"书金欲其固耶?"对曰:"但施彩耳。"曰:"其金可复用耶?"对曰:"瓷器易破,金亦随毁,宁可复用。"世祖善其对,命自今瓷器毋书金勿进献。又曰:"高丽人解国语如此,何必使守衡译之。"[1]

从以上史料可知,蒙古与高丽最初的交涉中,高丽译者的蒙古语水平并不过关,高丽使臣每到蒙古都由担任大宁府总管的高丽人康守衡充当翻译。赵仁规是在高宗末年至元宗朝学习蒙古语的,并精通蒙汉语,他是从忠烈王元年开始出使元朝的,也是忠烈王朝活跃于元丽交涉中的译者。赵仁规的蒙古语水平受到忽必烈的认同,忽必烈认为高丽译者的蒙古语水平都能达到赵仁规的翻译水平的话,高丽使臣入朝,就不用烦劳归附元朝的高丽人康守衡来翻译了。

在蒙古与高丽的早期交涉中,蒙古方面的译者主要是以归附蒙古的高丽人为主;而高丽方面的译者,除少数的专门培养出来的译者之外,即在高宗末年或元宗初期,国家选聪颖子弟教习蒙汉语言。但这些人若想精通蒙汉语而充当出色的译者,需要几年或十几年的时间,毕竟高丽与蒙古的早期关系并不像忠烈王时代那么密切。因此,译者的出身较为复杂,有出身为家奴、宫廷婢女的孩子,也有僧人等。如新安公佺是显宗的八世孙,高宗时期多次出使蒙古。1239 年蒙古要求高宗亲朝,而高宗并未亲自入朝蒙古,而是称新安公佺是他的亲弟弟,于 12 月派新安公佺到蒙古。康允绍是新安公佺的家奴,在新安公佺接触蒙古人时,也逐渐学会了蒙古语。因懂得蒙古语,康允绍得到元宗的信任,并作为译者累次伴随使臣出使蒙古。译者郑子琠原本是僧人,还俗

---

[1]《高丽史》卷 105《赵仁规传》。

之后因懂得蒙汉语而补充译者的空缺。[1] 崔安道的母亲是宫廷女婢，以内僚事常伴使臣到蒙古，因而精通蒙古语。这些译者虽然出身卑贱，但只要精通蒙汉语，就可以常常伴随在君王身边，因此，很容易得到统治者的青睐。

7.1.3 元丽交涉中译者的职能

蒙元时代翻译事业非常发达，可以说是中国翻译史上的黄金时代，译者的地位与历代相比也有所提高。在蒙元与高丽的交涉中，不需要大量的笔译人员，而主要需要口译人员。两国在政治、经济、军事、外交、社会生活等诸多方面均需要译者来沟通，因此在蒙古与高丽的早期交涉中，译者在军中、使臣往来等方面起到了重要作用。随着元朝与高丽关系的好转，两国通过王室联姻，形成甥舅关系，元朝公主在高丽宫廷参与朝政、生活起居，更是随时需要译者来充当传译语言的职责。

元朝与高丽的交涉中译者的职能有以下几点：

(1)使臣往来时的语言媒介

蒙古与高丽使臣往来语言不通，译者即充当了重要的角色，因此译者翻译水平的高低将直接影响到两国使臣的正常语言交流。

《中堂事记》记载：

> 中统二年六月十日庚子…是日高丽世子植来朝，诏馆于都东郊官舍，从行者一十八人，选必阇赤太原张大本，字仲端，美丰仪辩而有文采，为馆伴焉。继命翰林承旨王鹗、郎中焦飞卿犒慰有。诏翼日都省官与高丽使人每，就省中戏剧者。十一日辛丑都堂置酒宴，世子植等于西序，其押燕者。右丞相史公，左丞相忽鲁不花，王平章、张右承、张左承、杨参政、姚宣抚、贾郎中、高圣举从西榻南头至东北作曲肘座。掌记王恽、通译事、李显祖皆地坐西向。其高丽世子与参政李藏用，字显甫。尚书李翰林、直学士南榻坐，亦西向。又有龙舒院书状等官凡六人、尚书以下三人皆袜而登席，相次地坐。酒数行，语既不通，其问答各以书相示。丞相史公首问曰：

[1]《高丽史》卷123，《康允绍传》，第530页。

“汝国海中所臣者，凡几处军，军旅有无？见征戍者掌兵者何人？官号何名？”参政李藏用对曰：“掌兵者金氏。”史曰：“岂伤犹以莫利支为名乎。”[1]

这段史料中将世子愖记载成世子植是错误的，因为植是元宗的名字。此次世子愖入朝蒙古就是来汇报元宗改名为植的事情。

这是1261年6月10日高丽世子愖入朝蒙古时，在11日的宴席上虽然有必阇赤和通译官在场，但两国使臣语言不通，最后只能通过笔谈才能交流的情景。即高丽世子愖和李藏用等与蒙古右丞相史天泽、左丞相忽鲁不花、平章王文统、右丞张启元、左丞张文谦、参政杨果、宣抚姚枢、郎中贾居贞、高圣举等笔谈的情况。

在两国交涉中，如果译者误解双方的意思或误传消息，将直接影响到两国正常的外交关系。但是高丽的译者中也有因翻译水平较高，因而提高身份地位者，如赵仁规“通晓蒙汉语，凡朝廷诏旨，上司文字，明白传译，无有违误”。[2] 赵仁规起初是学习蒙古语的，后来在忠烈王朝时曾多次伴随使臣到元朝，在元朝与高丽的外交中达到传译无误的地步，并得到元朝的赏赐，在高丽也有了显赫的身份和地位。可见，译者的地位与其翻译水平的高低也是有直接关系的。

虽然译者的地位并不高，但在使臣往来中具有不可或缺的重要作用，而往往成为统治者拉拢的对象，其自身地位也随之提高。如康允绍是元宗朝有影响的翻译官，1269年林衍废立元宗时，康允绍被林衍拉拢，作为心腹。当1271年元宗之子愖以世子的身份入元为质子的时候，康允绍作为译者随行，而不向元宗禀报就开剃回来，“自比客使，见王不拜，王怒不能制”。[3] 因朝廷缺少译官，而康允绍又随世子在元朝呆了一些时候，想必更加精通蒙古语，虽然对元宗无礼，但元宗也只能敢怒而不敢言。

蒙古的使臣每到高丽都有馆伴、译者相随。馆伴、译者是否识礼

---

〔1〕《中堂事记》(下)，见王恽《秋涧集》卷82，四部丛刊部。

〔2〕《高丽史》卷29。

〔3〕《高丽史》卷123《康允绍传》。

节，将直接影响两国的关系，因此，译者的素质也是非常重要的。但因蒙古与高丽在交涉的初期，因高丽朝廷缺乏精通蒙古语的译官，译者的来源复杂，有时难免出现译者的素质不高的现象，至使良吏也有受到诬陷的时候。如高宗时庾硕是个性情刚直，清正不阿之人，累迁合门通事舍人，后为蒙古使馆伴。但因译者以其失礼告崔怡，因此被发配到莲花岛。[1]

(2)军中翻译的职能

蒙古与高丽争战长达40年之久，两军交涉需通过译者才能传达双方的军情事务。忽必烈征日本，形成元朝、高丽联军，两国将帅共事，军中不可缺少译者。高丽译官不仅在元丽关系中充当重要的角色，而且在元朝征日本的过程中也起到了重要的作用。如在蒙古与高丽的早期交涉中，译者赵仲祥就在两国的军事交涉中起到了重要的语言媒介作用。但由于缺乏详细的史料记载，赵仲祥的出身及其族别尚不清楚。1218年成吉思汗派哈真、札剌领兵讨伐入居高丽江东城的契丹叛部。1219年哈真等被大雪封住，要求高丽送军粮，并出兵助战。当时哈真等派译者赵仲祥与高丽元帅赵冲、金就砺交涉。由此来看，赵仲祥应该是蒙古方面的译者，他是与高丽的任庆和一起来传达蒙古元帅哈真出粮、助兵之意的。

《高丽史》记载：

> 遣通事赵仲祥与我德州进士任庆和来牒元帅府曰："皇帝以契丹兵逃在尔国，于今三年未能扫灭，故遣兵讨之。尔国惟资粮是助，无致欠阙。"仍请兵，其辞甚严。且言帝命破贼之后，约为兄弟。于是以尚书省牒答曰："大国兴兵救患弊封，凡所指挥悉皆应副。"[2]

1280年8月忽必烈与忠烈王在察罕脑儿行宫商定征日本的计划，决定以江南军、蒙古和高丽两军一起征日本，元帅府和万户府均设有通事和译史。10月元行中书省移牒征东军事牒文中规定，在征日本的

[1]《高丽史》卷121《庾硕传》。

[2]《高丽史》卷103《赵冲传》。

过程中元帅府设 3 名译史、3 名通事，而万户府设 2 名通事、2 名译史。[1]

1281 年 5 月 27 日蒙古与高丽联军到达日本世界村大明浦，蒙古、高丽元帅忻都、金方庆等遣高丽通事金贮与日本军交涉。金贮应该是懂日本语的译者，他和高丽译者徐偁一同在蒙古诏谕日本以及元朝征日本的过程中，起到了举足轻重的作用。两人因在元朝与日本的交涉中充当译者有功，而受到忽必烈的嘉奖。1272 年 4 月 3 日元朝使臣张铎到高丽宣谕忽必烈之命："译语别将徐偁、校尉金贮使日本有功，宜加大职。"[2] 于是晋升徐偁为将军，以金贮为郎将。

(3)在社会生活中传译语言

在元朝与高丽的交涉过程中，高丽世子以秃鲁花入元，在与元朝君臣交往及日常生活当中，需通过随行翻译才能交流，这就需要翻译人员随行来朝。译者主要负责奏报事件、日常生活语言方面的传译工作。高丽质子入元朝时，译者有随从人员兼翻译的职能。《高丽史》记载，元宗二年(元中统二年，1261)夏四月巳酉"遣太子谌如蒙古，贺平阿里不哥表……其行李内译语李赟忽至"。[3] 这里，"行李"应指随行人员，"行李内译语"是随行翻译之职。元宗十年(元至元六年，1269)7 月，忠烈王以世子身份在蒙古时，高丽国内林衍叛乱，废元宗。译语郑庇问知其实，将此消息向忠烈王汇报。[4] 李赟、郑庇都是忠烈王人质元朝时的随行翻译人员。

元朝公主下嫁高丽国王，公主随高丽国王到高丽生活。元朝公主到高丽之前不可能懂得高丽的语言，高丽国王或世子与元朝公主成婚之前，均以秃鲁花的身份在元朝生活过一段时间，应该学习或懂得一些蒙古语。但其蒙古语的程度如何，由于史料记载不详而不甚清楚。自忠宣王开始高丽国王或世子都有蒙古血统，因父亲或母亲的缘故，应该懂得蒙古语，也即说高丽国王与元朝公主应该能够进行生活语言

[1]《高丽史》卷 29。

[2]《高丽史》卷 27。

[3]《高丽史》卷 25。

[4]《高丽史》卷 26。

的沟通。但公主参与政治,若与不通蒙古语的大臣交流,需通过译者才能沟通,所以元朝公主在高丽也是需要译官传译语言的。

永宁公綧是显宗之后,1241 年蒙古窝阔台合汗要求高丽国王亲朝或派世子到蒙古,以表示降服之意。高宗称永宁公綧为己子,以綧为秃鲁花派到蒙古表示高丽降附之意。后来,永宁公綧以蒙古女为妃。当时洪福源降服蒙古为东京总管,在辽阳统领归附蒙古的高丽人。永宁公綧入质蒙古之后,洪福源厚待他。但是到了 1258 年,永宁公綧和洪福源之间有了隔阂。

洪福源"密令巫作木偶人缚手钉头埋地,或沈井咒诅。校尉李绸尝逃入元依綧觇知之以奏,帝遣使验之。福源曰:'儿子病虐,故用以厌之耳,非有他也。'因谓綧曰:'公受恩于我久矣,何反使谗贼陷我耶?所谓所养之犬反噬主也。'綧妻蒙古女也,闻其语声甚厉不逊,呼译者具问大怒呵,福源伏于前,切责曰:'汝在尔国为何等人。'曰:'边城人。'又问:'我公为何等人?'曰:'王族。'曰:'然则真乃主也,汝实为犬,反以公为犬噬主何哉?我皇族也,帝以公为高丽王族而嫁之,妾以是朝夕恪勤无贰心,公若犬也,安有人而与犬同处者乎?吾当奏帝。'遂诣帝所。福源号泣叩头乞罪,綧追止之不及。福源倾产备贿货与綧倍道追之,中途遇勅使,勅使即令壮士数十人蹴杀福源,籍没家产,械其妻及子茶丘、君祥等以归。福源诸子憾父之死,谋陷本国,无所不至"。[1]

从这段史料来看当永宁公綧和洪福源对话时,永宁公綧的蒙古妃子听不懂他们的会话内容,只是感觉语气非常严厉,所以感到是发生了什么事情,于是叫译者来翻译。当她知道洪福源将永宁公綧比喻为犬,反咬主人之后,非常生气,立即将洪福源的行为奏报蒙古合汗,并将其治罪。

---

〔1〕《高丽史》卷 130《洪福源传》。

7.2 高丽通蒙古语的译官

7.2.1 蒙元给高丽的诏书所用的文字

在蒙元与高丽的外交关系中，大蒙古国时期及元朝政府给高丽的诏书是由汉文起草的。因此，在蒙元与高丽的交涉中，对笔译人员是否通蒙古语要求不高，而急需要的是精通蒙古语言的口译人员。

《高丽史》记载：

> 高宗二十年夏四月蒙古诏曰："自平契丹贼杀劄剌之后，未尝遣一介赴阙，罪一也；命使赍训言省谕，辄敢射回，罪二也；尔等谋害著(着)古与，乃称万奴民户杀之，罪三也；命汝进军，仍令汝弼入朝，尔敢抗拒，窜诸海岛，罪四也；汝等民户不拘执见数，辄敢妄奏，罪五也。"[1]

这是1233年蒙古窝阔台合汗时期给高丽的诏书，诏书中指责高丽的5条罪状，即高丽截杀使臣着古与，高丽迁都江华岛等事情。诏书应该是用汉文起草的，这一时期在蒙古掌管汉文文书的是耶律楚材。那么，高丽的译者只要将汉文诏书翻译成高丽的语言，宣读给高丽君臣即可。这与高丽与中原历代王朝的交往没有任何改变，宣读诏书不需要懂蒙古语的译者即可。这也许是因为在蒙古与高丽的早期关系中，精通蒙古语的译官不多的原因。《高丽史》中多记载蒙元时期给高丽的诏书，均由汉文文言写成。蒙元时期的诏书是由史臣（即翰林国史院的文士）用汉文起草，文体方面使用典雅的汉文文言。[2]

苏天爵的《国朝文类》中载有中统五年正月王鹗所作的《赐高丽国王历日诏》，诏书曰：

> 谕高丽国王植，献岁发春，式遘三阳之会，对时育物，宜同一视之仁。睠尔外邦，忠于内附，肇因正旦，庸展贺仪。方使介之还归，

[1]《高丽史》卷23。

[2]张帆：《元代诏敕制度研究》，载《国学研究》（第10卷），北京大学出版社，2002年，第108－110页。

须筴书之播告,今赐卿中统五年历日一道。卿其若稽古典,敬授民时,劝彼东隅之氓,勤于南亩之事。茂迎和气,迄及康年,时乃之休,惟朕以怿。[1]

这是1264年忽必烈给高丽元宗赐历日的诏书,诏书是在2月被韩就带到高丽的。王鹗是山东东明人,1224年金朝进士第一甲第一人出身,授应奉翰林文字。1244年来到忽必烈藩邸任文官。忽必烈即位之后,"首授王鹗翰林学士承旨,制诰典章,皆所裁定"。[2] 可见,这一时期,蒙古给高丽的诏书多应出自王鹗之手。

1269年忽必烈令帝师八思巴创制蒙古新字八思巴字之后,规定书写圣旨、诏书等要用八思巴字,再附上接受诏书的地方和国家通用的文字。自1273年开始元朝给高丽的诏书使用八思巴字和汉文合用的形式书写,但当时高丽还没有识八思巴字者。可见,元朝创立八思巴字之后,高丽译者除精通蒙古语之外,还需要掌握八思巴字才行。于是,自高丽忠烈王时代开始,元朝命高丽教习八思巴字。

7.2.2 高丽忠烈王时期的八思巴字教学

八思巴字颁行之后,元朝给高丽的诏书用八思巴字书写,但皇太后和公主的往来书信,则用畏兀儿体蒙古文书写。1296年蓟国大长公主宝塔实怜与忠宣王成婚之后来到高丽,因嫉妒赵妃而给元朝皇太后用畏兀儿体蒙古文作书,派随从送到元朝。可见,当时的元朝与高丽的往来书信还是用畏兀儿体蒙古字书写的。而只有元朝与高丽的官方文书,则使用八思巴字来书写。因此,元代创制八思巴字之后,在高丽八思巴字的应用范围主要是翻译和书写官方文件,而畏兀儿体蒙古字在人们的日常生活中仍被使用。这样,高丽即需要精通八思巴字的译官,同时也需要精通畏兀儿体蒙古字的译官。

---

〔1〕苏天爵:《国朝文类》(9),《高丽史》卷26记载:"元宗五年二月丙寅,韩就还自蒙古。帝赐西锦一段,历日一本。诏曰:'献岁发春,式遘三阳之会,对时育物,宜同一视之仁。睠尔外方,忠于内附,肇因正旦,庸展贺仪。方使介之还归,须筴书之播告,今赐卿中统五年历日一道。卿其若稽古典,敬授民时,劝彼东隅之氓,勤于南亩之事。茂迎和气,迄及康年,时乃之休,惟朕以怿。'"

〔2〕《元史》卷160《王鹗传》。

那么，在高丽忠烈王之前，元宗朝是否选子弟教习过八思巴字呢？这一点，尚无明确的史料记载。但据有关史料记载，在高丽高宗时期就已出现了国家选子弟聪敏者习蒙古语的现象。《高丽史》记载赵仁规："生而颖悟，稍长就学，略通文艺。国家选子弟通敏者习蒙古语，仁规于是选……三十四年卒，年七十二，谥贞肃。"[1]据这段史料记载可知，赵仁规是忠烈王三十四年（元至大元年，1308）去世的，当时已72岁。国家选子弟入学，生徒年龄一般限在15岁以上，20岁以下。假如赵仁规是在15岁到20岁之间被选入学的话，则应该是在高宗三十九年（蒙古宪宗二年，1252）到高宗四十四年（蒙古宪宗七年，1257）之间被选入学的。根据以上史料可以断定，赵仁规是在高丽高宗末年或在元宗初年习蒙古语的。

自忠烈王时代开始，高丽出现教习八思巴字的现象。忠烈王二十一年（元元祯元年，1295）春正月壬申，"元遣蒙古字教授李忙古大来"。[2] 自元宗十四年（元至元十年，1273）元朝给高丽下八思巴字诏书，到忠烈王二十一年（元元贞元年，1295）元朝派蒙古字学教授李忙古大到高丽的22年之间，高丽是否设立蒙古字学教习过八思巴字，并没有明确的史料记载。但高丽忠烈王时期始设蒙古字学教习八思巴字则可以肯定，只是设立蒙古字学的具体年代尚不清楚。

至元八年元朝国内颁行蒙古字时，忠烈王即以高丽世子的身份在大都。次年，忠烈王回到高丽之后，依蒙古习俗剃头、着蒙古服饰。忠烈王与元世祖忽必烈关系极为密切，且为元朝的驸马国王。所以，他很可能服从世祖忽必烈普及八思巴字的诏令，设立蒙古字学来培养通蒙古新字的翻译人员。

7.2.3 高丽时期通蒙古语者

如上所述，高丽高宗或元宗时期，政府选子弟聪敏者，教习过蒙古语。忠烈王时期亦在国内教习过八思巴字。高丽时期出现了许多通蒙古语者，这些人在元朝与高丽的使臣往来过程中，充当了翻译人员。为

〔1〕《高丽史》卷105《赵仁规传》，第3册。

〔2〕《高丽史》卷31《忠烈王世家》，第1册。关于此事，在元代史料中未见相应记载，待考。

了方便起见，现将高丽时期通蒙古语者列表 7－1 如下：

表 7－1　高丽通蒙古语者

人物	籍贯	上下文	资料出处
罽仙		罽仙善琴、书、医术，亦解汉蒙语，王敬重称为师傅。	《高丽史》卷 36“忠惠王四年夏四月”条
康俊才		元宗元年四月下旨散员康俊才以本系微贱限七品，然能通蒙古语宜限五品。	《高丽史》卷 75“选举”条
赵仁规	平壤府祥原郡人	国家选子弟通敏者习蒙古语，仁规于是选。	《高丽史》卷 105《赵仁规传》
韩渥	清州人	忠惠朝廷性谨慎有器局，每事三思而行，稍解蒙汉语。	《高丽史》卷 107《韩康传》
康允绍		康允绍本新安公之家奴，解蒙古语以奸黠得幸于元宗，累使于元。	《高丽史》卷 123《康允绍传》
郑子琠	灵光郡押海人	郑子琠亦译者也，本灵光郡押海人，初为僧归俗，补译都监录事，因习蒙古语累入元。	《高丽史》卷 123《康允绍传》
元卿		卿幼习蒙语，屡从王入朝，世祖常呼之曰纳麟哈剌。	《高丽史》卷 124《元卿传》
崔安道	海州人	安道母宫婢，以内僚事忠宣于燕邸，遂通蒙汉语，后为忠肃僚属录其劳。	《高丽史》卷 124《崔安道传》
尹硕	善州海平县人	略通蒙古语。	《高丽史》卷 124《尹硕传》
斐赟		斐赟者善蒙语。	《高丽史》卷 125《王惟绍传》
柳清臣	长兴府高伊部曲人	清臣幼开悟有胆气，习蒙语，屡奉使于元，善应对。	《高丽史》卷 125《柳清臣传》

续表 7－1

人物	籍贯	上下文	资料出处
于琁	镇州人	元宗朝以译语累迁朗将，当使蒙古因留不返。	《高丽史》卷 130《于琁传》
赵彝	咸安人	能解诸国语。	《高丽史》卷 130《赵彝传》
崔良敬		春轩崔良敬宿卫中朝，习蒙古字语。	《东文选》卷 124
权玄福		习蒙古语多通之。	《东文选》卷 126
尹之彪		略通蒙古语。	《东文选》卷 127

从表 7－1 表所列人物的资料来看，他们是否懂八思巴字尚不清楚，但他们懂蒙古语，其中有可能有些人能掌握八思巴字蒙古文字母。这一点，有待于进一步考证。

高丽通蒙古语者掌握蒙古语的途径有几种，一是政府选聪敏子弟教习蒙古语，如元卿、赵仁规、柳清臣等人是幼时被选而学习蒙古语的，后来元卿在元宗朝、赵仁规在忠烈王朝、柳清臣在忠肃王朝累入元朝，受到朝廷的重用。二是虽出身低下，但在与蒙古人接触当中耳濡目染学会蒙古语而充当译者。例如，如上文中提到的康允绍是新安公佺的家奴，因懂得蒙古语，得到元宗的信任；又如崔安道的母亲是宫廷女婢，以内僚事常伴使臣到蒙古，因而精通蒙古语。三是原为僧人，因懂蒙古语而受到统治者的青睐。如郑子琠原本是僧人，还俗之后因懂得蒙汉语而成为译者。嚣仙也是僧人，因解汉蒙语而受到忠惠王的青睐。

在元朝与高丽的交涉中，通蒙古语者充当重要的传译语言的工作者，常与统治者密切接触而得以升迁，并常常受到朝廷的重用。元卿和赵仁规都是幼时学习蒙古语，在忠烈王朝屡从王入元，均是忠烈王朝时期位居显要的人物。忽必烈常称呼元卿为纳麟哈剌，“以其应对详敏，举止便捷，故曰纳麟。须髯美黑，故曰哈剌”。[1] 蒙古语中“纳麟”

〔1〕《高丽史》卷 124《元卿传》。

(narin)有细致,认真的意思,“哈剌”(qara)指色彩之黑的意思。元卿因以蒙古语对答详细敏捷,须发黑美,故受到忽必烈的喜爱,常以蒙古语称为纳麟哈剌。赵仁规入元朝,忽必烈见赵仁规通晓蒙汉语,翻译对答非常精确,丝毫没有差错,也是非常赞赏他。韩渥因解蒙汉语受忠宣王、忠肃王、忠惠王三朝重用:1310 年 9 月 31 日忠宣王以韩渥为右代言;1320 年 12 月 8 日忠肃王以韩渥为选部典书;1321 年正月 30 日忠肃王以韩渥为知密直司事;同年 4 月 24 日忠肃王被诏入元朝,韩渥、柳清臣等随从忠肃王入朝。柳清臣也是自幼习蒙古语且善于应对,韩渥解蒙汉语,这也许就是这二人皆跟随忠肃王入元朝的原因。当时“沈王暠觊觎王位,谗构百端,渥以奇谋脱王于祸,功在一等,赐铁券图形壁,上封上党府院君,赐宣力佐理功臣号,累迁赞成事”。[1]1330 年忠惠王即位,以韩渥为三司使,1331 年 2 月以通蒙古语的韩渥为中赞,崔安道为监察大夫。1340 年忠惠王在元朝,以韩渥为右政丞,尹硕为左政丞。笔者认为韩渥、柳清臣、崔安道、尹硕等在忠肃王、忠惠王朝被重用,很大程度上与他们通晓蒙古语有关。

高丽通蒙古语者,因精通蒙古语且善于翻译有时也会受到特殊的恩宠。元宗朝规定散员如果是出身微贱只限七品,但 1260 年 4 月下旨散员康俊才原本虽系微贱,限七品,但是因能通蒙古语,宜限五品。[2]罥仙原是僧人,因解汉蒙语,1343 年受忠惠王敬重而称为师傅,授予上殿不用拜之待遇。[3] 1298 年忠宣王被废入元朝,忠烈王复位。因忠宣王与宝塔实怜公主感情不和,王惟绍等向忠烈王建议让宝塔实怜公主改嫁瑞兴侯琠,立瑞兴侯琠为王,并收买他人想毒死忠宣王。1307 年 3 月 27 日忠宣王奉太子之命捉拿王惟绍、裴贇等人。

《高丽史·王惟绍传》记载:

> 裴贇者善蒙语,性狂纵,数与宰相柳庇言不逊。惟绍之被执也,左右并收贇。前王曰:“惟绍等之谮我,正由此人之喙,我必杀

[1]《高丽史》卷 107《韩康传》。

[2]《高丽史》卷 75“选举”条。

[3]《高丽史》卷 36“忠惠王四年夏四月庚子”条。

之。”使人急拷掠，赟以蒙语乞哀。前王谓左右曰：“此人善译。”遂宥之。[1]

裴赟与王惟绍等同样犯下了死罪，忠宣王认为王惟绍等人的所作所为都是因裴赟的蛊惑而起。因此，忠宣王表示一定要处死裴赟，并命手下拷问他。裴赟精通蒙古语，所以就用蒙古语哀求，忠宣王认为裴赟善于翻译，于是饶恕了他。

7.3 高丽“译语”考

元代称笔译人员为译史或必阇赤，而口译人员被称为通事或怯里马赤。通事是中原对口译人员的称呼。元代口译人员，除通事之外还有“怯里马赤”这一称呼。其实，“怯里马赤”是蒙古语对口译人员的称呼，是蒙古语“kelemechi”之音译。现代蒙古语中为“kelemorchi”，蒙古语读音为“kelmurch”，均指口译人员。“kelemechi”是蒙古人、突厥民族对口译人员的称呼。

宋、辽、金、元时期，通事作为口译人员被普遍使用。宋朝洪皓所著《松漠纪闻》记载“金国之法，夷人官汉地者皆置通事”，并解释为“即译语官也，或以有官人为之”。[2]宋朝与契丹、女真、蒙古、党项等北方民族时战时和，须有翻译人员。宋朝亦在四方贡奉使下设置译语通事，皆是为国外或少数民族传译而建置。[3] 姚从吾先生认为“舌人改称通事，大概在唐代末叶，或辽宋初年。南宋以后，始废舌人、译者，专称通事”。[4] 元朝在沿用宋、辽、金时期的对口译人员的称谓“通事”这一名称之外，同时普遍使用传统的“怯里马赤”这一称谓。

高丽通常称口译人员为译语，这应该是受唐宋时期的影响。《高丽史》中多处出现有关译语的记载，小仓进平早已提出《高丽史》中频

[1]《高丽史》卷125《王惟绍传》。

[2]（宋）洪皓：《松漠纪闻》卷上，载《辽海丛书》，第10页。

[3]萧启庆：《元代的通事与译史——多元民族国家中的沟通人物》，载《元史论丛》，中国社会科学出版社，1997年，第6辑，第35页。

[4]姚从吾：《辽金元时期通事考》，第13页。

繁出现的译语应为口译人员(通译官)。[1]

在世界文化史上,东亚是一个相对独立的单元。长期以来,东亚各族之间存在着密切的联系。因此,民族之间、国与国之间的交往离不开兼通双方语言或多种语言的翻译人才。"象胥"、"译"、"典客"、"舌人"、"译官"、"译语"、"通事"等,均指历代中原王朝与周边民族、国家交往时负责传译的人员。同样,口译人员也普遍存在于东亚诸族中。东亚诸族中深受汉文化影响的朝鲜半岛、日本也使用"译语"这一术语。

考诸文献"译语"这一术语,在东亚诸国史籍中含义有三:一是指充当翻译的口译人员;二是指翻译之事;三是指互译语言。[2] 唐代,大量日本人进入中原学习,日本人习称遣唐使时代。这一时期,日本、渤海、新罗等东亚国家的职官制度深受唐制影响。政府中亦设有"译语"之职。到了元明时期,随着编撰"至元译语"、"华夷译语"等多种对译辞书的出现,"译语"作为口译人员的含义逐渐消失,只保留了互译之事和对译语汇这两种意义。但同一时期的高丽则不同,据《高丽史》记载,在高丽"译语"仍指口译人员。

7.3.1 "译语"一词的由来

"译语"作为口译官,在东亚诸国中普遍存在,考究其渊源是十分重要的。《礼记·王制》篇记载:"五方之民,言语不通,嗜欲不同,达其志,通其欲,东方曰寄,南方曰象,西方曰狄鞮,北方曰译。"[3]这是中国最早有关口译人员称呼的记载。由此可知,周与四夷交往时,对通东、南、西、北四方周边民族语言的人员有不同称谓。

孔颖达疏解释"其通传东方语官,谓之寄,言传寄外内言语,其通传南方语官,谓之象者,言放象外内言。其通传西方语官,谓之狄鞮者,鞮,知也,谓通传夷狄之语,与中国相知。其通传北方语官,谓之译者,

---

〔1〕〔日〕小仓进平:增订《朝鲜语学史》,第636页。

〔2〕马一虹:《古代东亚通事译语——以唐和日本为中心》,载《亚细亚游学》,1999年,第3号,第112-114页。

〔3〕《周礼注疏》卷37"大行人"条,载《十三经注》,1815年阮元刻本,第566页。

译，陈也，谓陈说外内之言”。

我们无法确定孔颖达上述解释的根据所在。实际上，上述对翻译人员的四种称呼“寄”、“象”、“狄鞮”与“译”很有可能是不同语言中对译者的称谓。与此处解释关系最为密切的，是上述四种称谓中的“译”。《说文解字》解释“译”为“传译四夷之言者”。[1] 据孔颖达疏和《说文解字》中的解释，从狭义角度来讲，“译”指通传北方语官；从广义上来说，又指“传译四夷之言者”。

当两个相距遥远的民族交往时往往不能找到通双方语言的人员，不得不借助第三种语言，故有“九译”和“重译”之说。是指进行几道翻译之事，形象地说，就是先将A民族的语言翻译成B民族语言，再将B民族语言翻译成C民族语言，最终达到沟通交流的目的。[2]

《尚书》记载：“远方重译而至七十六国。”[3]《尚书·大传》记载：“周成王时，越裳氏重九译而贡白雉。”[4]《册府元龟》外臣部记载：“周公居摄三年，越裳以三象胥重译，而献白雉。”[5]越裳在交趾之南，与汉地相距遥远，语言不通，所以与中原只能“重译”往来。汉武帝时，平南越置交趾郡。但是，“虽置郡县，而言语各异，重译乃通”。[6]

《尚书·大传》与《册府元龟》的记载，内容方面基本相同，只是“三象胥重译”和“重九译”这几个字上的差别。“象胥”是周官称谓，即上述《礼记·王制》中四方翻译称谓中译南方语言之“象”者。据《礼记》记载“此官正为象者，周始有越重译而来献，是因通言语之官为象胥。谓谓象之有才知者也”。[7]《周礼》记载，象胥“掌蛮夷闽貉戎狄之国使，掌传王之言而谕说焉”。[8]

---

[1]（汉）许慎撰：《说文解字·说文三》“上言部”，中华书局，1963年影印版，第57页。

[2]［日］远山美都男：《日本古代的译语和通事》，第60页。

[3]《尚书》卷8，“咸有一德”条，见《十三经注》第122页。

[4]《后汉书》卷60《马融传》。

[5]《册府元龟》卷996，“外臣部鞮译”条，中华书局，1960年影印版，第12册，第11689页。

[6]《册府元龟》卷996“外臣部鞮译”条，第11689页。

[7]《周礼注疏》卷37“大行人条”。

[8]《周礼注疏》卷38“秋官象胥”条。

《史记三家注》有“重九译”[1]的记载,《史记·正义》解释为“重重九遍译语而致”(《史记·正义》是唐人张守节所作,宋人合刻《史记三家注》)。在唐朝时期,“译语”除了指口译人员之外,已经有了指翻译之事和互译语汇这两个含义。

7.3.2 译语的设置

“译语”始设的具体年代尚不清楚。唐宋、日本、新罗、渤海、高丽都设“译语”,即指口译人员。

(1)唐宋译语

唐与中亚诸国、西域、日本、新罗等周边民族、国家之间,有着频繁的往来。唐朝在相应机构设置了专门的翻译,当时被称为“译语人”,鸿胪寺即设有译语人。[2] 唐朝还在中书省下设“蕃书译语”。[3]

据《唐六典》记载:“鸿胪寺译语并记二十人。”[4]《新唐书》记载,中书省有“蕃书译语十人”。[5] 这是唐朝在中央机构所设置的翻译人员。除了中央机构设有“译语”之外,民间也有“译语”进行翻译活动。在吐鲁番出土文书及《李文饶文集》中,多处可见有关译语人的记载。向达先生指出:“李文饶集多记载唐会昌初年译语人诸事,在京回鹘译语人,屡及石姓译人,谓为‘皆是回鹘种类’。”[6]

唐朝译语,主要由居住在中原的藩、胡人来充当。在唐以前,已有西域人入居中原。《后汉书》记载:“蛮夷皆置邸以居之,若今鸿胪寺也。”[7]黎虎认为唐代从中央到地方机构中之译语人,多以“昭武九姓”胡人来充任,是因为他们兼通胡汉语言。[8] 《唐会要》记载:“永徽

〔1〕《史记》卷123《大宛传》,中华书局,1972年,第3166页。

〔2〕李方:《唐西州的译语人》,载《文物》1994年,第2期,第45页。

〔3〕萧启庆:《元代的通事与译史——多元民族国家中的沟通人物》,第35页。

〔4〕《唐六典》卷2“尚书吏部凡诸司置直皆有定制”条,中华书局,1992年,第35页。

〔5〕《新唐书》卷47“中书省”条,中华书局,1975年,版,第1212页。

〔6〕向达:《唐代长安与西域文明》,生活、读书、新知三联书店,1957年,第5页。

〔7〕《后汉书》卷88《西域传·焉耆》,中华书局,1973年,第2928页。

〔8〕黎虎:《唐前期边疆军区“道”的外交管理职能》,载《学术研究》,1999年,第4期,第4页。

元年十月二十四日,中书令褚遂良。抑买中书译语人史诃担宅。”[1]史诃担应是当时担任中书译语的中亚史国(今 kesh sahr - i - sabz)胡人。

在唐朝,中亚、西域使臣、僧侣、商人往来频繁,他们中间有些人能通诸族语言,常成为现成的口译人员。关于唐朝政府对译语人素质方面的要求,学者观点不同。塞诺认为唐朝对译语的要求不高,不要求懂得文字,能懂胡、藩等诸民族语言而又能通汉语者,可担任“译语”。并提出唐朝“译语”,年龄限在15~20岁,无定数,有专职和兼职人员。[2]其依据当是《新唐书》所记载“鸿胪译语,限年十五以上、二十以下,择仪状端正无疾者”。[3] 马国荣则认为唐朝政府对译语人员的素质要求较高,并在各边州郡县开设了一些译语学校和短期训练班,以培养和选拔更多的翻译人才。“译语人”基本上都是由熟悉汉文化和精通汉语,并长期生活在唐朝的蕃客所担任。[4] 马先生的依据是“其边州令制,译语学官,常令教习,以达异意”。[5]

由于“译语”者多非汉人,故有时亦存在获取朝廷信任的问题。例如,李德裕《论译语人状》记载:

> 右缘石佛庆等皆是回鹘种类,必与本国有情。纥扢斯专使到京后,恐语有不便于回鹘者不为翻译,兼潜将言语辄报在京回鹘。望赐刘沔忠顺诏,各择解蕃语人不是与回鹘亲族者,令乘递赴京,冀得互相参验,免有欺蔽。未审可否。[6]

这是说,因为译语石佛庆与回鹘关系密切,在担任口译时唐朝方面不利于回鹘的言行不但可能不翻译出来,而且可能私下为回鹘通风报信,故希望有非回鹘亲族的译语在场监督。石佛庆当为中亚石国(今塔什干)胡人。向达先生认为其流寓长安应在文宗、武宗之际。[7]

---

[1]《唐会要》卷61“弹劾”条,中华书局(上海)1955年版,中册,第1067页。

[2][英]塞诺《中世纪内陆亚洲翻译人》,载《亚非研究》,第304页。(Interpreters in Medieval Inner Asia, Asian and African Studies Journal ,A the Israel oriental studies16. Haifa1982)第305页。

[3]《新唐书》卷45“选举下”。

[4]马国荣:《唐鸿胪寺论述》,载《西域研究》,1999年,第2期,第22页。

[5]《全唐文》卷75“开成改元赦文”条,中华书局,1982年,第1册,第797页。

[6]《全唐文》卷701。另见《李文饶集》卷15,四部丛刊本。

[7]向达:《唐代长安与西域文明》,北京:生活、读书、新知三联书店,1957年,第22页。

历代以来,译者地位并不高,自明成祖开始方准许译者参加科试。“译语”也不例外,社会地位并不高。

《唐会要》记载:“开元十九年十二月十三日敕。鸿胪当司官吏以下,各施问籍出入,其译语掌客出入客馆者,于长官下状牒馆门,然后与监门相兼出入”。[1]《新唐书》“鸿胪译语,不过典客署令”。[2] 黎虎认为,唐译语人的地位不得超过七品以下的典客、署令。[3]

宋朝与契丹、女真、蒙古、党项等北方民族时战时和,需有翻译人员。宋朝亦在四方贡奉使下设置译语通事,皆是为国外或少数民族传译而建置。[4] 据宋周密的《癸辛杂识·后集》“译者”条“今北方谓之通事,南蕃海舶谓之唐帕,西方蛮徭谓之蒲义,皆译之名也”。[5] 宋、辽、金时期,均设立通事人员。姚从吾先生认为:“舌人改称通事,大概在唐代末叶,或辽宋初年。南宋以后,始废舌人、译者,专称通事。”[6]

《宋史》记载“四夷有译语、通事、书状、换医、十券头、首领、部署、子弟之名,贡奉使有庭头、子将、推船、防授之名,职掌有傔”。[7] 这里,“译语”、“通事”同时出现,可以看出,宋、辽、金以后,“通事”作为口译官在北方较为普遍使用的情况下,“译语”并没有被“通事”一词所取代。

(2)日本、新罗译语

日本、新罗与唐朝有着频繁的外交关系,日本、新罗多次派使团到唐朝。因此,“译语”应是在这一时期传入日本、新罗等地的。日本派往唐朝的僧侣、留学生中就有“译语”。据《日本书纪》记载,日本派往唐朝的留学生8人中有“奈罗译语惠明”。[8] 根据日本延历寺所藏最

〔1〕《唐会要》卷66“鸿胪寺”条。

〔2〕《新唐书》卷45“选举下”。

〔3〕黎虎:《汉唐外交制度史》,兰州大学出版社,1998年,第336页。

〔4〕萧启庆:《元代的通事与译史——多元民族国家中的沟通人物》,第6辑,第35页。

〔5〕(宋)周密:《癸辛杂识·后集》,中华书局,1988年,第94页。文廷式认为“今南方亦谓之通事,无唐帕之名”,载《纯常子枝语》卷25,13叶背面。

〔6〕姚从吾:《辽金元时期通事考》,第5册,第13页。

〔7〕《宋史》卷172《职官一二》“奉禄制下给券”条,中华书局,1977年,第4147页。

〔8〕《日本书纪》卷22“推古天皇十六年九月辛巳”条,东京:岩波书店,1993年,第191页。

澄入唐求法时的台州公验，日本求法僧最澄入唐求法，随行人员中有"译语僧义真"，驹井义明认为义真是"通译"，[1]即口译人员。日本派往唐朝使团中所出现的译语，应是随行翻译人员。

关于朝鲜半岛三国时代译语的情况，朝鲜方面的史料记载非常缺乏。据《三国史记》记载："史台，掌习诸译语。"[2]这里，"译语"应是指对本国语和外国语的翻译之事或指翻译语汇，而不是指口译官。这一史料证明，朝鲜半岛在三国时代，已出现了学习各国语言的情况，而且，由史台掌管此事。其目的应该是为从事翻译而学习外国语。

关于新罗译语日本方面的史料多有记载，正好填补了朝鲜方面史料记载之不足。《日本书纪》记载："由是天皇诏大伴大连室屋，命东汉直掬以新汉陶部高贵、鞍部坚贵、书部因斯罗我、锦部定安那锦、译语卯安那等迁居于上桃原、下桃园、真神原三所。"[3]《日本后纪》记载："六年(815)春正月壬寅，是日停对马使生一员置新罗译语。"[4]《日本后纪》记载：大宰府报告，西海出现三艘新罗船，因语言不通，消息难以了解，"差新罗译语并军毅等"。[5] 毫无疑问，新罗译语的作用应是消除语言阻隔，传译双方语言的。译语卯安那、新罗译语应是日本方面，懂新罗语的口译人员。

(3)高丽译语

《高丽史》中多处出现有关译语的记载，小仓进平早已提出《高丽史》中频繁出现的译语应为口译人员(通译官)。[6] 《高丽史》记载"置司译院，以掌译语"，[7]指出在高丽时期，司译院应是掌管译语的机构。

1074 年(宋熙宁六年，高丽文宗二十七年)5 月，西北方面兵马使

---

[1]〔日〕驹井义明：《公验和过所》，载《东洋学报》，1958 年，第 40 卷，第 2 号，第 108 页。

[2]《三国史记》卷 40"弓裔所制官号"条，日本京城府古典刊行会，1931(昭和六年)版，第 20 叶正面。

[3]转引自小仓进平：增订《朝鲜语学史》，第 367 页。

[4]《日本后纪》卷 24"嵯峨天皇弘仁六(815)年春正月壬寅"条，东京：株式会社，吉川弘文馆，1987(昭和六十二)年版，第 131 页。

[5]《日本后纪》卷 22"嵯峨天皇弘仁三(812)年春正月甲子"条。

[6]小仓进平：增订《朝鲜语学史》，第 636 页。

[7]《高丽史》卷 76。

报告,请求派乡人来观战,于是遣"定州郎将文选及将校译语等着蕃服与"。[1] 这是说高丽与女真、契丹为东蕃问题争战时,将校译语等穿上蕃服去观战。这里的将校译语应是懂女真语或契丹语,能进行高丽方面的语言和女真、契丹语言互译的口译人员。

1368 年(元至正十八年,高丽恭愍王七年)5 月,倭焚乔桐,高丽方面派各蕃人马去防卫倭贼,其中有"译语各五人赴阻江赤口朽石等处"。[2] 此处译语 5 人未记载姓名,他们应该是懂日本语的口译人员,有沟通语言的作用。

高丽称口译人员为"译语"应该是受到了宋朝的影响。但与唐宋不同的是,高丽时期有译语、译语别将、译语郎将、译语中郎将等不同称呼。为了方便起见,现将其列表 7-2 如下:

表 7-2 《高丽史》所见译语资料

译语人物	资料出处	上下文
译语加西老	《高丽史》卷 9《文宗三》	文宗二十七(宋熙宁六年,1074)年,秋七月丙午制曰黑水译语加西老谕东蕃为州县。
译语李赟	《高丽史》卷 25《元宗一》	元宗二(元中统二年,1261)年,随太子谌到元朝。
译语郑庇	《高丽史》卷 130《林衍传》	元宗十(元至元六年,1269)年,随世子谌(忠烈王)在元朝,是随行七人之一,问知林衍叛乱之事,向忠烈王汇报。
译语金仁	《高丽史》卷 30《忠烈王三》	忠烈王十三(元至元二十四年,1287)年,从元朝回高丽。
译语李得春	《高丽史》卷 40《恭愍王三》	恭愍王十三(元至正二十四年,1374)年,从元朝回高丽。
译语吴克忠	《高丽史》卷 44《恭愍王七》	恭愍王二十三(明洪武七年,1364)年,与金甲雨一同被诛。

[1]《高丽史》卷 9。
[2]《高丽史》卷 81。

续表 7－2

译语人物	资料出处	上下文
译语于琔	《高丽史》卷 130《于琔传》	元宗朝以译语累遣郎将出使蒙古不回。
译语李松茂	《高丽史》卷 130《于琔传》	（与于琔同在元朝的译语。）
译语郎将康允绍	《高丽史》卷 123《康允绍传》	解蒙古语，元宗朝多次出使元朝，累迁将军。
译语郎将康禧	《高丽史》卷 130《赵彝传》	元宗九（元至元五年，1268）年，遣元答书，元朝宰相安童等索要药材事。
译语郎将白琚	《高丽史》卷 27《元宗三》	元宗十三（元至元九年，1272）年，遣元表贺赵良弼从日本回来，率日本使十二人到元朝。
译语别将徐偁	《高丽史》卷 27《元宗三》	（元宗十三年，元世祖忽必烈说他与校尉金贮出使日本有功，命加大职为将军。）
译语中郎将丘千寿	《高丽史》卷 30《忠烈王三》	为东宁府译语，忠烈王十三年捕双城谍人忽都歹德山等来。

以上是《高丽史》中所出现的有关译语、译语别将、译语郎将、译语中郎将等人物及其主要活动情况，未出现人名者没有列入表内。这里，徐偁是跟随使臣到日本的口译人员，除黑水译语加西老外，其他人都是派往元朝的口译人员，故加西老可能是懂女真语的译语，徐偁应该是懂日本语的译语。康允绍懂蒙古语见于记载。其余 10 人，不知是懂蒙古语还是懂汉语。姜信沆将于琔列为蒙古语通事中，认为译语、译语别将、译语郎将、译语中郎将等，均指从事外国语翻译的人。[1] 小仓进平将于琔归到懂蒙古语的学者之中[2]

据《高丽史》记载，高丽时代的口译人员，有从译语累迁为郎将、将

〔1〕〔韩〕姜信沆：《韩国的译学》，汉城大学校出版部，2000 年，第 2 页。

〔2〕小仓进平：增订《朝鲜语学史》，第 660 页。

军的现象。例如，于琔以“译语”累遣郎将；康允绍、徐偁以“译语”升迁为将军。可见，高丽时代的译语、译语别将、译语郎将、译语中郎将等不同称呼，是根据官吏品级不同而区分的。表1中所列《高丽史》中出现的译语13人，最初可能都是译语出身，地位并不高，后来，有些译语得以升迁。

附录　元丽关系大事年表

1206 年(蒙古太祖元年,高丽熙宗二年):

铁木真统一蒙古各部,建立了蒙古汗国。

1211 年(蒙古太祖六年,高丽熙宗七年):

成吉思汗派兵南侵金朝。

1212 年(蒙古太祖七年,高丽康宗元年):

契丹人耶律留哥率众降附成吉思汗。

1214 年(蒙古太祖九年,高丽高宗元年):

金宣宗纳贡求和,将卫绍王允济之女岐国公主献给成吉思汗。

1215 年(蒙古太祖十年,高丽高宗二年):

蒙古军攻下金中都。

1216 年(蒙古太祖十一年,高丽高宗三年):

木华黎攻略辽西地区,蒲鲜万奴降附蒙古。

1217 年(蒙古太祖十二年,高丽高宗四年):

蒲鲜万奴建立东夏国。

1218 年(蒙古太祖十三年,高丽高宗五年):

成吉思汗派哈真、札剌率兵侵入高丽,讨灭高丽境内的契丹叛部。

1219 年(蒙古太祖十四年,高丽高宗六年):

蒙古与高丽达成"兄弟"之盟约,高丽高宗向蒙古称臣纳贡。

1225 年(蒙古太祖二十年,高丽高宗十二年):

蒙古使者着古与被杀,蒙古与高丽断交。

1227 年(蒙古太祖二十二年,高丽高宗十四年):

成吉思汗在西征归途中去世。

1229 年(蒙古太宗元年,高丽高宗十六年):

窝阔台被推举为大蒙古国合汗。

1231 年(蒙古太宗三年,高丽高宗十八年):

窝阔台亲率蒙古军向金朝发起进攻,并派撒礼塔征高丽。

1232年(蒙古太宗四年,高丽高宗十九年):

高丽迁都江华岛,防御蒙古军。

1233年(蒙古太宗五年,高丽高宗二十年):

窝阔台命贵由和按赤带率兵征讨东夏国。

1234年(蒙古太宗六年,高丽高宗二十一年):

蒙古灭金朝。

1235年(蒙古太宗七年,高丽高宗二十二年):

窝阔台又派拔都、贵由、蒙哥等率大军征伐南宋,唐古出征高丽。

1238年(蒙古太宗十年,高丽高宗二十五年):

蒙古兵烧毁高丽东京黄龙寺塔,高丽派使臣请和。

1239年(蒙古太宗十一年,高丽高宗二十六年):

高丽新安公佺入质蒙古。

1241年(蒙古太宗十三年,高丽高宗二十八年):

高丽永宁公綧入质蒙古。

1246年(蒙古定宗元年,高丽高宗三十三年):

窝阔台长子贵由继蒙古汗位。

1248年(蒙古定宗三年,高丽高宗三十五年):

贵由派阿母侃征高丽。

1249年(蒙古海迷失皇后摄政元年,高丽高宗三十六年):

高丽权臣崔瑀去世,崔瑀的庶子崔沆掌权。

1250年(蒙古海迷失皇后摄政二年,高丽高宗三十七年):

高丽筑江都中城。

1251年(蒙古宪宗元年,高丽高宗三十八年):

蒙哥继蒙古汗位。

1252(蒙古宪宗二年,高丽高宗三十九年):

蒙古派也古征高丽。

1253年(蒙古宪宗三年,高丽高宗四十年):

罢也古兵权,以札剌儿带为征东元帅。

1254年(蒙古宪宗四年,高丽高宗四十一年):

蒙古派札剌儿带征高丽。

1257年(蒙古宪宗七年,高丽高宗四十四年):

在高丽的恳求下,蒙哥合汗答应让蒙古军回师,札剌儿带退屯盐州。高丽权臣崔沆暴病而死,其子崔竩擅政。

1259年(蒙古宪宗九年,高丽高宗四十六年):

高丽高宗派世子倎到蒙古;高丽高宗去世。蒙哥合汗也在征南宋时在四川合州钓鱼城病逝。

1260年(蒙古世祖中统元年,高丽元宗元年):

忽必烈即位,高丽世子倎在江华岛继位。

1261年(世祖中统二年,高丽元宗二年):

高丽元宗派遣世子愖到蒙古。

1264年(世祖至元元年,高丽元宗五年):

高丽元宗亲朝蒙古,达成如果蒙古从高丽撤回屯田军的话,高丽保证以3年为期迁出江华岛的协定。

1266年(世祖至元三年,高丽元宗七年):

忽必烈派黑的、殷弘诏谕日本。

1267年(世祖至元四年,高丽元宗八年):

高丽派潘阜出使日本。

1268年(世祖至元五年,高丽元宗九年):

潘阜到达日本九州岛大宰府,将蒙古国牒状、高丽国书送到日本。

1269年(世祖至元六年,高丽元宗十年):

高丽权臣林衍废元宗,立其弟安庆公淐为王。黑的、申思佺等只到了日本的对马岛,抓捕了塔二郎、弥二郎二人后返回。高丽派金有成送还塔二郎、弥二郎等人,并将大蒙古国中书省和高丽庆尚道按察使的牒文送到日本。

1270年(世祖至元七年,高丽元宗十一年):

高丽迁出江华岛,引起三别抄叛乱。元宗入蒙古,替世子愖请婚,未得到忽必烈的许可。

1271年(元至元八年,高丽元宗十二年):

忽必烈改国号为“元”，忻都、洪茶丘率兵向珍岛进军，讨伐三别抄叛军。赵良弼出使日本。

1272 年(元至元九年，高丽元宗十三年)：

赵良弼、张铎、徐偁出使日本，从对马附近带弥四郎等 12 人回到高丽。

1273 年(元至元十年，高丽元宗十四年)：

蒙古元帅忻都、高丽元帅金方庆等讨平入居耽罗的三别抄，蒙古在耽罗岛置招讨司、置镇边军。赵良弼回大都向忽必烈禀报了出使日本的情况。

1274 年(元至元十一年，高丽元宗十五年)：

元朝命高丽造船，蒙汉军和高丽联军第一次征日本。高丽世子愖与忽必烈之女忽都鲁揭里迷失公主成婚。

1275 年(元至元十二年，高丽忠烈王元年)：

忽必烈派杜世忠等诏谕日本，杜世忠到达日本之后，在竜口被斩首。

1278 年(元至元十五年，高丽忠烈王四年)：

高丽忠烈王入元朝，请求出兵助征日本。

1279 年(元至元十六年，高丽忠烈王五年)：

元朝灭南宋，南宋降将范文虎派周福、栾忠等出使日本。

1280 年(元至元十七年，高丽忠烈王六年)：

忽必烈招南宋降将范文虎、高丽忠烈王等在察罕脑儿行宫商议征日本的计划，在高丽设立征东行中书省。

1281 年(元至元十八年，高丽忠烈王七年)：

元朝第二次征日本。

1282 年(元至元十九年，高丽忠烈王八年)：

忽必烈罢征东行省。

1283 年(元至元二十年，高丽忠烈王九年)：

忽必烈重新设立征东行省，命高丽备粮、募兵准备再征日本。

1284 年(元至元二十一年，高丽忠烈王十年)：

忽必烈派遣王积翁和浙江普陀寺主持如智出使日本。

1292 年(元至元二十九年,高丽忠烈王十八年):

高丽世子謜入元朝,忽必烈与世子謜等商讨征日本之事。

1293 年(元至元三十年,高丽忠烈王十九年):

高丽忠烈王派金有成出使日本。

1294 年(元至元三十一年,高丽忠烈王二十年):

忽必烈去世,元朝再征日本的计划中止。

1296 年(元元贞二年,高丽忠烈王二十二年):

高丽世子謜与元朝晋王甘麻剌之女蓟国大长公主宝塔实怜成婚。

1299 年(元大德三年,高丽忠烈王二十五年):

元成宗派一山一宁持国书到日本,成宗诏谕日本以失败而告终。

1308 年(元至大元年,高丽忠烈王三十四年):

高丽忠烈王去世,忠宣王袭高丽王位。

1316 年(元延祐三年,高丽忠肃王三年):

高丽忠肃王王焘娶元朝营王之女濮国长公主亦怜真八剌。忠烈王长子江阳公滋的儿子沈王暠娶元朝梁王松山之女纳伦公主。

1324 年(元泰定帝元年,高丽忠肃王十一年):

高丽忠肃王与元朝魏王阿木哥之女曹国长公主金童在大都成婚。

1330 年(元至顺元年,高丽忠烈王十七年):

高丽忠惠王与元朝关西王焦八长女德宁公主亦怜真班成婚。

1333 年(元元统元年,高丽忠肃王后二年):

高丽忠肃王与元朝魏王阿木哥之女庆华公主伯颜忽都成婚。

参考文献

一、中文部分

（按作者或编辑者姓氏首字声母为序，编著者不明者，按书名首字声母排列）

册府元龟(影印本).北京:中华书局,1960.

陈高华.元朝与高丽的海上贸易//陈高华.陈高华文集.上海:上海辞书出版社,2005.

陈高华.从《老乞大》、《朴通事》看元与高丽的经济文化交流.历史研究,1995(3).

陈高华.旧本《老乞大》书后.中国史研究,2002(1).

大元圣政国朝典章(影印本).台湾故宫博物院所藏元刊本,1972.

丁若镛.与犹堂全书.奎章阁藏写本.

〔韩〕高丽史节要.东国文化社,1960版.

方东仁.丽元关系再检讨——以双城总管府与东宁府为中心//金渭显.韩中关系史研究论丛.陈文寿,校译.香港:香港社会科学出版有限公司,2004.

郝时远.蒙古东征高丽概述//中国蒙古史学会.蒙古史研究:第2辑.呼和浩特:内蒙古人民出版社,1986.

(宋)洪皓.松漠纪闻.辽海丛书.

后汉书.北京:中华书局,1973.

〔韩〕金龙善.高丽墓志铭集成.翰林大学校,1997.

〔韩〕金邱.止浦集//韩国文集丛刊:2.景仁文化社,1990.

〔韩〕金渭显.韩中关系史研究论丛.陈文寿,校译.香港:香港社会科学出版有限公司,2004.

〔韩〕李成茂. 高丽朝鲜两朝的科举制度. 张琏瑰,译. 北京:北京大学出版社,1993.

〔韩〕李奎报. 东国李相国集 // 韩国文集丛刊:2. 景仁文化社,1990.

〔韩〕李穀. 稼亭集 // 韩国文集丛刊:3. 景仁文化社,1990.

〔韩〕李廷馣. 四留斋集. 奎章阁藏写本,1736.

〔韩〕李齐贤. 益斋乱稿 // 韩国文集丛刊:2. 景仁文化社,1990.

李方. 唐西州的译语人 // 文物,1994,(2).

李治亭. 东北通史. 郑州:中州古籍出版社,2002.

黎虎. 汉唐外交制度史. 兰州:兰州大学出版社,1998.

黎虎. 唐前期边疆军区"道"的外交管理职能 // 学术研究,1999(4).

刘晓. 耶律楚材评传. 南京:南京大学出版社,2001.

鎌仓遗文. 东京堂,1978(昭和五十三年).

马国荣. 唐鸿胪寺论述 // 西域研究,1999(2).

马一虹. 古代東アジアのなかの通事と譯語——唐と日本を中心として(古代东亚通事译语——以唐和日本为中心) // アジア遊學:第3号,1999.

南公辙. 金陵集. 奎章阁所藏写本,1815.

秋涧集. 四部丛刊本.

全唐文(影印本). 北京:中华书局,1982.

日本书纪(上、下册). 东京:岩波书店,1993.

日本后纪(普及版). 东京株式会社,1987(吉川弘文馆,昭和六十二年).

三国史记. 东京:京城府古典刊行会,1931(昭和六年).

十三经注. 1815(阮元刻本).

苏天爵. 国朝文类. 四部丛刊本.

史记. 北京:中华书局,1972.

(明)宋濂. 元史. 北京:中华书局,1976.

唐六典.北京:中华书局,1992.

唐会要.上海:中华书局股份有限公司,1955.

〔日〕田中健夫.善邻国宝记·新订続善邻国宝记·补注.集英社,1995.

(元)脱脱,等.宋史.北京:中华书局,1977.

(元)脱脱,等.金史.北京:中华书局,1975.

屠寄.蒙兀儿史记.北京:中国书店,1984.

王崇时.元与高丽统治集团的联姻//中朝韩日关系史研究论丛,1995(1).

王崇时.元代入居中国的高丽人//东北师大学报,1991(6).

王国维.蒙韃备录笺证.蒙古史料四种本.

王启宗.元世祖诏谕日本始末//大陆杂志,1966,32(5).

王启宗.元军第一次征日本考//大陆杂志,1966,32(7).

王启宗.元军第二次征日前夕情势的分析//大陆杂志,1967,34(10).

王启宗.元军第二次征日考//大陆杂志,1967,35(4).

喜蕾.元代高丽贡女制度研究.北京:民族出版社,2003.

萧启庆.元代的通事与译史——多元民族国家中的沟通人物//中国元史研究会.元史论丛:第6辑.北京:中国社会科学出版社,1997.

萧启庆.元丽关系中的王室婚姻与强权政治//萧启庆.元代史新探.台北:新文丰出版公司,1983.

向达.唐代长安与西域文明.北京:生活、读书、新知三联书店,1957.

新唐书.北京:中华书局,1975.

玄览堂丛书续集.第84~102本.

(汉)许慎.说文解字(影印本).北京:中华书局,1963.

姚从吾.辽金元时期通事考//姚从吾先生全集:第5册.台北:正中书局,1981.

元高丽纪事.广文书局,1972年.

异国出契.京都大学文学部图书馆藏.

赵泰亿.谦斋集.奎章阁藏写本(年代不详).

赵宪.重峰集.奎章阁藏写本,1748.

张帆.元代诏敕制度研究//国学研究:第10卷.北京:北京大学出版社,2002.

〔朝鲜〕郑麟趾,等.高丽史.东京国书刊行会,1912.

周密.癸辛杂识后集.北京:中华书局,1988.

周清澍.汪古部与成吉思汗家族世代通婚关系//周清澍.元蒙史札.呼和浩特:内蒙古大学出版社,2001.

二、外文部分

(按作者或编辑者姓氏首字汉字读音声母为序,编著者不明的,按书名首字汉字读音声母排列)

白鸟库吉.朝鲜史研究.岩波书店,1970 .

北村秀人.高麗に於ける征東行省のついて//朝鲜学报,1964,32.

北村秀人.高丽に於ける征东行省について//朝鲜学报,1964,32.

北村秀人.高丽时代の沈王についての一考察//人文研究,1972,24(10).

池内宏.蒙古の高丽征伐//满鲜地理历史研究报告:第10卷.1924(大正十三年).

池内宏.高麗元宗朝の廢立事件と蒙古の高麗西北面占領//白鳥紀念論叢,1925.

池内宏.元の世祖と耽羅島//東洋學報,1927,16(1).

池内宏.高麗に駐在した元の達魯花赤について//東洋學報,1929,18(2).

池内宏.元寇の新研究//东洋文库,1931(昭和六年).

池内宏.始建の征東行省と其の廢罷とについて//桑原還曆論叢,1930.

池内宏.高麗に於ける元の行省//東洋學報,1933,20(3).

船田善之.成为元代史料的旧本《老乞大》——以钞和物价的记载为中心//东洋学报,2001,83(6).

川添昭二.蒙古袭来研究史论.雄山阁,1977.

村井章介.アジアのなかの中世日本.校仓书房,1988.

村井章介.文書に見る国家と社会——対外関係を軸に東アジアの地域の交流//週刊朝日百科日本の歴史別冊歴史の読み方5文献史料を読む・中世.朝日新闻社,1989.

岡安勇.中国古代史料に現れた席次と皇帝西面について//史学杂志,1983,92(9).

岡田英弘.元沈王と辽阳行省//朝鲜学报,1959(14).

根本诚.文永の役までの日蒙外交——特に蒙古の遣使と日本の態度//军事史学,1966(5).

荒川秀俊.使文永之役告终者非飙风也//日本历史:120号,1958.

驹井义明.公驗と過所//東洋學報,1958,40(2).

箭内亙.东真国の疆域//满洲历史地理:第2卷.丸善株式会社,1913(大正二年).

箭内亙.蒙古の高丽经略//满鲜地理历史研究报告:1918(第4卷.大正七年).

金庠基.高丽时代史.东国文化社,1961.

金文京.老乞大——朝鲜中世的中国语会话读本.东京:东洋文库平凡社,2002.

蒙古帝国の侵略と高丽の抵抗.李益柱,森平雅彦,译//历史评论,2001,619(11).

栗林宣夫.征东行省と高丽//多贺秋五郎博士古稀纪念论文集アジアの教育と社会,1983.

米谷均.文书样式论から見た十六世纪の日朝往复书契//九州史学,2002,132.

那珂通世.成吉思汗实録:卷12.筑摩书房,1943(昭和十八年).

内藤隽辅.朝鲜史研究.京都:东洋史研究会,1961.

青山公亮.日元间の高丽:(1、2)//史学杂志,1921,32(8、9).

塞诺. Interpreters in Medieval Inner Asia//Asian and African Studies Journal, A the Israel oriental studies16. Haifa, 1982.

山口修.蒙古军の高麗侵入.熊本大學法政論文,1957.

山口修.蒙古と高麗(1231)——蒙古の第一次高麗侵攻//聖心女大論叢,1972,(40).

杉山正明,村井章介.世界史のなかでモンゴル襲来を読む//歷史評論,2001,619(11).

森平雅彦.高丽后期赐给田をめぐる政策论议について——十四世纪初叶の政局情势にみるその浮上背景//朝鲜学报.1996,160(7).

森平雅彦.高丽王位下基础的考察——大元ウルスの一分权势力としての高丽王家.朝鲜史研究论文集(第36集),1998.

森平雅彦.驸马高丽国王の成立——元朝における高丽王の地位についての预备的考察//东洋学报,1998,79(4).

森平雅彦.元朝ケシク制度と高丽王家——高丽元关系における秃鲁花意义のに関連して//史学杂志,2001,110(2)

森平雅彦.宾王錄にみる至元の遣元高丽使//东洋史研究,2004,62(2),.

森平雅彦.高丽における元の站赤——ルートの必定を中心に//史渊,2004,141(3).

森平雅彦.大元高丽佛教——松广寺法旨出现の意义に寄せて//内陆アジア史研究,2002(17).

石井正敏.文永八年来日の高丽使について——三别抄の日本交通史料の介绍//东京大学史料编纂所报,1977,12.

太田弘毅.蒙古襲来——その軍事史の研究.锦正社,1997.

西尾贤隆.中世の日中交流と禅宗.吉川弘文館,1999.

小仓进平.朝鲜语学史.刀江书院,1940.

伊原弘.南宋文化とモンゴル袭来//历史评论,2001,619(11).

野泽佳美.元代征日军船小考——第一次を中心に//立正史学,

1987,61.

野泽佳美. 元代普宁寺藏刻工中の僧侣と信者//驹泽史学,2005,64.

远山美都男. 古代日本の譯語と通事//歷史評論,1997,547.

张东翼. 高丽后期外交史研究. 一潮阁,1994.

张东翼. 元代丽史资料集成. 首尔大出版部,1997.

张东翼. 1269 年"大蒙古国"の中书省の牒と日本側の対応//史学杂志,2005,114(8).

中村淳. 山东灵岩寺大元国师法旨碑//驹泽史学,2005,64(2).

中村淳,森平雅彦. 韩国松广寺所藏の元代チベット文法旨//内陆アジア史研究,2002,17(3).

中村栄孝. 日鮮関係史の研究:上、中、下. 吉川弘文馆,1969.

佐伯弘次. モンゴル襲来の衝撃. 中央公论新社,2003.

佐伯弘次. 蒙古袭来と中世都市博多//历史评论,2001,619(11).

索 引

E

F

G

H

J

K

L

M

N

O

P

Q

R

S

T

Y

Z

·欧·亚·历·史·文·化·文·库·